KB004203

2022
최신판

고시넷
기출예상 실전모의고사 문제집

울산광역시교육청

교육공무직원

소양평가

[직무능력검사 + 인성검사 + 면접]
언어논리력/수리력/공간지각력/문제해결력/관찰탐구력

gosinet
(주)고시넷

정오표 및 학습 질의 안내

정오표 확인 방법

고시넷은 오류 없는 책을 만들기 위해 최선을 다합니다. 그러나 편집에서 미처 잡지 못한 실수가 뒤늦게 나오는 경우가 있습니다. 고시넷은 이런 잘못을 바로잡기 위해 정오표를 실시간으로 제공합니다. 감사하는 마음으로 끝까지 책임을 다하겠습니다.

| 고시넷 홈페이지 접속 | 〉 | 고시넷 출판-커뮤니티 | 〉 | 정오표 |

🌐 www.gosinet.co.kr

모바일폰에서 QR코드로 실시간 정오표를 확인할 수 있습니다.

학습 질의 안내

학습과 교재선택 관련 문의를 받습니다. 적절한 교재선택에 관한 조언이나 고시넷 교재 학습 중 의문 사항은 아래 주소로 메일을 주시면 성실히 답변드리겠습니다.

이메일주소 ✉ passgosi2004@hanmail.net

차례

울산광역시교육청
📖 교육공무직원 소양평가 정복

- 구성과 활용
- 울산광역시교육청 교육공무직원 채용안내
- 울산광역시교육청 교육공무직원 채용직렬
- 시 · 도교육청 교육공무직원 시험분석

파트 1 울산광역시교육청 교육공무직원 소양평가 기출예상문제

파트 2 인성검사

파트 3 면접가이드

책속의 책

파트 1 울산광역시교육청 교육공무직원 소양평가 기출예상문제 정답과 해설

구성과 활용

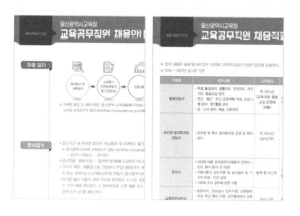

1 새봉안내 & 채용직렬 소개

울산광역시교육청 교육공무직원의 채용 절차 및
최근 채용직렬 등을 쉽고 빠르게 확인할 수 있도록
구성하였습니다.

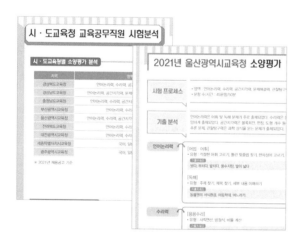

2 울산광역시교육청 교육공무직원
소양평가 기출 유형분석

울산광역시교육청 교육공무직원 소양평가의 최근
기출문제 유형을 분석하여 최신 출제 경향을
한눈에 파악할 수 있도록 하였습니다.

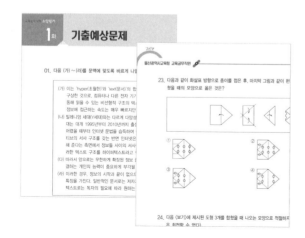

3 기출예상문제로 실전 연습 & 실력 UP!!

총 9회의 기출예상문제로 자신의 실력을 점검하고
완벽한 실전 준비가 가능하도록 구성하였습니다.

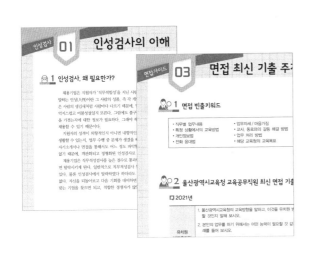

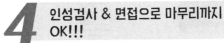

4 인성검사 & 면접으로 마무리까지 OK!!!

최근 채용 시험에서 점점 중시되고 있는
인성검사와 면접 질문들을 수록하여 마무리까지
완벽하게 대비할 수 있도록 하였습니다.

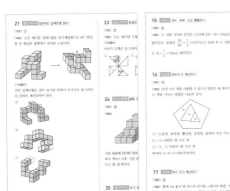

5 상세한 해설과 오답풀이가 수록된 정답과 해설

기출예상문제의 상세한 해설을 수록하였고
오답풀이 및 보충 사항들을 수록하여 문제풀이
과정에서의 학습 효과가 극대화될 수 있도록
구성하였습니다.

울산광역시교육청
교육공무직원 채용안내

채용 절차

원서접수 및 서류심사 → 소양평가 (직무능력검사 및 인성검사) → 면접시험 → 최종합격

※ 자세한 일정 및 세부사항은 울산광역시교육청홈페이지(http://www.use.go.kr) 또는 울산광역시 교육청 교육공무직 정보나눔터(http://edupeople.use.go.kr)에 게재된 공고문을 참고한다.

원서접수

- 접수기간 내 인터넷 접수만 가능(방문 및 우편접수 불가)
  ※ 울산광역시교육청 교육공무직 정보나눔터(http://edupeople.use.go.kr) → 채용 및 인사발령 → 공무직 시험공고 → 원서접수
- 응시연령 : 18세 이상 ~ 정년(만 60세)에 도달하지 아니한 자
- 거주지 제한 : 채용공고일 전일부터 면접시험일까지 계속하여 본인의 주민등록상주소 지 또는 국내거소신고(재외국민에 한함)가 울산광역시로 되어 있는 사람이어야 한다.
- 자격증 필요 직종의 경우 인터넷 원서접수 시 모든 증빙서류를 체크해야 하며, 원서접 수 기간 내에 '원서접수 시 첨부파일로 스캔 제출' 또는 '우편접수(※ 원서접수 기간 내 우편 소인 必)'를 해야 한다.

소양평가 시험

직무능력검사(45문항, 50분)

- 5개 영역(언어논리력, 수리력, 공간지각력, 문제해결력, 관찰탐구력)의 45개 문항에 대 한 평가 결과를 채점하여 점수를 산정한다.

인성검사(200문항, 40분)

- 응시자가 응답한 결과에 따라 성실성, 대인관계성, 이타성, 심리적 안정성으로 구분하 여 점수를 산출하여 산출된 점수를 집단 평균을 중심으로 표준편차 단위로 표준점수화 하여 최종점수를 산정한다.

면접시험

- 제1차 소양평가 시험 합격자에 한하여 응시할 수 있다.
- 해당 직무수행에 필요한 능력 및 적격성을 검증한다.
- 다음 모든 요소를 각각 상, 중, 하로 평정한다.

5개 평정 요소	점수		
	상	중	하
교육공무직원으로서 정신 자세			
의사표현의 정확성 및 논리성			
품행 및 성실성			
해당 직종에 대한 전문지식 및 응용능력			
업무 관련 창의성 및 발전 가능성			

신분 및 처우

정년	만 60세
수습기간	3개월(※ 수습기간 평가 있음)
근로시간	학교 : 8시간, 학교 외 기관 : 소속 공무원과 동일 기준 적용
보수 및 근로조건	울산광역시교육청 자체 지침에 따름.
근무지	울산광역시교육감이 지정하는 기관(부서) 및 공립학교
근무지 발령	• 결원 발생 시 채용후보자명부(성적순)에 따라 근로계약 체결 및 발령 ※ 채용후보자명부는 2년간 유효 ※ 근무 발령 당시 만 60세를 초과한 경우 근로계약 체결 불가

울산광역시교육청
교육공무직원 채용안내

합격자 결정

「1차 시험」 소양평가(100점)	「2차 시험」 면접시험(100점)
직무능력검사 50%＋인성검사 50%	면접위원별 평균 점수

서류전형 및 소양평가

[서류심사] ① 경력, ② 봉사활동시간, ③ 업무 관련 자격가산의 합계가 높은 순으로 채용
예정인원이 10명 미만인 경우 10배수 이내, 채용예정인원이 10명 이상인 경우
5배수 이내에서 총점(100점 만점)이 높은 순으로 합격자를 결정

[소양평가] 총점 40점 이상인 득점자 중 고득점 순으로 선발예정인원의 110%를 합격자로
결정(동점자는 모두 합격 결정)

면접시험

• 위원의 과반수가 평정요소 5개 항목을 모두 "상"으로 평정한 경우 ⇨ 우수
• 위원의 과반수가 평정요소 5개 항목 중 2개 항목 이상을 "하"로 평정하거나, 위원의 과
반수가 어느 하나의 동일한 평정요소에 대해 "하"로 평정한 경우 ⇨ 미흡
• 그 외의 경우 ⇨ 보통

최종합격자 결정

• "우수" 등급을 받은 응시자는 합격으로 한다. 다만 "우수" 등급을 받은 응시자의 수가
선발예정인원을 초과하는 경우, 1차 시험 점수(가산점 포함, 소양평가)가 높은 사람부터
차례로 선발예정인원에 달할 때까지 합격 처리한다.
• "보통" 등급을 받은 응시자는 1차 시험 점수(가산점 포함, 소양평가)가 높은 사람부터
차례로 "우수" 등급을 받은 응시자 수를 포함하여 선발예정인원에 달할 때까지 합격
처리한다.
• "미흡" 등급을 받은 응시자는 불합격 처리한다.
• 동점자는 취업지원대상자＞소양평가의 인성검사 점수가 높은 자＞생년월일이 빠른 자
순으로 합격 처리한다.

울산광역시교육청
교육공무직원 채용직렬

※ 업무 내용은 표에 명시된 업무 이외에 기관(학교)장이 지정한 업무를 포함한다.
※ 2019 ～ 2021년 공고문 기준

직종명	업무내용	근무형태	자격 요건
돌봄전담사	• 학생 출결관리, 생활지도, 안전지도, 귀가지도, 돌봄교실 관리 • 연간 · 월간 · 주간 운영계획 작성, 프로그램 관리, 개인활동 관리 • 급 · 간식 준비, 제공, 사후처리	주 25시간 (교육과정, 돌봄교실 운영에 따름)	교원자격증(유 · 초 · 중등) 또는 보육교사 2급 이상
유치원 방과후과정 전담사	• 유치원 및 특수 방과후과정 운영 및 원아 관리	주 25시간 (상시근무)	• 유치원 2급 정교사 이상, 보육교사 2급 이상 중 1개 이상 소지자 • 장애인복지법 시행령 제2조에 따른 장애인 및 국가유공자등 예우 및 지원에 관한 법률 시행령 제14조 제3항에 따른 상이등급 기준 해당자
조리사	• 식단에 따른 조리업무(식재료의 전처리~조리, 배식 등의 전 과정) • 구매식품의 검수지원 및 급식설비 및 기구의 위생 · 안전 실무 • 그밖에 조리 실무에 관한 사항	방학 중 비근무	조리사 면허증 소지자(구 · 군청 발급)
교육업무실무사	• 공문처리, 정보공시 업무지원, 교원명부 작성, 학교 행사 지원, 교무행정관리 교육통계, 인증서 발급 및 나이스권한 부여, 지출품의	상시 근무	제한 사항 없음.
특수교육실무사	• 특수교육대상자의 교수 · 학습, 신변처리, 급식 및 교내 · 외 활동, 방과후활동 등	방학 중 비근무	고등학교 이상 학력
체험활동지원실무사	• 각종 연수지원시설 관리 및 물품구입 • 과학실험관리(생물실, 화학실, 물리실, 지구과학실) • 각종 대회 자료취합 및 업무보조 • 실험실 개방 운영(부) 및 행사 사진 촬영 • 전산 및 홈페이지 업무지원 • 전시체험관 안내 및 안전지도 • 기타 기관장이 지정하는 업무	상시근무 (기관 사정에 따름)	제한 사항 없음.

울산광역시교육청
교육공무직원 채용직렬

조리실무사	• 급식품이 위생적인 조리 및 배식 • 급식실 내·외부 청소·소독 • 급식시설·설비 및 기구 및 기구의 세척·소독 • 기타 영양(교)사의 지도사항 협의 이행 및 조리사 업무지원	방학 중 비근무	제한 사항 없음.
장애인특별고용 실무원	• 각종 행정 관련 업무 처리 • 각종 행사 업무 지원 • 학교(기관) 특성에 맞는 업무 지원 • 교육청 사정에 따라 업무 특성을 고려하여 직종이 변경될 수 있음.	상시근무	장애인복지법 시행령 제2조에 따른 장애인 및 국가유공자등 예우 및 지원에 관한 법률 시행령 제14조 제3항에 따른 상이등급 기준 해당자
학교운동부지도자	• 학교체육진흥법 시행령 제3조 제4항에 따른 직무 　– 학생선수에 대한 훈련계획 작성, 지도 및 관리 　– 학생선수의 각종 대회 출전 지원 및 인솔 　– 경기력 분석 및 훈련일지 작성 　– 훈련장의 안전관리 　– 그 외 학교장이 지정하는 학교운동부 운영 및 학교 체육 관련 업무	상시근무	• 국민체육진흥법 제2조 제6호에 따른 해당 종목 자격을 취득한 자 　– 해당종목 1·2급 전문스포츠지도사 • 대한체육회 및 시도체육회로부터 지도자 자격취소처분을 받거나 정지처분을 받고 그 기간 중이 아닌 자
취업지원관	• 교육청 취업지원센터 운영·관리, 취업지원 상담지원 • 산업체와 공공기관 DB관리 및 구인구직 정보 수집 • 직능단체 간의 산업협력 체제 구축 • 유관기관의 청년 취업지원 협의회 구축 • 기업체 발굴 지원, 학교 취업컨설팅 지원, 현장실습 모니터링 시스템 컨설팅 지원, 학교 취업지원관 및 담당교원 역량강화 프로그램 운영, 노무사와 연계하여 기업 현장 점검, 선도 기업 사전점검, 참여기업 현장실습 추수지도컨설팅 지원 • 현장실습 매뉴얼 및 현장실습 참여기업 도움자료 개발·보급 • 취업업무수행을 위한 취업처(기업체)발굴 및 현장방문 • 그 밖에 현장실습과 취업지원과 관련한 기관장 지시사항 등	상시근무	아래 필수 자격 요건 중 1가지 이상을 갖춘 경우 지원 가능 – 기업체 인사·노무 업무에 2년 이상 근무한 자 – 경영자단체, 노동조합, 고용관련 연구기관 등에서 업무 경험이 2년 이상인 자 – 「직업상담사」 자격증 소지자로서 관련 업무에 2년 이상 종사한 자 – 「청소년상담사」 2급 이상 자격증 소지자로서 관련 업무에 2년 이상 종사한 자 – 직업안정법에 의한 유료·무료 직업소개, 직업정보제공 종사 경험이 2년 이상인 자

교육복지사 (학교)	• 교육복지우선지원사업 중점학교 기획, 운영, 평가, 환류 • 사업대상 학생 발굴 및 집중지원(지역연계, 가정방문, 사례관리 등) • 지역사회 자원 발굴 및 연계협력사업 추진 • 학교(기관)구성원 교육복지 역량 제고 및 사업 홍보 • 교육균형발전 사업 지원 등	상시근무	사회복지사, 청소년지도사, 청소년상담사, 평생교육사 중 1개 이상 소지자
치료사	• 학교재활지원(언어재활)	상시근무	언어재활사 2급 이상 (보건복지부)
사감 (남자)	• 기숙사 학생 생활지도 · 감독 · 관리 • 안전사고 예방, 응급환자 발생 시 대응 • 재난 발생 시 학생 대피 유도 등	방학 중 비근무 (학교별로 상이)	제한 사항 없음.
유아교육사	• 유아체험활동 및 기획업무 지원 등	상시근무	유치원 정교사 1 · 2급, 보육교사 2급 이상 중 1개 이상 소지자
학습클리닉 지원실무원	• 학습클리닉지원 대상학생 종합관리 • 학습코칭 · 학습치료, 진로 심리상담 • 전문검사 및 치료 등 지원 업무	상시근무	교원자격증(초 · 중 · 특수), 전문상담교사, 청소년상담사, 사회복지사 보육교사, 언어재활사 중 1개 이상 소지자
임상심리사 (Wee 센터)	• 학교부적응 학생 및 심리정서적 고위기군 학생 대상 심리평가 • 위기상담 · 자문 · 교육, 정신건강프로그램 개발 등	상시근무	정신보건임상심리사 1 · 2급, 임상심리사 1 · 2급 중 1개 이상 소지자

시 · 도교육청 교육공무직원 시험분석

시 · 도교육청별 소양평가 분석

지역	영역	문항 수/시간
경상북도교육청	언어논리력, 수리력, 공간지각력, 문제해결력	45문항/50분
경상남도교육청	언어논리력, 공간지각력, 문제해결력, 이해력, 관찰탐구력	45문항/50분
충청남도교육청	언어논리력, 수리력, 공간지각력, 문제해결력, 이해력	50문항/50분
부산광역시교육청	언어논리력, 수리력, 문제해결력	45문항/50분
울산광역시교육청	언어논리력, 수리력, 공간지각력, 문제해결력, 관찰탐구력	45문항/50분
전라북도교육청	언어논리력, 수리력, 문제해결력	50문항/50분
대전광역시교육청	언어논리력, 수리력, 문제해결력	45문항/50분
세종특별자치시교육청	국어, 일반상식	50문항/80분
광주광역시교육청	국어, 일반상식	50문항/80분

※ 2021년 채용공고 기준

출제영역 분석

[언어논리력] 유의어 · 반의어, 띄어쓰기, 맞춤법 등 문법 문제, 한자어나 사자성어 문제, 세부내용을 이해하는 문제, 문단 배열 문제, 빈칸 찾기 등 독해 문제가 출제된다.

[수리력] 사칙연산, 방정식, 확률 등 다양한 계산 문제가 출제되며, 거리 · 속력 · 시간, 농도나 도형의 길이, 넓이 계산 등 공식 암기가 필요한 문제도 출제된다. 또한 도표를 이해, 계산하는 자료해석 문제도 꾸준히 출제된다.

[공간지각력] 종이접기, 전개도, 블록 결합 문제가 주로 출제되며 도형의 개수를 세는 문제나 도형을 회전시키는 문제 등 다양한 유형이 출제된다.

[문제해결력] 명제, 삼단논법, 참 · 거짓 문제, 논리게임 문제가 주로 출제된다. 최근 NCS 문제해결능력과 관련된 이론 문제가 출제되기도 한다.

[이해력] 자료 이해, 과학 상식 등 교육청별로 다양한 유형이 출제되므로 여러 문제를 학습해야 한다.

[관찰탐구력] 과학 상식이나 사회 상식을 묻는 문제가 출제된다. 해당 유형은 문제집이나 신문기사를 통해 꾸준한 학습이 필요하다.

2021년 울산광역시교육청 소양평가

시험 프로세스	• 영역 : 언어논리력, 수리력, 공간지각력, 문제해결력, 관찰탐구력 • 문항 수/시간 : 45문항/50분

기출 분석	언어논리력은 어휘 및 독해 문제가 주로 출제되었다. 수리력은 응용수리, 자료해석 문제가 다양하게 출제되었다. 공간지각력은 블록회전, 펀칭, 도형 개수 등이 출제되었다. 문제해결력은 추론 문제, 관찰탐구력은 과학 상식을 묻는 문제가 출제되었다.

언어논리력

[어법 · 어휘]
• 유형 : 적절한 어휘 고르기, 틀린 맞춤법 찾기, 한자성어 고르기, 관용적 표현 이해하기

기출키워드
붓다, 부치다, 밭치다, 풍수지탄, 발이 넓다

[독해]
• 유형 : 주제 찾기, 제목 찾기, 세부 내용 이해하기

기출키워드
동물원의 서식환경, 아동학대, 며느라기

수리력

[응용수리]
• 유형 : 사칙연산, 방정식, 비율 계산

기출키워드
남녀 직원 비율, 짝이 될 확률, 금액 계산, 경우의 수

[자료해석]
• 유형 : 자료이해, 자료변환(표를 그래프로 변환하는 문제)

기출키워드
우리나라 사교육비, 연도별 수치 변화

공간지각력

• 유형 : 도형 회전하기, 주사위 모양 유추하기, 전개도, 펀칭, 다른 그림 찾기, 도형 개수 세기

기출키워드
주사위를 돌렸을 때 나올 수 있는 모양, 모든 사각형의 개수, 전개도를 접을 때 나올 수 없는 모양

문제해결력

• 유형 : 참 · 거짓 구분하기, 조건 추론하기, 순서 추론하기, 명제

기출키워드
순서 추론, 먹은 음료와 케이크 추론(참 · 거짓), 두 번째 사람 추론, 빈자리, 건물 층수

관찰탐구력

• 유형 : 과학 상식, 사회 상식

키워드 》》》 문장이나 문단을 배열하는 문제
올바른 어휘 또는 어법을 찾는 문제
지문에 맞는 제목이나 주제를 찾는 문제
제시된 수치나 자료를 보고 이해하는 문제
기초적인 연산식을 계산하는 문제
블록 또는 도형을 파악하는 문제
명제를 토대로 항상 참인 내용을 추론하는 문제
진위나 조건을 바탕으로 추론하는 문제
과학이나 사회상식을 체크하는 문제

분석 》》》 언어논리력에서는 단어관계나 올바른 맞춤법 등 어휘력을 묻는 문제가 빠짐없이 출제되므로 평상시에 기초 어휘·어법과 관련한 이론들을 잘 숙지하고 있는 것이 중요하다. 수리력에서는 수 추리 문제와 기초연산능력을 묻는 문제가 출제되므로 다양한 연산공식을 외워 두는 것이 좋으며, 간단한 자료를 이해하고 분석하는 연습도 필요하다. 공간지각에서는 블록이나 도형의 회전을 활용한 문제와 투상도, 전개도, 종이접기 문제가 꾸준히 출제되고 있으므로 많은 문제풀이를 통한 연습이 중요하다. 문제해결력에서는 논리적 사고력을 요구하는 문제와 조건을 토대로 문제처리능력을 요구하는 문제가 출제되므로 제시된 조건을 빠뜨리지 않고 잘 살펴야 한다. 관찰탐구력에서는 과학이나 사회상식 문제가 출제되므로 기초 과학 교과서 등을 정독해 보는 것이 좋다.

교육공무직원

소양평가

파트 **1** **기출예상문제**

소양평가란? 직무에 필요한 기본적인 소양을 평가하는 '직무능력검사'와 교육공무직원의 기본적인 인성을 객관적으로 평가하는 '인성검사'로 이루어진 시험이다.

01. 다음 (가) ~ (라)를 문맥에 맞도록 바르게 나열한 것은?

(가) 이는 'hyper(초월한)'와 'text(문서)'의 합성어이며, 1960년대 미국 철학자 테드 넬슨이 구상한 것으로, 컴퓨터나 다른 전자 기기로 한 문서를 읽다가 다른 문서로 순식간에 이동해 읽을 수 있는 비선형적 구조의 텍스트를 말한다. 대표적인 예시인 모바일의 경우 정보에 접근하는 속도는 매우 빠르지만 파편성은 극대화되는 매체다.

(나) 밀레니엄 세대(Y세대)와는 다르게 다양성을 중시하고 사물인터넷(IoT)으로 대표되는 Z세대는 대개 1995년부터 2010년까지 출생한 세대를 보편적으로 일컫는 말이다. 이들은 어렸을 때부터 인터넷 문법을 습득하여 책보다는 모바일에 익숙하다. 책은 선형적 내러티브의 서사 구조를 갖는 반면 인터넷은 내가 원하는 정보에 순식간에 접근할 수 있게 해 준다는 측면에서 정보들 사이의 서사적 완결성보다는 비선형적 구조를 지향한다. 이러한 텍스트 구조를 하이퍼텍스트라고 한다.

(다) 따라서 앞으로는 무한하게 확장된 정보 중에서 좋은 정보를 선별하고, 이를 올바르게 연결하는 개인의 능력이 중요하게 부각될 것이다.

(라) 이러한 경우, 정보의 시작과 끝이 없으므로 정보의 크기를 무한대로 확장할 수 있다는 특징을 가진다. 일반적인 문서로는 저자가 주는 일방적인 정보를 받기만 하지만 하이퍼텍스트로는 독자의 필요에 따라 원하는 정보만 선택해 받을 수 있다.

① (가) − (다) − (나) − (라)

② (가) − (나) − (다) − (라)

③ (나) − (라) − (가) − (다)

④ (나) − (가) − (라) − (다)

02. 다음 ㉠ ~ ㉣ 중 그 쓰임이 올바른 것은?

> 산꼭대기에는 해를 비롯한 ㉠<u>천채</u>의 움직임을 보여 주는 ㉡<u>금빛</u> 혼천의가 돌고, 그 아래엔 4명의 선녀가 매시간 종을 울린다. ㉢<u>산기슥</u>은 동서남북 사분면을 따라 봄·여름·가을·겨울 산이 펼쳐져 있다. 산 아래 평지에는 밭 가는 농부, 눈 내린 기와집 등 조선땅의 사계절이 ㉣<u>묘사돼</u> 있고, 쥐·소·호랑이와 같은 12지신상이 일어섰다 누웠다를 반복하며 시간을 알린다.

① ㉠   ② ㉡
③ ㉢   ④ ㉣

03. 다음 밑줄 친 부분의 띄어쓰기가 잘못된 것은?

① 여름 <u>날씨치고</u> 선선하다.
② 공부는 하면 <u>할∨수록</u> 더 어렵다.
③ 이번 공모전에 선정이 <u>안∨되다.</u>
④ 많이 아팠다고 하더니 얼굴이 많이 <u>안됐구나.</u>

04. 다음 밑줄 친 단어에 대한 발음이 적절하지 않은 것은?

① 지하철에서 남의 발을 <u>밟지</u>[발찌] 않도록 주의해라.
② 며칠 내내 비가 오더니 하늘이 모처럼 <u>맑게</u>[말께] 개었다.
③ 그 제품은 마찰에도 <u>닳지</u>[달치] 않고 잘 견딘다.
④ 그가 누워 있는 방은 <u>넓고</u>[널꼬] 크고 호화롭다.

05. ○○교통공사에서는 다음 자료와 같이 시민들에게 4호선 탐방학습 등을 제공하고 있다. 자료에 대한 설명으로 적절한 것은?

■ 탐방학습 패키지

• 역사와 미래가 공존하는 4호선으로 탐방학습 오세요!

어린이 및 청소년들이 ○○의 역사가 스며들어 있는 동래읍성 임진왜란 역사관 및 충렬사 등을 탐방하고 동시에 미래형 도시철도 무인전철의 우수성을 경험해 볼 수 있는 4호선 탐방학습 패키지 코스에 여러분을 초대합니다.

• 운영기준

－대상 : 20인 이상 단체

－일자 : 화 ～ 금요일(공휴일 · 공사 지정 휴일 제외)

－개방시간 : 10 : 00 ～ 17 : 00

• 안내 순서

－한 단체당 단체 승차권 1매로 A 코스 또는 B 코스를 선택하여 이용함.

〈A 코스〉

출발역	수안역	안평차량기지
단체 승차권 구매	동래읍성 임진왜란 역사관 견학	경전철홍보관, 관제센터, 테마공원 견학

〈B 코스〉

출발역	수안역	충렬사역
단체 승차권 구매	동래읍성 임진왜란 역사관 견학	충렬사 견학

---

① 유치원생이 탐방학습 패키지에 참여하기 위해서는 청소년 이상의 보호자가 필요하다.

② 매주 월요일은 임진왜란 역사관이 휴관하므로, 패키지 코스를 이용할 수 없다.

③ 개방시간은 오전 10시부터 7시간으로, 1회 탐방에는 약 1시간 30분이 소요된다.

④ 15인의 청소년으로 구성된 단체는 단체 승차권을 구매할 수 없다.

06. 다음 밑줄 친 단어의 뜻이 다르게 쓰인 것은?

① 내 동생은 <u>의사</u>표현이 확실하다.
② <u>의사</u>인 둘째 사위의 권고로 담배를 끊었다.
③ 그 국회의원은 국민의 <u>의사</u>를 무시했다.
④ 싸울 <u>의사</u>가 없으면 얼른 물러나라.

07. 다음 제시된 의미에 해당하는 단어를 유추하여 끝말잇기를 할 때, 빈칸에 들어갈 단어는?

법을 어기는 것 – (   ) – 병을 잘 낫게 하는 것

① 법정   ② 법률
③ 법도   ④ 법치

08. 다음 중 글의 내용을 포괄하는 주제로 적절한 것은?

> 원시공동체의 수렵채취 활동은 그 집단이 소비해 낼 수 있는 만큼의 식품을 얻는 선에서 그친다. 당장 생존에 필요한 만큼만 채취할 뿐 결코 자연을 과다하게 훼손하지 않는 행태는 포악한 맹수나 원시 인류나 서로 다를 바 없었다. 이미 포식한 뒤에는 더 사냥하더라도 당장 먹을 수 없고, 나중에 먹으려고 남기면 곧 부패되므로 욕심을 부릴 까닭이 없기 때문이었다. 또 각자 가진 것이라고는 하루분 식품 정도로 강탈해도 얻는 것이 별로 없으니 목숨을 걸고 다툴 일도 없었다. 더 탐해도 이익이 없으므로 더 탐하지 않기 때문에 원시공동체의 사람이나 맹수는 마치 스스로 탐욕을 절제하는 것처럼 보인다.
>
> 신석기시대에 이르면 인류는 수렵채취 중심의 생활을 탈피하고 목축과 농사를 주업으로 삼기 시작한다. 목축과 농사의 생산물인 가축과 곡물은 저장 가능한 내구적 생산물이다. 당장 먹는 데 필요한 것보다 더 많이 거두어도 남는 것은 저장해 두었다가 뒷날 쓸 수 있다. 따라서 본격적인 잉여의 축적도 이 시기부터 일어나기 시작하였다. 그리고 축적이 늘어나면서 약탈로부터 얻는 이익도 커지기 시작했다. 많이 생산하고 비축하려면 그만큼 힘을 더 많이 들여야 한다. 그런데 그 주인만 제압해 버리면 토지와 비축물을 간단히 빼앗을 수 있다. 내 힘만 충분하면 토지를 빼앗고 원래의 주인을 노예로 부리면서 장기간 착취할 수도 있으니 가장 수익성 높은 '생산' 활동은 약탈과 전쟁이다. 이렇게 순수하고 인간미 넘치던 원시 인류도 드디어 탐욕으로 오염되었고 강한 자는 거리낌 없이 약한 자의 것을 빼앗기 시작하였다.

① 저장의 시작에서 발현한 인류의 탐욕
② 목축과 농사의 인류학적 가치
③ 약탈 방법의 다양성과 진화
④ 사적 소유의 필요성

09. 다음 글의 중심내용으로 적절한 것은?

> 정보 사회라고 하는 오늘날, 우리는 실제적 필요와 지식 정보의 획득을 위해서 독서하는 경우가 많다. 사실은 일정한 목적의식이나 문제의식을 안고 달려드는 독서일수록 능률적인 것이다. 르네상스시대의 만능의 인물이었던 괴테는 그림에 열중하기도 했다. 그는 의아해하는 주위 사람들에게 그림의 대상이 되는 집이나 새를 더 관찰하기 위해서 그림을 그리는 것이라고 대답했다고 전해진다. 그림을 그리겠다는 목적의식을 가지고 집이나 꽃을 관찰하면 평소보다 분명하고 세세하게 그 대상이 떠오를 것이다. 마찬가지로 일정한 주제의식이나 문제의식을 가지고 독서를 할 때, 보다 창조적이고 주체적인 독서 행위가 성립될 것이다.

① 특정 목적이나 문제의식을 가진 독자일수록 효율적인 독서를 할 수 있다.
② 독서의 목적은 독자들이 무엇을 필요로 하느냐에 따라 달라진다.
③ 독자들은 각자 필요한 지식 정보를 획득하기 위해 다양한 책을 읽는다.
④ 독자들이 그림을 그린다면 주체적인 독서를 하는 데에 도움이 될 것이다.

10. 다음에서 설명하는 사자성어로 옳은 것은?

> 달아난 양을 찾다가 여러 갈래 길에서 길을 잃었다는 뜻으로, 학문의 길이 나뉘어져 진리를 찾기 어려움.

① 곡학아세(曲學阿世) ② 다기망양(多岐亡羊)
③ 입신양명(立身揚名) ④ 읍참마속(泣斬馬謖)

11. 다음의 단위로 계산했을 때 '?'에 들어갈 값은?

$$2.5m + 3,250mm = (\quad ? \quad)cm$$

① 5.75 ② 57.5

③ 575 ④ 5,750

12. 다음 숫자들의 배열 규칙에 따라 '?'에 들어갈 알맞은 숫자는?

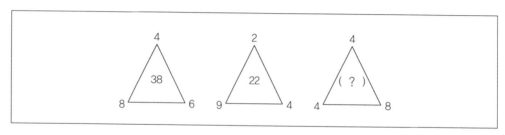

① 14 ② 19

③ 20 ④ 24

13. A와 B가 가진 돈의 비는 5 : 4이다. B가 2,000원을 가지고 있을 때, A가 가지고 있는 돈은 얼마인가?

① 2,500원 ② 3,000원

③ 3,500원 ④ 4,000원

14. A 레스토랑에서는 샐러드와 피자, 스파게티 세 가지 메뉴를 세트로 묶어 판매하고 있다. 샐러드는 8,800원, 피자는 16,000원, 세트 가격은 32,400원이다. 세트 가격은 각 메뉴의 가격을 합한 금액에서 10%를 할인한 값이라고 할 때, 스파게티의 원래 가격은 얼마인가?

① 7,600원

② 10,080원

③ 11,200원

④ 12,700원

15. 경쟁사인 A 통신사와 B 통신사의 인터넷 요금이 다음과 같을 때, 두 통신사의 요금이 같아지려면 인터넷을 한 달에 몇 분 사용해야 하는가?

〈각 통신사의 인터넷 요금〉

구분	기본요금	사용요금
A 통신사	10,000원/월	10원/분
B 통신사	5,000원/월	20원/분

※ 인터넷 요금은 '기본요금+사용요금'으로 계산한다.

① 350분

② 400분

③ 450분

④ 500분

16. 사내 비품 담당인 이 대리는 겨울을 대비해 가습기를 구매하려고 한다. A 업체는 구매 금액 1,000,000원당 50,000원을 할인해 주는 동시에 10대를 사면 1대를 무료로 주고, B 업체는 같은 가습기 9대를 사면 1대를 무료로 준다. 1대당 100,000원인 가습기 50대를 구매한다면 두 업체 중 어디에서 사는 것이 얼마나 저렴한가?

① A 업체, 100,000원

② B 업체, 100,000원

③ A 업체, 200,000원

④ B 업체, 200,000원

17. 기상청에서 A 지역에 비가 올 확률이 0.7이고 A와 B 지역 모두에 비가 올 확률이 0.4라고 발표하였다. B 지역에 비가 오지 않을 확률은?

① $\frac{1}{7}$

② $\frac{2}{7}$

③ $\frac{3}{7}$

④ $\frac{4}{7}$

18. 다음은 우리나라 부패인식지수(CPI)의 연도별 변동 추이에 대한 표이다. 이에 대한 설명으로 적절하지 않은 것은?

〈부패인식지수(CPI)의 연도별 변동 추이〉

(단위 : 점, 개국, 위)

구분		2013년	2014년	2015년	2016년	2017년	2018년	2019년	2020년
CPI	점수	56.0	55.0	55.0	54.0	53.0	54.0	57.0	59.0
	조사대상국	176	177	175	168	176	180	180	180
	순위	45	46	44	43	52	51	45	39
OECD	회원국	34	34	34	34	35	35	36	36
	순위	27	27	27	28	29	29	30	27

※ 점수가 높을수록 청렴도가 높다.

① CPI 순위와 OECD 순위가 가장 낮은 해는 각각 2017년, 2019년이다.

② 청렴도가 가장 높은 해와 2013년도의 청렴도 점수의 차이는 3.0점이다.

③ 조사 기간 동안 우리나라의 CPI는 OECD 국가에서 항상 상위권을 차지하였다.

④ 우리나라는 다른 해에 비해 2020년에 가장 청렴했다고 볼 수 있다.

19. 다음 자료를 이용하여 자동차 등록 현황에 대한 〈보고서〉를 작성할 때 추가로 필요한 자료를 〈보기〉에서 모두 고르면?

〈2020년 지역별 자동차 등록 현황〉

(단위 : 천 대, 명)

순위	지역	자동차 등록대수	자동차 1대당 인구수
1	서울	239	2.9
2	인천	88	3.7
3	부산	65	3.1
4	대구	42	2.8
⋮			
10	광주	10	3.6
⋮			

〈보고서〉

　　자동차 등록대수의 지역별 순위를 보면 2020년에 서울이 약 23만 9천 대로 전년에 이어 1위를 차지했으며 인천이 약 8만 8천 대로 서울의 뒤를 이었다. 광주는 10위를 차지했으며 자동차 1대당 인구수는 3.6명을 기록했다.

보기

ㄱ. 2020년 지역별 인구수
ㄴ. 2019년 지역별 자동차 등록대수
ㄷ. 2020년 대한민국 자동차 등록대수

① ㄱ
② ㄴ
③ ㄱ, ㄷ
④ ㄴ, ㄷ

20. 다음은 1인 가구의 주거환경 만족/불만족 실태를 조사한 자료이다. 이를 토대로 작성한 그래프 중 자료의 내용과 일치하지 않는 것은?

1. 우리나라 1인 가구 비율은 1985년 6.7%에서 2015년 27.2%로 급격히 증가하였으며 2025년에는 31.9%가 될 것으로 예측된다.
2. 1인 가구의 위험 요소로는 '대중교통 이용', '늦은 귀가', '만취 귀가', '빈 집'의 순으로 비중 이 높았다.
3. 1인 가구의 52.1%가 단독주택에 거주하고 있으며 이어 아파트(27.6%), 다세대 주택(8.3%), 주택 이외의 거처(8.0%)의 순이었다. 이는 원룸이 단독주택으로 분류되기 때문이다.
4. 주택환경 만족도는 재난·재해(산사태나 홍수, 지진 피해 등) 안전성(52.1%), 주택 방범상 태(27.6%), 화재로부터의 안전성(화재예방, 전기시설, 화재대피시설 유무)(8.3%)의 순이었 다.
5. 1인 가구가 주택환경에서 가장 만족하는 부분은 이웃과의 유대감(89.8%), 대기오염도 (84.5%), 청결도(83.3%)의 순이었다. 그 밖에 문화시설 접근용이성(56.7%), 주차시설 이 용편리성(67.4%), 의료시설 접근용이성(69.2%), 공공기관 접근용이성(69.9%) 등으로 조 사되었다.

①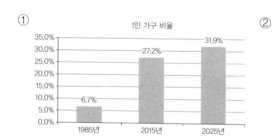

②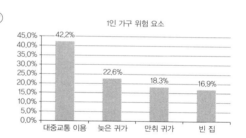

③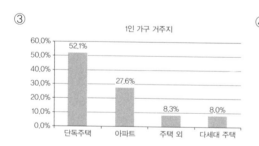

④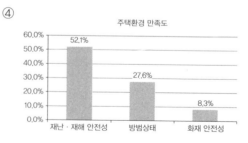

21. 제시된 〈보기〉와 동일한 도형은 무엇인가?

보기

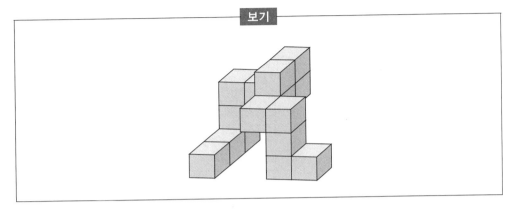

①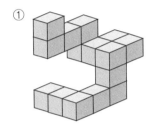

②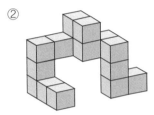

③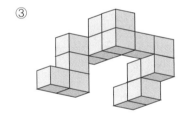

④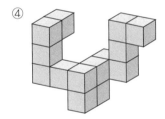

22. 다음 그림에서 두 면만 보이는 블록은 모두 몇 개인가?

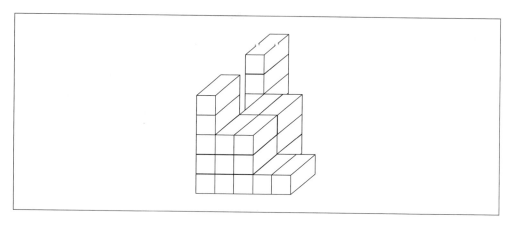

① 6개

② 7개

③ 8개

④ 9개

23. 다음에 제시된 도형과 같은 것을 고르면?

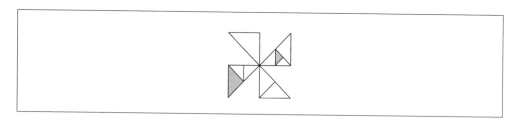

①

②

③

④

24. 다음 그림과 같이 쌓기 위해 필요한 블록의 개수는? (단, 블록의 모양과 크기는 모두 동일한 정육면체이며, 보이지 않는 뒷부분의 블록은 없다)

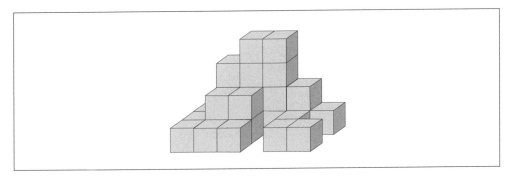

① 24개

② 25개

③ 26개

④ 27개

25. 다음 그림의 조각을 순서대로 올바르게 배열한 것은?

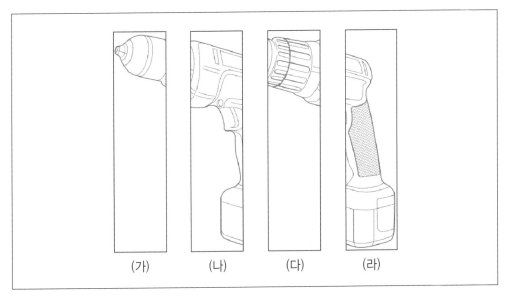

① (가)-(다)-(나)-(라)

② (가)-(라)-(나)-(다)

③ (나)-(가)-(라)-(다)

④ (나)-(라)-(가)-(다)

26. 당신은 〈보기〉의 A 지점에 서 있다. 다음 지도의 ㉮~㉱ 중 당신이 서 있는 곳은?

보기

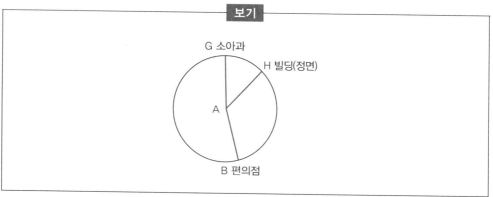

① ㉮

② ㉯

③ ㉰

④ ㉱

27. 다음 〈보기〉에 제시된 도형 3개를 합쳤을 때 나오는 모양으로 적절하지 않은 것은?

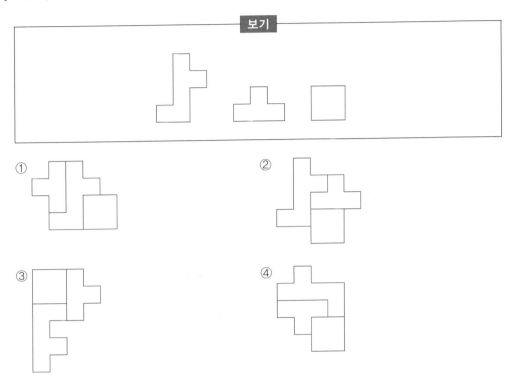

28. 다음과 같이 연결된 5개의 주사위가 있다. 서로 접하고 있는 면의 눈의 수를 합한 값은? (단, 주사위의 마주보는 면에 그려진 눈의 합은 7이다)

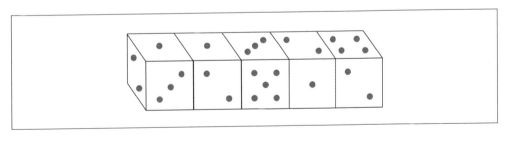

① 28

② 30

③ 32

④ 34

29. 다음 그림과 같이 화살표 방향으로 종이를 접은 후, 마지막 그림과 같이 펀치로 구멍을 뚫고 다시 펼쳤을 때의 모양으로 옳은 것은?

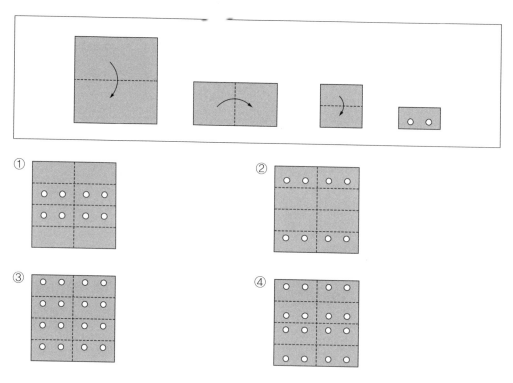

30. 다음 펼쳐진 전개도를 접어 완성했을 때 나올 수 없는 주사위를 고르면?

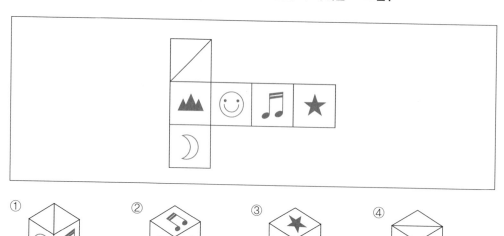

31. 같은 엘리베이터에 탄 사원 A ~ E 중 한 명은 거짓말을 하고 있다. 〈보기〉를 고려할 때 다음 중 항상 참인 것은? (단, 같은 층에서 내린 사람은 없다)

─────── 보기 ───────

- A : B는 확실히 1층에서 내렸어.
- B : C는 1층에서 내렸어.
- C : 잘은 모르겠지만, D는 적어도 3층에서는 내리지 않았어.
- D : E는 4층에서 내렸어.
- E : 나는 4층에서 내렸고 A는 5층에서 내렸어.

① A는 4층에서 내렸다.　　　　　　② B는 3층에서 내렸다.

③ C는 1층에서 내렸다.　　　　　　④ D는 2층에서 내렸다.

32. 다음 A, B 두 개의 명제가 모두 참일 경우, 빈칸에 들어갈 명제로 적절한 것은?

A. 게으르지 않은 사람은 운동을 싫어하지 않는다.
B. 긍정적이지 않은 사람은 운동을 싫어한다.
C. 그러므로 (　　　　　　　　　　　　　　　　　　)

① 긍정적이지 않은 사람은 게으르다.
② 운동을 싫어하는 사람은 긍정적이다.
③ 운동을 싫어하지 않는 사람은 긍정적이지 않다.
④ 긍정적이지 않은 사람은 운동을 싫어하지 않는다.

33. 다음 밑줄 친 부분에 들어길 문장으로 적절한 것은?

> 축구를 좋아하는 사람은 유산소 운동을 열심히 한다. 야구를 좋아하는 사람은 유산소 운동을 열심히 한다. 그리므로 _____

① 유산소 운동을 열심히 하는 사람은 축구도 야구도 좋아한다.
② 유산소 운동을 열심히 하지 않는 사람은 축구도 야구도 좋아하지 않는다.
③ 축구를 좋아하는 사람은 야구를 좋아한다.
④ 야구를 좋아하는 사람은 축구를 좋아하지 않는다.

34. 다음의 조건을 충족하는 리그의 구성으로 적절한 것은?

> 여섯 개의 야구 팀 A, B, C, D, E, F를 세 팀씩 두 리그로 나누고자 한다. 단, E와 F 팀은 다른 리그에 속해야 하며, C가 소속된 리그에는 A 혹은 B 팀이 반드시 소속되어야 한다.

① B, C, F
② A, B, E
③ A, B, C
④ B, E, F

35. 해외영업 1팀의 A 부장, B 과장, C 대리, D 대리, E 사원, F 사원 여섯 명은 올해 해외영업을 진행할 지역을 정하려고 한다. 지역은 중남미, 미주, 아시아 지역으로 각각 2명씩 나눠지며, 다음과 같은 〈조건〉에 따라 해외영업 지역을 정한다고 할 때 항상 참이 아닌 것은?

> **조건**
>
> • A 부장과 B 과장은 서로 다른 지역을 담당해야 한다.
> • C 대리는 아시아 지역을 담당해야 한다.
> • D 대리와 F 사원은 서로 같은 지역을 담당해야 한다.
> • E 사원은 중남미 지역을 담당할 수 없다.

① B 과장은 미주 지역 또는 아시아 지역의 영업을 담당하게 된다.
② D 대리와 F 사원은 중남미 지역의 영업을 담당하게 된다.
③ A 부장과 E 사원은 같은 지역의 영업을 담당하게 된다.
④ C 대리와 E 사원은 같은 지역의 영업을 담당하지 않는다.

36. 다음 중 논리적 오류가 발생하지 않은 것은?

① 난간에 기대면 추락 위험이 있다고 적혀 있으므로 난간에 기대는 사람은 추락하고 싶은 것이다.
② 눈이 내리는 곳에 꽃이 핀다. 그 지역은 눈이 내리지 않았으므로 꽃이 피지 않는다.
③ 내가 고양이를 좋아하는 것보다 동생이 고양이를 더 많이 좋아한다.
④ 제훈이네 어머니가 수학과 교수님이시니 제훈이도 틀림없이 수학을 잘할 것이다.

37. 다음의 [사실]들을 참고할 때 [결론]에 대한 설명으로 옳은 것은?

[사실] • 떡볶이를 좋아하는 사람은 화통하다.
  • 화통한 사람은 닭강정을 싫어한다.
  • 떡볶이를 좋아하는 사람은 닭강정을 싫어한다.
[결론] A. 닭강정을 좋아하는 사람은 떡볶이를 싫어한다.
  B. 닭강정을 싫어하는 사람은 화통하다.

① A만 항상 옳다. ② B만 항상 옳다.
③ A, B 모두 항상 옳다. ④ A, B 모두 항상 그르다.

38. 다음 그림과 같이 시계가 1시 20분을 가리킬 때, 두 바늘이 이루는 각 중 작은 각의 크기는?

① 60° ② 70°
③ 80° ④ 90°

39. 용인 근처에 있는 ○○화랑에서 지난 금요일 오후 10시에 도둑이 들어 그림을 도난당하는 사건이 발생하였다. 용의자는 A, B, C, D, E 5명으로 이 중 두 사람이 거짓을 말하고 있고, 거짓을 말한 사람들 중 한 명이 그림을 훔친 범인이다. 용의자들의 진술이 다음과 같을 때, 그림을 훔친 범인은?

> - A : 나는 지난 금요일 오후 10시에 종로에 있었다.
> - B : 나는 그날 오후 10시에 A와 C랑 함께 있었다.
> - C : B는 그날 오후 10시에 A와 함께 인천에 있었다.
> - D : C는 그날 오후 10시에 나와 단둘이 있었다.
> - E : B의 진술은 참이다.

① A   ② B
③ C   ④ D

40. 부장, 과장, 대리, 사원 A, 사원 B는 기획안에 관한 회의 진행을 위해 6인용 원형 테이블에 앉아 있다. 앉은 위치가 다음 〈조건〉과 같다고 할 때, 부장의 오른쪽 옆자리에 앉은 사람은?

조건

> - 대리와 사원 A는 나란히 앉아 있다.
> - 사원 B의 왼쪽 옆자리에는 아무도 앉아 있지 않다.
> - 과장은 대리의 왼쪽 옆자리에 앉아 있다.
> - 사원 A는 부장과 마주 보고 앉아 있다.

① 과장   ② 대리
③ 사원 B   ④ 아무도 앉아 있지 않다.

41. 심장박동 소설에 관한 내용으로 옳은 것은?

① 자율신경계에 이해 조절을 받는다.

② 조절의 중추는 대뇌이다.

③ 교감신경에 의해 심박동이 느려진다.

④ 아세틸콜린이 분비되면 심박동이 빨라진다.

42. 다음 〈보기〉에서 설명하고 있는 것은 무엇인가?

보기

• 제2종 법정가축감염병으로 소나 돼지에서 많이 나타난다.

• 사람도 가축으로부터 전파되는 인축 공통 감염병이다.

• 이것에 감염되면 암컷은 임신 후기 유산, 수컷은 고환염과 같은 증상을 보인다.

① 구제역   ② 살모넬라

③ 가금콜레라   ④ 브루셀라병

43. 다음은 화학 반응과 관련된 일상생활의 예이다. 반응 원리가 같은 것끼리 A, B 두 그룹으로 나눌 때 바르게 묶은 것은?

보기

㉠ 철못을 공기 중에 오랫동안 방치하면 녹이 슨다.

㉡ 생선회의 비린내를 제거하기 위해 레몬즙을 뿌린다.

㉢ 동물이 호흡을 통해 포도당을 분해하여 에너지를 낸다.

㉣ 개미에 물린 상처에 암모니아수를 바른다.

㉤ 겨울철 난방을 위해 화석 연료를 태운다.

	A	B
①	㉠, ㉢	㉡, ㉣, ㉤
③	㉡, ㉣	㉠, ㉢, ㉤

	A	B
②	㉡, ㉤	㉠, ㉢, ㉣
④	㉢, ㉣	㉠, ㉡, ㉤

44. 다음은 태양의 일주운동의 경로를 나타낸 것이다. 이에 대한 설명으로 옳지 않은 것은?

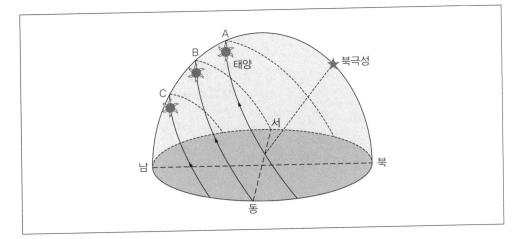

① 하지 때는 태양의 고도가 가장 낮다.

② A의 태양 고도가 가장 높고, C가 가장 낮다.

③ B는 춘·추분 때 태양의 일주운동 경로이다.

④ C일 때 태양 복사에너지의 양이 가장 적다.

45. 사람의 혈액 중 혈구에 대한 설명으로 옳은 것을 모두 고르면?

> 보기
>
> ㉠ 적혈구, 백혈구, 혈소판에는 모두 핵이 있다.
>
> ㉡ 세균에 감염되면 백혈구의 수가 증가한다.
>
> ㉢ 혈구 중 백혈구의 수가 가장 많다.
>
> ㉣ 혈소판은 혈액 응고에 관여한다.

① ㉠, ㉡

② ㉡, ㉣

③ ㉠, ㉢, ㉣

④ ㉡, ㉢, ㉣

▶ 정답과 해설 10쪽

01. 다음 단어에 대한 발음으로 적절하지 않은 것은?

① 닭다[닥따]

② 키읔과[키윽꽈]

③ 핥다[할따]

④ 잃고[일꼬]

02. 다음 괄호에서 적절한 단어를 골라 순서대로 나열한 것은?

> • 그는 초상화를 (묘사 / 모사)에 불과하다며 한사코 그리지 않았다.
> • 동생의 글은 개미에 대한 (묘사 / 모사)가 아주 정확했다.
> • 자세한 내용은 사무실 밖에 게시된 안내문을 (참고 / 참조)하십시오.
> • 너한테 (참고 / 참조) 거리가 될는지 모르지만 얘기해 줄게.

① 묘사, 모사, 참고, 참조

② 묘사, 묘사, 참조, 참고

③ 모사, 묘사, 참고, 참조

④ 모사, 묘사, 참조, 참고

03. 다음 중 외래어표기법에 따른 표기로 옳지 않은 것은?

① Valentine Day   밸런타인 데이

② collaboration   콜라보레이션

③ stereo   스테레오

④ ensemble   앙상블

[04 ~ 05] 다음 글을 읽고 이어지는 질문에 답하시오.

> (가) 만약 정글에서 악어에게 다리를 물렸다면 어떻게 해야 가장 좋을까. 손을 사용해 다리를 빼내려고 발버둥치면 다리에 이어 손, 심하면 목숨까지 잃게 된다. 할 수 없이 다리 하나만 희생하는 것이 가장 현명한 선택일 것이다. 이를 '악어의 법칙'이라고 부른다.
>
> (나) 포기를 한다는 것은 반대로 또 다른 어떤 것을 얻기 위한 길이기도 하다. 뭔가를 어쩔 수 없이 포기해야 될 때, 빠른 판단을 통해 오히려 더욱 많은 것을 얻게 될 수도 있는 것이 인생이다.
>
> (다) 하지만 주위를 보면 포기를 모르고 포기하는 고통을 두려워하다 결국은 더 큰 고통을 피하지 못하는 안타까운 경우가 많다. 절대 포기한다고 해서 끝나는 것이 아니며 방법이 오직 그 하나밖에 없는 것이 아님을 우리는 알아야 한다.
>
> (라) '악어의 법칙'을 일상생활에 대입해 보면 결정적 순간에 포기할 줄 아는 지혜로운 마음과 시기 적절하게 버릴 줄 아는 능력을 가진 사람이 결국 빛을 발할 수 있다는 이론이다.

04. 윗글의 (가) ~ (라)를 문맥에 따라 바르게 나열한 것은?

① (가)-(라)-(다)-(나)   ② (나)-(다)-(가)-(라)

③ (라)-(가)-(다)-(나)   ④ (라)-(나)-(다)-(가)

05. 윗글을 읽고 설명한 내용으로 적절하지 않은 것은?

① 욕심이 과하면 망한다는 말처럼 제때 포기하지 않으면 더 큰 손해를 볼 수도 있다.

② 악어의 법칙은 한쪽 다리를 잃더라도 일단 살아서 다른 길을 모색하는 것이 더 현명함을 설명하는 법칙이다.

③ 불가능한 것을 포기하지 못한다면, 스스로에게 고통을 주고, 그 고통은 결국 스트레스로 작용할 것이다.

④ 포기를 많이 하는 사람이 결국 현명한 사람이다.

06. 다음 글의 중심내용으로 적절한 것은?

> 문학 작품은 실로 일국(一國)의 언어 운명을 좌우하는 힘을 가지고 있다. 왜냐하면 문학 작품은 그 예술적 매력으로 하여 대중에게 다가가고 지상(紙上)에 고착됨으로써 큰 전파력을 발휘하기 때문이다. 이렇게 볼 때 문학 작품을 산출하는 작가야말로 매우 존귀한 위치에 있으며, 동시에 국가나 민족에 대하여 스스로 준엄하게 책임을 물어야 하는 존재라고 할 수 있다. 사실, 수백 번의 논의를 하고 수백 가지의 방책을 세우는 것보다 한 사람의 위대한 문학가가 그 언어를 더 훌륭하게 만든다고 할 수 있다. 괴테의 경우가 그 좋은 예이다. 그의 문학이 독일어를 통일하고 보다 훌륭하게 만드는 데 결정적인 역할을 했다는 것은 이미 주지의 사실이기도 하다.

① 작가는 언어에 대하여 막중한 책임을 지고 있다.
② 문학 작품은 국어에 큰 영향력을 미친다.
③ 작가는 문학 작품을 씀으로써 사회에 기여한다.
④ 언어는 문학 작품에 영향을 끼친다.

07. 다음 글에 대한 설명으로 옳지 않은 것은?

> 프랑스와 이탈리아 사람들은 @를 '달팽이'라고 부른다. 역시 이 두 나라 사람들은 라틴계 문화의 뿌리도 같고, 디자인 강국답게 보는 눈도 비슷하다. 그런데 독일 사람들은 그것을 '원숭이 꼬리'라고 부른다. 그리고 동유럽의 폴란드나 루마니아 사람들은 꼬리를 달지 않고 그냥 '작은 원숭이'라고 부른다. 더욱 이상한 것은 북유럽의 핀란드로 가면 '원숭이 꼬리'가 '고양이 꼬리'로 바뀌게 되고, 러시아로 가면 그것이 원숭이와는 앙숙인 '개'로 둔갑한다는 사실이다. 아시아는 아시아대로 다르다. 중국 사람들은 @를 점잖게 쥐에다 노(老)자를 붙여 '라오수(小老鼠)' 또는 '라오수하오(老鼠號)'라 부른다. 일본은 쓰나미의 원조인 태풍의 나라답게 '나루토(소용돌이)'라고 한다. 혹은 늘 하는 버릇처럼 일본식 영어로 '앳 마크'라고도 한다. 팔이 안으로 굽어서가 아니라 30여 개의 인터넷 사용국 중에서 @와 제일 가까운 이름은 우리나라의 골뱅이인 것 같다. 골뱅이 위의 단면을 찍은 사진을 보여 주면 모양이나 크기까지 어느 나라 사람이든 무릎을 칠 것이 분명하다.

① 사람들은 문화에 따라 같은 대상을 다르게 표현한다.
② 프랑스는 라틴계 문화의 영향을 받았다.
③ 다른 나라 사람들은 현재 @을 골뱅이라고 부르는 것에 동의한다.
④ 핀란드에서는 @을 고양이 꼬리로 부른다.

08. 다음 글의 밑줄 친 부분과 바꿔 쓰기에 적절한 것은?

> 하얀색을 돋보이게 하고 싶을 때 하얀색만 보여 주기보다는 그 옆에 정반대되는 색, 즉 검정색을 가져다 놓으면 더 눈에 띄게 된다. 이와 마찬가지로 글쓴이도 자신의 의견을 <u>두드러지게</u> 하기 위해서 자신의 의견과 정반대인 일반론이나 개념을 가져오는 경우가 있다.

① 강세(強勢) ② 모색(摸索)
③ 약조(弱調) ④ 강조(强調)

09. 다음 제시된 문장의 빈칸에 들어가기에 적절하지 않은 것은?

> • 끈질긴 노력 끝에 마침내 그를 만나고자 하던 그녀의 (   )이/가 이루어졌다.
> • 그는 부모님의 (   )에 어긋나지 않기 위해 늘 애쓰는 속 깊은 아들이었다.
> • 나의 (   )대로 어젯밤에는 흰 눈이 포슬포슬 내려 주었다.
> • 그 작가는 평소 생각하던 자신의 (   )을/를 소설 속에 투영하였다.

① 애착 ② 염원
③ 소망 ④ 바람

10. 다음 밑줄 친 단어의 띄어쓰기가 적절하지 않은 것은?

① 나도 <u>너만큼은</u> 잘할 수 있다.
② 도서관 안은 숨소리가 <u>들릴만큼</u> 조용했다.
③ 어른이 심하게 <u>다그친 만큼</u> 그의 말투와 행동은 달라져 있었다.
④ 바람이 몹시 휘몰아쳐 얼굴을 들 수 <u>없을 만큼</u> 대기가 차가웠다.

11. 다음 숫자들의 배열 규칙에 따라 '?'에 들어갈 알맞은 숫자는?

| 6 8 13 19 20 30 27 (?) 34 |

① 29 ② 33
③ 37 ④ 41

12. 김 과장은 사내 퀴즈대회에서 60점을 획득했다. 전체 20문제를 풀 때 문제를 맞히면 5점씩 획득하고 틀리면 5점씩 감점된다면 김 과장이 맞힌 문제는 몇 개인가?

① 7개 ② 12개
③ 15개 ④ 16개

13. 여성 12명, 남성 x명으로 구성된 A 팀이 있다. 이 팀에서 남성의 70%가 14명이라면 A 팀의 총 인원은 몇 명인가?

① 30명 ② 31명
③ 32명 ④ 33명

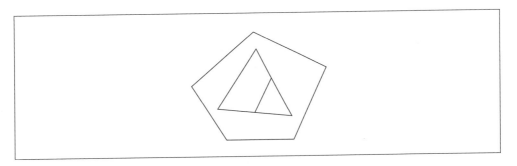

14. 40명으로 구성된 어느 학급에서 설문조사를 하였더니 야구를 좋아하는 학생은 24명, 농구를 좋아하는 학생은 17명이었다. 야구와 농구 중 어느 것도 좋아하지 않는 학생이 6명이었다면 농구만 좋아하는 학생은 몇 명인가?

① 7명   ② 10명

③ 12명   ④ 14명

15. 영수는 자전거를 타고 시속 100km로, 준희는 오토바이를 타고 시속 85km로 동시에 같은 지점에서 같은 방향으로 출발했다. 20분 후에 영수와 준희의 간격은 몇 km 벌어지는가?

① 3km   ② 4km

③ 5km   ④ 6km

16. 다음 도형에 색을 칠하려고 한다. 색을 여러 번 사용할 수는 있으나 이웃하는 영역은 서로 다른 색으로 칠해야 한다. 노란색, 보라색, 빨간색, 검정색, 회색 5가지 색을 사용할 때, 색을 칠할 수 있는 경우의 수는 총 몇 가지인가?

① 25가지   ② 40가지

③ 55가지   ④ 60가지

17. 물품구매를 담당하고 있는 김 대리는 흰색 A4 용지 50박스와 컬러 A4 용지 10박스를 구매하는데 5,000원 할인 쿠폰을 사용해서 총 1,675,000원을 지출했다. 컬러 용지 한 박스의 단가가 흰색 용지 한 박스보다 2배 높았다면 흰색 A4 용지 한 박스의 단가는 얼마인가?

① 20,000원
② 22,000원
③ 24,000원
④ 26,000원

18. 다음 경지규모별 농가 비중 추이에 관한 그래프를 해석한 내용 중 적절하지 않은 것은?

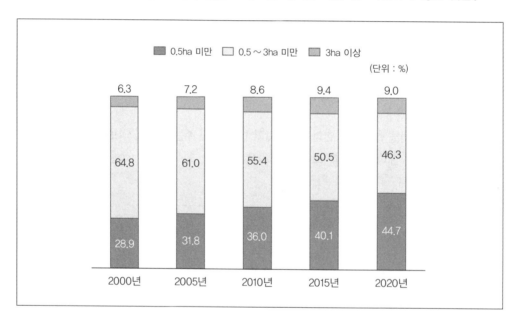

① 3ha 이상 농가 비중은 계속 증가하였다.
② 0.5 ～ 3ha 미만 농가 비중이 계속 감소하고 있다.
③ 0.5 ～ 3ha 미만 농가가 전체에서 차지하는 비중이 항상 가장 크다.
④ 0.5ha 미만 농가의 비중이 꾸준히 증가하였다.

19. 다음 그래프를 보고 추측한 내용이 적절하지 않은 사람은?

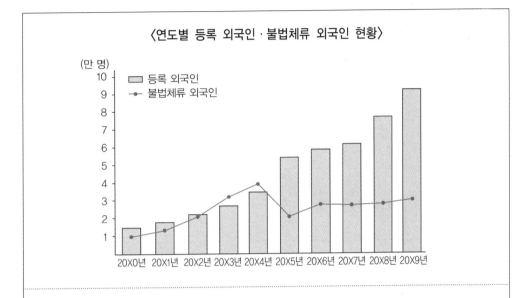

〈연도별 등록 외국인·불법체류 외국인 현황〉

- A : 등록 외국인 수가 매년 증가하고 있지만 변수가 발생하면 그 수가 줄어들 수도 있어.
- B : 불법체류 외국인의 수는 20X4년에 최고치를 기록하면서 처음으로 등록 외국인 숫자보다 많아졌어.
- C : 20X5년에 등록 외국인 수가 급격히 증가한 이유는 불법체류 외국인이 등록 외국인이 되었기 때문은 아닐까?
- D : 20X6년 이후 불법체류 외국인의 숫자는 비교적 안정적으로 유지되고 있어.

① A   ② B
③ C   ④ D

20. 다음 〈표〉를 이용하여 산업별 전체 재해 현황에 대한 〈보고서〉를 작성하려고 한다. 〈보고서〉를 작성하기 위해 추가로 필요한 자료를 〈보기〉에서 모두 고르면?

〈표〉 20X1년 산업별 재해 현황

연번	산업	사업장 수(개소)	재해자 수(명)
1	광업	1,078	2,225
2	제조업	379,387	27,377
3	전기가스수도업	2,493	108
4	건설업	441,758	27,686
⋮		⋮	
10	운수창고통신업	77,160	5,291
⋮		⋮	

〈보고서〉

산업별 재해 현황을 보면 20X1년에 건설업 재해자 수가 27,686명으로 전년에 이어 가장 많음을 알 수 있었다. 전체 근로자 중 재해자의 비중을 나타내는 재해율은 광업이 가장 높았다.

보기

ㄱ. 20X1년 산업별 전체 근로자 수
ㄴ. 20X1년 산업별 사망자 수
ㄷ. 20X0년 산업별 재해 현황

① ㄱ
② ㄴ
③ ㄱ, ㄷ
④ ㄴ, ㄷ

21. 다음 그림과 같은 것은?

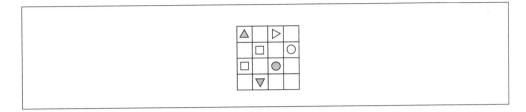

22. 다음 그림의 조각을 순서대로 바르게 배열한 것은?

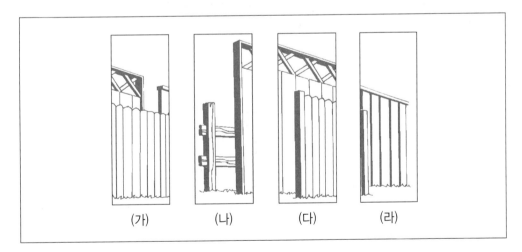

① (나)-(다)-(가)-(라)
③ (라)-(나)-(가)-(다)

② (나)-(다)-(라)-(가)
④ (라)-(나)-(다)-(가)

23. 다음 그림과 같이 쌓기 위해 필요한 블록의 개수는? (단, 블록의 모양과 크기는 모두 동일한 정육면체이며, 보이지 않는 뒷부분의 블록은 없다)

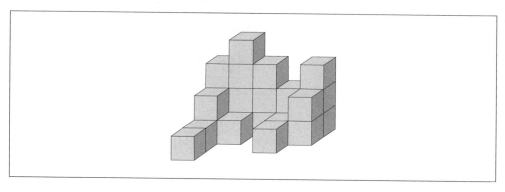

① 20개   ② 22개

③ 24개   ④ 26개

24. 다음 그림에서 한 면도 보이지 않는 블록은 몇 개인가? (단, 블록의 모양과 크기는 모두 동일한 정육면체이며, 보이지 않는 뒷부분의 블록은 없다)

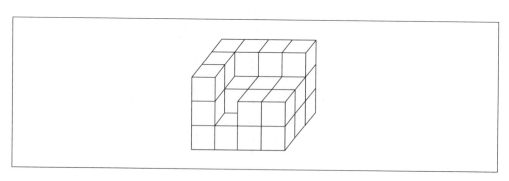

① 9개   ② 10개

③ 11개   ④ 12개

25. 다음 〈보기〉의 왼쪽 전개도를 접어 오른쪽 주사위 모형을 만들 때, 화살표 방향에서 바라본 면의 모습으로 적절한 것은?

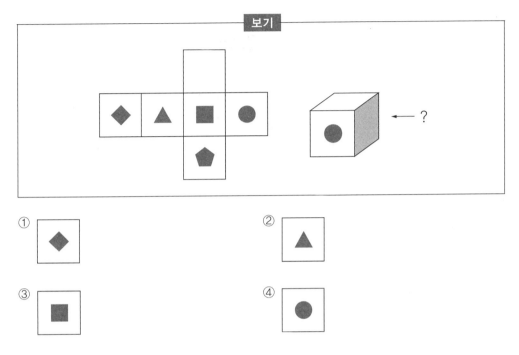

① ◆

② ▲

③ ■

④ ●

26. 동일한 주사위 3개를 다음 그림과 같이 배치해 놓을 때, 주사위끼리 접하여 보이지 않는 면에 그려진 눈의 합은? (단, 주사위의 마주 보는 면에 그려진 눈의 합은 7이다)

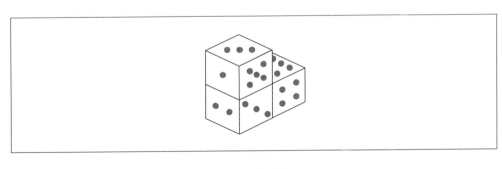

① 12   ② 17

③ 20   ④ 22

27. 〈보기〉는 같은 크기의 블록을 쌓아 만든 입체도형을 앞에서 본 정면도, 위에서 본 평면도, 오른쪽에서 본 우측면도를 그린 것이다. 이에 해당하는 입체도형으로 알맞은 것은? (단, 화살표 방향은 정면을 의미한다)

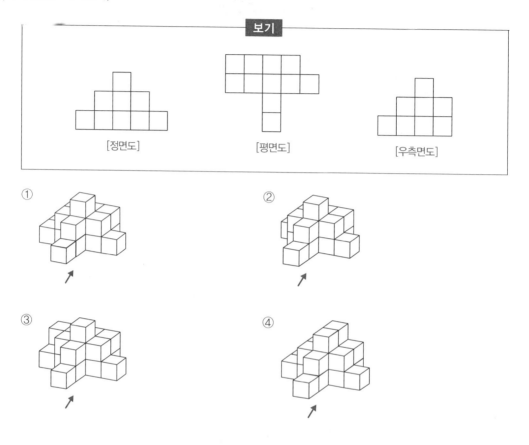

28. 다음 그림과 같이 화살표 방향으로 종이를 접은 후, 마지막 그림과 같이 펀치로 구멍을 뚫고 다시 펼쳤을 때의 모양으로 옳은 것은?

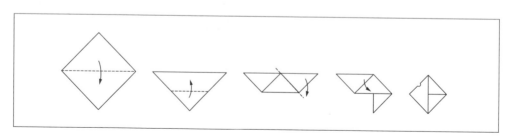

①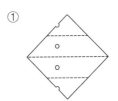

②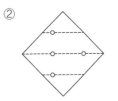

③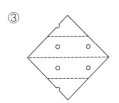

④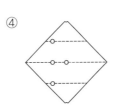

29. 다음 〈보기〉와 동일한 입체도형은?

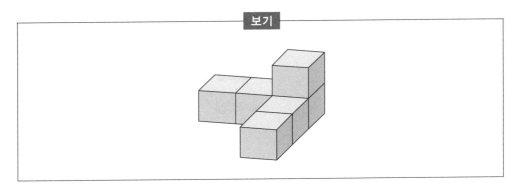

①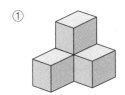

②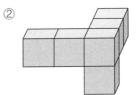

③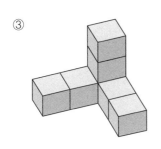

④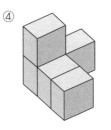

30. 딩신은 나음 〈그림〉의 A 지점에 서 있다. 〈보기〉에 제시된 지도의 ㉮, ㉯, ㉰, ㉱ 중 당신이 서 있는 곳은?

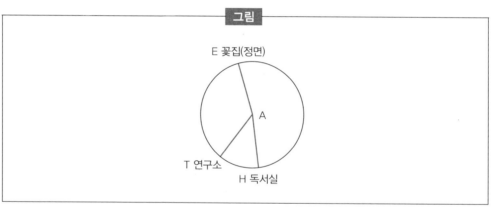

① ㉮

② ㉯

③ ㉰

④ ㉱

31. 다음 문장을 읽고 밑줄 친 부분에 들어갈 문장으로 적절한 것은?

> • 축구를 잘하는 사람은 감기에 걸리지 않는다.
> • 감기에 걸리지 않는 사람은 휴지를 아껴 쓴다.
> • 나는 축구를 잘한다.
> • 그러므로 _____

① 나는 감기에 자주 걸린다.　　　　② 환자는 휴지를 아껴 쓴다.

③ 나는 축구를 자주 한다.　　　　　④ 나는 휴지를 아껴 쓴다.

32. 다음의 [사실]들을 참고할 때 [결론]에 대한 설명으로 옳은 것은?

> [사실] • 쇼핑을 좋아하면 신용카드가 많다.
> 　　　 • 구두가 많으면 쇼핑을 좋아한다.
> 　　　 • 구두가 많지 않으면 신용카드가 많지 않다.
> [결론] A. 쇼핑을 좋아하면 구두가 많다.
> 　　　 B. 신용카드가 많지 않으면 구두가 많지 않다.

① A만 항상 옳다.　　　　　　　　② B만 항상 옳다.

③ A, B 모두 항상 옳다.　　　　　　④ A, B 모두 항상 그르다.

33. 다음 글에서 나타나는 논리적 오류로 적절한 것은?

> 똥 묻은 개가 겨 묻은 개 나무란다더니, 몇 억대를 횡령한 사람이 내가 100만 원을 받았다는 이유로 비리라고 말할 수 있나.

① 피장파장의 오류　　　　　　　　② 허수아비 공격의 오류

③ 권위에 호소하는 오류　　　　　　④ 인신공격의 오류

34. 다음 글에 나타나는 논리적 오류와 같은 형태의 오류를 범하고 있는 것은?

> 이번 수학능력시험에서 A 고등학교의 평균 점수가 B 고등학교의 평균 점수보다 더 높았대. 아마 A 고등학교에 다니는 민수가 B 고등학교에 다니는 철수보다 더 높은 점수를 받았을 거야.

① 세상에서 이 TV가 가장 성능이 좋을 거야. 왜냐하면 이 TV는 최고 성능의 부품들로 만들어졌거든.

② 영민이의 아버지가 축구 국가대표 출신이래. 분명 영민이도 축구를 잘할 거야.

③ 우리나라 국민 5명 중 1명이 이 영화를 보았대. 따라서 이 영화가 올해 최고의 영화라고 할 수 있지.

④ 미선이는 일류 대학에 들어갈 수 있어. 작년에 그녀가 다니는 학교에서 가장 많은 일류 대학 합격자를 배출했으니까.

35. 예원, 철수, 경희, 정호, 영희 5명은 다음과 같이 긴 의자에 일렬로 앉아 사진을 찍었다. 사진을 보고 앉은 순서에 대해 다음과 같이 말하였을 때, 사진상 정호의 왼쪽에 앉아 있는 사람은? (단, 이 중 1명의 모든 진술은 거짓이며, 나머지 4명의 진술은 참이다)

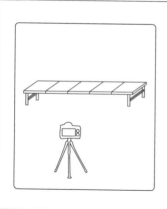

- 예원 : 영희가 맨 왼쪽에 앉아 있고, 정호는 경희보다 왼쪽에 앉아 있다.
- 철수 : 나는 영희보다 오른쪽에 앉아 있고, 경희는 예원이보다 왼쪽에 앉아 있다.
- 경희 : 예원이는 철수보다 오른쪽에 앉아 있다.
- 정호 : 철수는 경희보다 왼쪽에, 예원이는 나보다 오른쪽에 앉아 있다.
- 영희 : 철수는 정호보다 왼쪽에, 예원이는 경희보다 왼쪽에 앉아 있다.

① 예원

② 철수

③ 경희

④ 영희

36. ○○시네마에는 4개(1 ～ 4관)의 상영관이 있고, 영화 A, B, C, D가 각각 겹치지 않게 상영되고 있다. 〈조건〉을 참고할 때 옳은 것은?

> **조건**
>
> • 영화 B는 2관에서 상영된다.
> • 영화 A와 C가 상영되는 두 상영관은 서로 이웃한다.
> • 4관에서는 영화 C를 상영하지 않는다.

1관	2관	3관	4관

① 1관에서는 영화 A가 상영된다.　　② 1관에서는 영화 C가 상영된다.

③ 영화 D는 3관에서 상영된다.　　④ 영화 C는 3관에서 상영된다.

37. A, B, C, D, E, F, G, H사 8개 회사의 빌딩이 길을 사이에 두고 네 개씩 마주 보고 서 있다. 위치관계가 다음 〈조건〉과 같을 때 옳은 것은?

> **조건**
>
> • F사의 빌딩은 B사와 D사의 빌딩 사이에 서 있다.
> • E사 빌딩의 양 옆에는 A사와 G사 빌딩이 있다.
> • C사와 D사의 빌딩은 길을 사이에 두고 서로 마주 보고 있다.
> • E사의 빌딩을 등 뒤로 하고 서면, 오른쪽 대각선상에 F사의 빌딩이 있다.
> • B사 빌딩의 옆에는 H사 빌딩이 있다.
> • A사의 빌딩과 마주 보는 곳에는 H사의 빌딩이 있다.

① B사의 빌딩과 E사의 빌딩은 대각선 위치에 서 있다.

② A사의 빌딩은 C사의 빌딩과 이웃하고 있다.

③ 길을 사이에 두고 B사 빌딩의 정면에 G사의 빌딩이 있다.

④ G사의 빌딩과 F사의 빌딩은 서로 마주 보고 서 있다.

38. 다음 〈보기〉의 명제들이 항상 참이라 할 때 옳은 것은?

> **보기**
>
> • 어떤 수영 강사는 담배를 피운다.
> • 모든 흡연자는 당구를 친다.
> • 어떤 수영 강사는 당구를 치지 않는다.

① 담배를 피우지 않는 수영 강사는 모두 당구를 친다.
② 당구를 치지 않으면서 담배만 피우는 수영 강사도 있다.
③ 담배를 피우는 수영 강사는 모두 당구를 친다.
④ 당구를 치는 사람은 모두 수영 강사이다.

39. 다음 〈보기〉의 명제들이 항상 참이라 할 때 옳은 것은?

> **보기**
>
> • 사과를 좋아하는 사람은 귤을 좋아한다.
> • 딸기를 좋아하지 않는 사람은 귤을 좋아하지 않는다.
> • 바나나를 좋아하는 사람은 딸기를 좋아한다.

① 귤을 좋아하는 사람은 사과를 좋아한다.
② 사과를 좋아하지 않는 사람은 딸기를 좋아한다.
③ 딸기를 좋아하는 사람은 바나나를 좋아하지 않는다.
④ 사과를 좋아하는 사람은 딸기를 좋아한다.

40. A, B, C, D는 가수, 탤런트, 개그맨, MC의 네 분야 중 각각 두 분야에서 활동하고 있다. 이들의 활동 영역에 대한 〈조건〉이 다음과 같을 때 B의 활동 분야는?

조건

- 개그맨인 사람은 가수 또는 MC가 아니다.
- 가수와 탤런트 분야에서 활동하는 사람들은 두 분야 모두 3명씩이다.
- D는 개그맨이다.
- B와 C의 활동 분야는 동일하다.
- MC인 사람은 한 명이다.

① 가수, 탤런트
② 가수, MC
③ 개그맨, 탤런트
④ MC, 탤런트

41. 다음 중 과학적 원리가 다른 하나는?

① 놀이동산의 롤러코스터가 360° 회전을 한다.
② 젖은 옷을 탈수기에 넣고 탈수한다.
③ 정월대보름 전날 밤에 쥐불놀이를 하면 깡통 속 내용물이 튀어나오지 않는다.
④ 피겨스케이팅 선수가 스핀 기술 중에 팔을 접는다.

42. 다음 중 〈보기〉에서 설명하는 이론으로 인해 나타나는 현상으로 적절하지 않은 것은?

보기

파동이 진행하다 장애물을 만나거나 어떤 틈을 지날 때, 그 주위를 돌아 원래의 방향과는 다른 방향으로 파동이 전달되어 퍼져 나가는 현상을 말한다.

① 산간 지방에서는 AM 방송이 FM 방송보다 더 잘 들린다.

② 문틈을 통해 바깥에서 부는 바람 소리를 들을 수 있다.

③ 항구의 방파제에 직각 방향으로 들어온 파도는 방파제 안쪽에도 전달된다.

④ 멀리 떨어진 곳에서 나는 소리는 낮보다 밤에 잘 들린다.

43. 다음 중 〈보기〉와 유사한 원리를 이용한 현상으로 적절한 것은?

보기

냄비의 손잡이는 대개 플라스틱으로 되어 있다.

① 고기를 프라이팬에 굽는다.

② 뜨거운 물을 보온병에 넣어 보관한다.

③ 온찜질을 할 때 물이 들어간 핫팩을 쓴다.

④ 모닥불을 끄기 위해 담요를 덮는다.

44. 다음은 여러 가지 생명 현상을 나타낸 것이다. (가)~(다)와 가장 관련이 깊은 생명 현상의 특성을 바르게 짝지은 것은?

> **보기**
>
> (가) 개구리의 긴 혀는 곤충을 잡아먹기에 적당하다.
> (나) 미모사 잎에 물체가 닿으면 잎을 접는다.
> (다) 벼는 빛에너지를 이용하여 양분을 합성한다.

	(가)	(나)	(다)
①	적응과 진화	발생과 생장	물질 대사
②	발생과 생장	항상성 유지	물질 대사
③	적응과 진화	자극과 반응	물질 대사
④	유전	항상성 유지	자극과 반응

45. 들풀과 토끼, 독수리로 이루어진 생태피라미드가 다음의 그림과 같이 변화하였다. 이러한 변화가 발생하게 된 요인으로 적절한 것은?

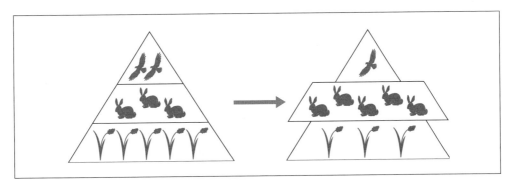

① 독수리의 천적인 인간의 수렵이 증가하였다.
② 인근 초원에서 토끼의 개체 수가 급증하였다.
③ 뱀의 개체 수 급증에 따라 들풀이 감소하였다.
④ 산성비의 강수로 인해 토양이 오염되었다.

01. 올해 ○○공사에 입사한 P는 신입사원을 대상으로 한 '올바른 맞춤법 사용하기' 교육을 수강하였다. 다음 P가 문장의 밑줄 친 단어를 수정한 내용으로 적절하지 않은 것은?

① 박 과장님, 계약이 잘 성사<u>되야</u> 할 텐데요. →'돼야'로 수정한다.

② 오 팀장님, 방금 들었는데 김 사원이 지난주에 결혼을 <u>했대요</u>. →'했데요'로 수정한다.

③ 이 대리님, 휴가 잘 다녀오시길 <u>바래요</u>. → '바라요'로 수정한다.

④ 최 대리님, 새로운 팀장님이 오신다는 소문이 <u>금새</u> 퍼졌나 봐요. → '금세'로 수정한다.

02. 다음 밑줄 친 단어와 문맥적으로 그 의미가 유사한 것은?

> 정부는 사회간접자본 지출을 통한 경기 부양 효과를 지나치게 낙관적으로 <u>보고</u> 있다.

① 관찰하고

② 소망하고

③ 간주하고

④ 전망하고

03. 다음 관용적 표현의 실질적 의미로 적절하지 않은 것은?

① 물로 보다 : 상대를 낮추어서 하찮게 보다.

② 눈이 높다 : 좋은 것만 찾는 버릇이 있다.

③ 얼굴이 두껍다 : 피부가 좋고 튼튼하다.

④ 손을 떼다 : 벗어나 중도에 그만두다.

04. 다음 밑줄 친 부분의 띄어쓰기가 잘못된 것은?

① 이번 시험에서 우리 중 <u>안되어도</u> 두 명은 합격할 것 같다.

② 오랫동안 몸살을 앓더니 안색이 <u>안돼</u> 보인다.

③ 그 일이 <u>못된</u> 것은 다 그 사람 탓이다.

④ 한 <u>개 당</u> 얼마를 내야 하나요?

05. 다음 밑줄 친 단어의 쓰임이 잘못된 것은?

① 그녀는 건망증이 <u>들린</u> 사람처럼 아무것도 기억하지 못했다.

② 옷을 입어 보지 않고 대충 <u>겨누어</u> 보고만 샀더니 너무 헐렁하다.

③ 그는 정류장 옆에서 <u>겻불</u>을 쬐며 차가 오기를 기다렸다.

④ 흙벽이나 돌담만 시꺼멓게 <u>그은</u> 채 남아 있었다.

06. 다음 문장들을 문맥상 적절하게 순서대로 배열한 것은?

> (가) 도자기 접시를 포크로 긁는 소리라든가 칠판에 분필이 잘못 긁히는 소리에 대해서는 대부분의 사람들이 혐오스럽다고 생각한다.
>
> (나) 고주파에 오래 노출될 경우 청각이 손상될 수 있어서 경계심이 발동되기 때문이다.
>
> (다) 세상에는 혐오스러운 소리가 수없이 많다.
>
> (라) 최근까지 혐오감을 일으키는 원인은 소리의 고주파라고 생각해 왔다.
>
> (마) 왜 이런 소리들이 혐오감을 유발할까?

① (가)-(마)-(라)-(나)-(다)

② (라)-(가)-(나)-(다)-(마)

③ (다)-(가)-(마)-(나)-(라)

④ (다)-(가)-(마)-(라)-(나)

07. 다음 글의 ㉠과 같은 의미로 사용된 것은?

> 과학사(科學史)를 살피면, 과학이 가치중립적이란 ㉠신화는 무너지고 만다. 어느 시대가 낳은 과학이론은 과학자의 인생관, 자연관은 물론 당대의 시대사조나 사회·경제·문화적 제반 요소들이 상당히 긴밀하게 상호작용한 총체적 산물로 드러나기 때문이다. 말하자면 어느 시대적 분위기가 무르익어 어떤 과학이론을 출현시키는가 하면, 그 배출된 이론이 다시 문화의 여러 영역에서 되먹임 되어 직접 또는 간접의 영향을 미친다는 얘기이다. 다윈의 진화론으로부터 사회적 다원주의가 출현한 것이 가장 극적인 예이고, '엔트로피 법칙'이 현존 과학기술 문명에 깔린 발전 개념을 비판하고 새로운 세계관을 모색하는 틀이 되는 것도 그와 같은 맥락이다.

① 기상천외한 그들의 행적은 하나의 <u>신화</u>로 남았다.

② 아시아의 몇몇 국가들은 짧은 기간 동안 고도성장의 <u>신화</u>를 이룩하였다.

③ 월드컵 4강 <u>신화</u>를 떠올려 본다면 국민 소득 2만 달러 시대도 불가능한 것은 아니다.

④ 미식축구 선수 하인스 워드의 인간 승리를 보면서 단일민족이라는 <u>신화</u>가 얼마나 많은 혼혈 한 국인들을 소외시켜 왔는지 절실히 깨달았다.

08. 다음 글의 주제 및 중심 내용으로 가장 적절한 것은?

> 소위 말하는 특종을 잡기 위해서는 재정적 뒷받침이 필요한데 그럴 여력이 없는 상태에서 언론사가 선택할 수 있는 가장 좋은 전략은 정치적 지향성을 강하게 드러내는 것이다. 구독자들은 언론사와 자신의 정치적 지향점이 같다고 느끼면 더 많은 후원을 하는 경향이 있기 때문이다. 특히 대안언론은 재정적으로 매우 열악하여 자체적인 수익 없이 구독자들의 후원을 통해 유지되는 곳이 대부분이다. 구독자 수가 많지 않은 언론에 광고를 내겠다는 회사를 찾기가 쉬운 것도 아니고, 광고를 수주해도 수익성이 낮은 실정이니 사실상 구독자들에게 받는 후원금이 대안언론의 가장 큰 수입원이 된다. 따라서 대안언론에게는 후원금을 많이 받아 내는 전략이 곧 생존전략인 것이다.

① 대안언론이 정치성을 띠는 것은 불가피한 측면이 있다.

② 언론사에 대한 기부 활동은 제한되어야 한다.

③ 대안언론에 대한 지원을 확대해야 한다.

④ 언론은 공정해야 하므로 정치적인 행태를 보여서는 안 된다.

09. 다음 글에서 언급되지 않은 내용은?

공유지의 비극은 공적 자원의 남용을 설명하는 경제 이론으로, 수요가 공급을 압도적으로 추월하여 결과적으로 자원을 사용할 수 없게 되는 비극을 말한다. 다시 말하면, 사적 이익에 따라 행동하는 개인들이 모여 자원을 고갈시키거나 훼손시킴으로써 모든 사용자의 공동 이익에 반하는 문제를 일으키는 것이다. 크게는 대기와 수도, 작게는 사무용 냉장고와 같이 다수의 사용자가 공유하면서 어떠한 규제도 없는 자원들이 이에 해당한다. 이 이론은 모든 사용자가 개방된 자원에 동일 확률로 접근할 수 있을 때 일어나는 문제를 다룰 때 사용된다. 이를테면 어느 초원에서 가축을 사육한다고 가정해 보자. 초원의 주인은 없고 누구나 자신의 가축을 방목하여 풀을 먹일 수 있다. 사람들은 초원의 사용에 관한 일체의 대화도, 함께 일을 하지도 않는다. 만약 가축 10마리를 수용할 정도의 초원에 풀이 10마리가 먹을 수 있는 양만 있다면, 수용능력 이상으로 가축을 방목할 경우 추가로 들어온 동물은 원래 수용능력 안의 동물들이 먹었어야 할 풀을 먹어 모든 동물들의 가치를 떨어뜨리고 말 것이다. 동물들의 건강은 위험에 처하고 더 낮은 품질의 자원을 제공할 것이다. 결과적으로는 손실 구조임에도 불구하고 가축업자들은 동물이 주는 당장의 이익만을 본다. 훼손된 목초지에 대한 비용은 모든 사용자가 부담하지만 각 개인마다 그중 일부만 지불하는 방식은 자원을 과도하게 사용하는 이유 중 하나일 것이다. 가축업자들은 이러한 유인책에 유혹되어 자신에게 이득이 되는 한 가축의 수를 계속 늘리거나 더 오랜 시간 방목한다. 한정된 자원에 대한 자유로운 접근과 끝없는 요구가 과도한 개발을 유도하고 자원을 감소시키는 것이다. 환경뿐만 아니라 정치나 경제, 인문학, 사회학 분야에서도 비슷한 문제가 발생한다. 이처럼 모두가 함께 사는 세상에서 극단적인 비극을 맞이하지 않으려면 정부 차원의 해결책이 고려돼야 한다. 자원을 필요한 만큼만 적절히 사용할 때 지급되는 인센티브와 과다 사용에 대한 처벌이 있다면 건강한 환경을 지키는 데 도움이 될 것이다.

① 공유지의 비극 이론이 주장하는 바
② 공유지의 비극 이론이 사용되는 분야
③ 공유지의 비극 현상에 대한 해결책
④ 공유지의 비극 이론을 처음 주장한 학자

10. 다음 글을 통해 유추한 내용으로 적절하지 않은 것은?

한 마리의 개미가 모래 위를 기어가고 있다. 개미가 기어감에 따라 모래 위에는 하나의 선이 생긴다. 개미가 모래 위에서 방향을 이리저리 틀기도 하고 가로지르기도 하여 형성된 모양이 아주 우연히도 이순신 장군의 모습과 유사한 그림같이 되었다고 하자. 이 경우, 그 개미가 이순신 장군의 그림을 그렸다고 할 수 있는가? 개미는 단순히 어떤 모양의 자국을 남긴 것이다. 우리가 그 자국을 이순신 장군의 그림으로 보는 것은 우리 스스로가 그렇게 보기 때문이다. 선 그 자체는 어떠한 것도 표상하지 않는다. 이순신 장군의 모습과 단순히 유사하다고 해서 그것이 바로 이순신 장군을 표상하거나 지시한다고 할 수 없다는 것이다.

반대로 어떤 것이 이순신 장군을 표상하거나 지시한다고 해서 반드시 이순신 장군의 모습과 유사하다고 할 수도 없다. 이순신 장군의 모습을 본뜨지도 않았으면서 이순신 장군을 가리키는 데에 사용되는 것은 활자화된 '이순신 장군'과 입으로 말해진 '이순신 장군' 등 수없이 많다.

개미가 그린 선이 만약 이순신 장군의 모습이 아니라 '이순신 장군'이란 글자 모양이라고 가정해 보자. 그것은 분명히 아주 우연히 그렇게 된 것이므로, 개미가 그리게 된 모래 위의 '이순신 장군'은 이순신 장군을 표상한다고 할 수 없다. 활자화된 모양인 '이순신 장군'이 어느 책이나 신문에 나온 것이라면 그것은 이순신 장군을 표상하겠지만 말이다. '이순신'이란 이름을 책에서 본다면 그 이름을 활자화한 사람이 있을 것이고, 그 사람은 개미와는 달리 이순신 장군의 모습을 생각하고 있었으며, 그를 지시하려는 의도를 분명히 가졌을 것이기 때문이다.

① 이름이 어떤 것을 표상하기 위해서 의도는 필요조건이다.

② 어떤 것을 표상하기 위해서 유사성은 충분조건이 아니다.

③ 이순신 장군을 그리고자 그린 그림이라도 이순신 장군과 닮지 않았다면 그를 표상하는 그림이라고 볼 수 없다.

④ 이름이 어떤 대상을 표상하기 위해서는 그 이름을 사용한 사람이 그 대상에 대해서 생각할 수 있는 능력이 있어야 한다.

11. 연속하는 세 짝수의 합이 192일 경우, 가장 작은 수는 얼마인가?

① 56   ② 58
③ 62   ④ 64

12. A 매장에서는 밸런타인데이를 맞이해 다크초콜릿과 화이트초콜릿을 총 60개 준비하려고 한다. 다크초콜릿과 화이트초콜릿의 비를 4 : 1로 준비한다면, 화이트초콜릿은 몇 개 준비하겠는가?

① 6개   ② 8개
③ 10개   ④ 12개

13. 3m 길이의 끈을 모두 사용하여 직사각형을 만들려고 한다. 만약 직사각형의 가로 길이가 세로 길이의 2배라면 이 직사각형의 넓이는?

① 0.5m^2 ② 0.8m^2
③ 1.2m^2 ④ 1.5m^2

14. B 회사에서 개최하는 체육대회에 200캔의 음료수와 80개의 떡이 협찬으로 들어왔다. 최대한 많은 사원에게 똑같이 나누어 주려면 음료수와 떡을 각각 몇 개씩 나누어 주어야 하는가?

	음료수	떡		음료수	떡
①	4캔	1개	②	5캔	2개
③	8캔	4개	④	10캔	8개

15. 물 500g에 소금을 넣어 농도 20%의 소금물을 만들려고 할 때, 넣어야 하는 소금의 양은?

① 110g   ② 115g

③ 120g   ④ 125g

16. A 사원은 주주총회에 참석자들을 위한 다과를 준비하였다. A 사원이 준비한 내용이 다음과 같을 때, 과자는 한 상자에 얼마인가?

> • 총회에 참석하는 인원은 총 15명이다.
> • 다과는 1인당 물 1병과 음료 1병, 과자 2개, 약간의 과일을 준비한다.
> • 물은 1병에 600원, 음료는 1병에 1,400원이고, 과자는 한 상자에 10개가 들어 있다.
> • 여분으로 5명의 분량을 추가로 준비하였다.
> • 과일을 준비하는 데 17,000원을 지출하였고, 다과 비용으로 총 75,000원을 지출하였다.

① 450원   ② 700원

③ 4,500원   ④ 9,000원

17. 직각삼각형의 밑변의 길이가 4cm, 높이가 2cm일 때, 빗변의 길이는 몇 cm인가?

① 2cm   ② $2\sqrt{3}$ cm

③ $3\sqrt{3}$ cm   ④ $2\sqrt{5}$ cm

18. 다음 자료를 올바르게 해석한 내용을 〈보기〉에서 모두 고른 것은?

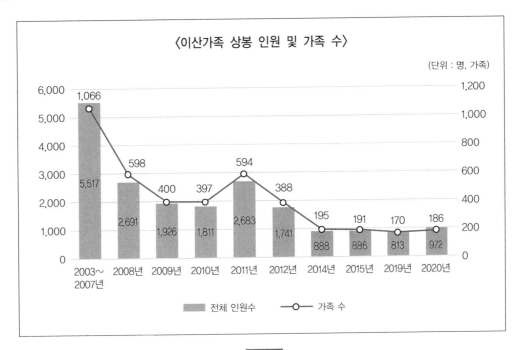

〈이산가족 상봉 인원 및 가족 수〉

(단위 : 명, 가족)

전체 인원수 ── 가족 수

보기

(가) 해마다 이산가족 상봉 전체 인원수는 조금씩 감소하고 있다.
(나) 2011년 이후 이산가족 상봉 전체 인원수와 가족 수는 모두 감소하고 있다.
(다) 2008년 이후 이산가족 상봉 가족 수는 2008년이 가장 많다.

① (가)   ② (다)
③ (가), (나)   ④ (나), (다)

[19 ~ 20] 다음 자료를 보고 이어지는 질문에 답하시오.

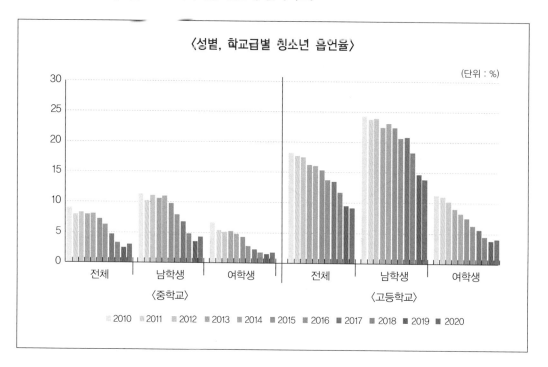

19. 다음 중 위의 막대그래프를 꺾은선 그래프로 올바르게 작성하지 못한 것은?

①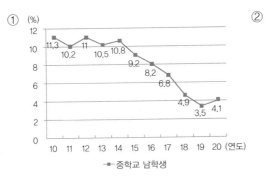

②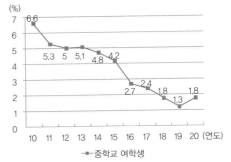

③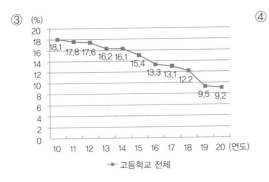

④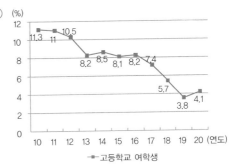

20. 19에 제시된 그래프에 근거한 중학교 남학생과 여학생의 2010년 대비 2020년의 흡연율 증감률은? (단, 소수점 아래 둘째 자리에서 반올림한다)

	남학생	여학생		남학생	여학생
①	−64.2%	−74.2%	②	−63.7%	−72.7%
③	−62.5%	−71.3%	④	−61.7%	−70.1%

21. 다음 〈보기〉에 제시된 입체도형과 동일한 것은?

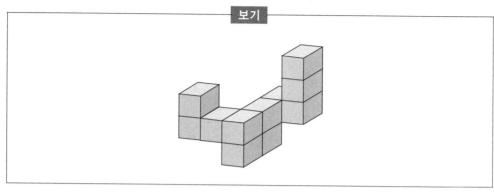

①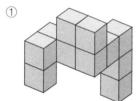

②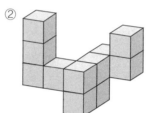

③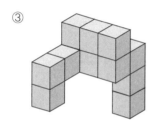

④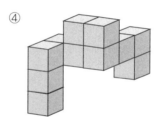

22. 다음에 제시된 그림과 같은 것은?

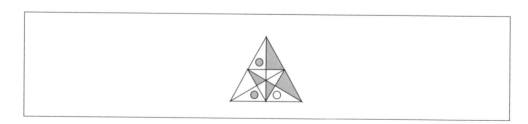

①

②

③ ④

23. 다음 그림과 같이 화살표 방향으로 종이를 접은 후, 마지막 그림과 같이 펀치로 구멍을 뚫고 다시 펼쳤을 때의 모양으로 옳은 것은?

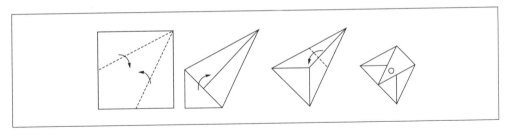

①

②

③

④

24. 다음 그림의 조각을 순서대로 바르게 배열한 것은?

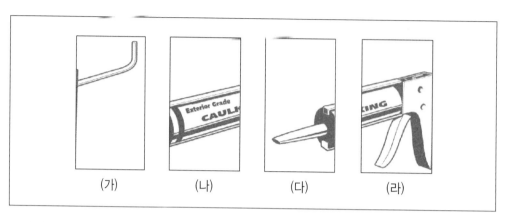

① (가)-(라)-(나)-(다)
② (가)-(라)-(다)-(나)
③ (다)-(가)-(라)-(나)
④ (다)-(나)-(라)-(가)

25. 다음 〈보기〉에 제시된 도형 3개를 합쳤을 때 나오는 모양으로 적절하지 않은 것은?

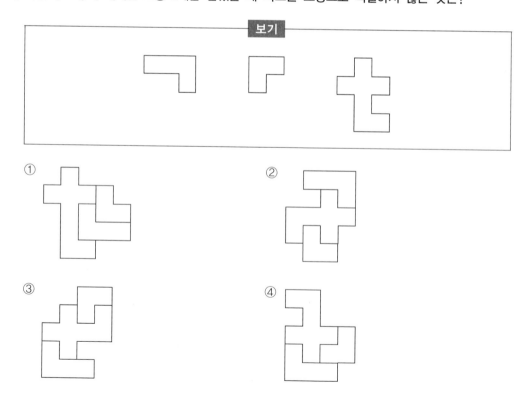

26. 다음 〈보기〉의 3차원 공간에서 세 면에 비친 그림자에 알맞은 도형은?

보기

①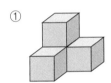

②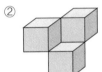

③

④

[27 ~ 28] 다음 그림은 같은 크기의 블록을 쌓아 놓은 것이다. 이어지는 질문에 답하시오.

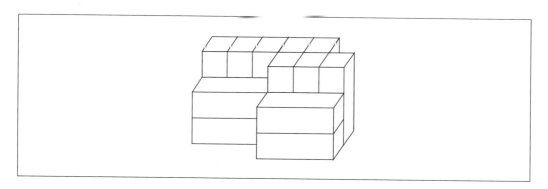

27. 쌓인 블록의 개수는 모두 몇 개인가? (단, 보이지 않는 뒷면에 쌓인 블록은 없다)

　　① 12개　　　　　　　　　　　② 13개
　　③ 14개　　　　　　　　　　　④ 15개

28. 그림에서 한 면만 보이는 블록은 모두 몇 개인가?

　　① 1개　　　　　　　　　　　② 2개
　　③ 3개　　　　　　　　　　　④ 4개

29. 다음 그림에서 만들 수 있는 크고 작은 삼각형은 모두 몇 개인가?

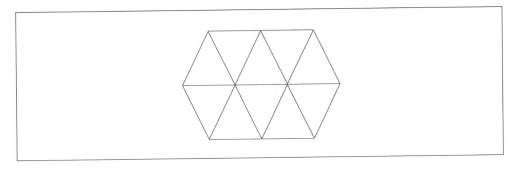

① 10개　　　　　　　　　　② 11개

③ 12개　　　　　　　　　　④ 13개

30. 다음의 전개도를 그림이 바깥쪽으로 나오도록 접었을 때 나타날 수 있는 입체도형으로 옳은 것은?

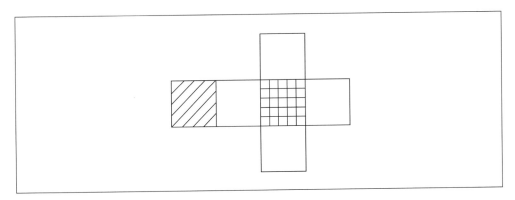

① 　　　　　　②

③ 　　　　　　④

31. 다음 분상에서 나타나는 논리적 오류로 적절한 것은?

> 아침에 개똥을 밟았더니 결국 자동차 사고가 났다. 자동차 사고를 막기 위해서는 늘 개똥을 밟지 않도록 조심해야 한다.

① 성급한 일반화의 오류
② 자가당착의 오류
③ 거짓원인의 오류
④ 순환논증의 오류

32. A ~ E 사원은 올여름 휴가 계획에 대해 다음과 같이 말했다. 한 명을 제외하고 모두 진실을 말했다고 할 때, 다음 중 거짓말을 한 사원은?

> A 사원 : 나는 올해 여름에 E 사원 바로 다음으로 휴가를 가는군.
> B 사원 : 이번 여름에는 내가 마지막으로 휴가를 가는구나.
> C 사원 : 나는 올여름 휴가를 D 사원보다 늦게 가겠네.
> D 사원 : 나는 올여름 휴가를 B 사원, C 사원보다 늦게 가겠구나.
> E 사원 : 올해 여름에는 내가 가장 먼저 휴가를 가네.

① A 사원
② B 사원
③ C 사원
④ D 사원

33. 다음 〈보기〉의 빈칸에 들어갈 명제로 적절한 것은?

보기

> • 민형이가 보를 내면 채원이는 가위를 낸다.
> • 노준이가 바위를 내면 채원이는 가위를 내지 않는다.
> • 그러므로 (   )

① 채원이가 가위를 내면 노준이는 바위를 낸다.
② 노준이가 바위를 내면 민형이는 보를 내지 않는다.
③ 민형이가 보를 내면 노준이는 바위를 낸다.
④ 채원이가 가위를 내면 민형이가 보를 낸다.

[34 ~ 35] L 회사 기획부, 총무부, 관리부, 영업부에 근무하는 4명의 사원들은 일주일에 한 번씩 과외 봉사활동으로 국어, 한문, 국사, 과학을 학생들에게 가르치고 있다. 다음 〈조건〉에 따라 이어지는 질문에 답하시오.

조건

- 총무부 사원은 한 과목만 가르친다.
- 관리부 사원은 국사 한 과목만 가르친다.
- 기획부 사원은 이공계를 전공하였다.
- 총무부와 영업부 사원은 서로 다른 계열을 전공하였다.
- 이공계를 전공한 사람은 2명, 인문계를 전공한 사람도 2명이다.
- 과학은 두 사람이 함께 가르치며 이공계를 전공한 사람만 가르칠 수 있다.
- 국어는 인문계를 전공한 사람만 가르칠 수 있다.
- 네 사람 중 한 사람은 두 과목을 가르친다.

34. 총무부 사원이 이공계 전공일 경우 다음 중 적절하지 않은 것은?

① 영업부 사원은 국어를 가르친다.　　② 관리부 사원은 인문계 전공자이다.
③ 총무부 사원은 과학만 가르친다.　　④ 기획부 사원은 한문도 가르친다.

35. 국어를 총무부 사원이 가르칠 경우 다음 중 과학만 가르치는 사원은?

① 관리부 사원　　　　　　　　② 영업부 사원
③ 기획부 사원　　　　　　　　④ 알 수 없음.

36. 다음 〈보기〉의 밑줄 친 무문에 늘어살 명세로 알맞은 것은?

보기

[전제] • _____

      • 맵고 짠 음식을 좋아하는 사람은 라면보다 칼국수를 더 좋아하지 않는다.

[결론] • 그러므로 형진이는 맵고 짠 음식을 좋아하지 않는다.

---

① 형진이는 라면보다 칼국수를 더 좋아한다.

② 형진이는 라면보다 칼국수를 더 좋아하지 않는다.

③ 맵고 짠 음식을 좋아하는 사람은 형진이다.

④ 맵고 짠 음식을 좋아하지 않는 사람은 형진이다.

37. 주어진 명제를 읽고 〈결론〉에서 옳은 설명을 모두 고른 것은?

• 드라마 셜록 홈즈를 좋아하는 사람은 영화 반지의 제왕을 좋아하지 않는다.

• 영화 반지의 제왕을 좋아하지 않는 사람은 영화 해리포터 시리즈를 좋아하지 않는다.

• 영화 반지의 제왕을 좋아하는 사람은 영화 스타트렉을 좋아한다.

• 지연이는 영화 해리포터 시리즈를 좋아한다.

결론

(가) 지연이는 영화 스타트렉을 좋아한다.

(나) 지연이는 드라마 셜록 홈즈를 좋아하지 않는다.

(다) 영화 스타트렉을 좋아하는 사람은 드라마 셜록 홈즈를 좋아하지 않는다.

---

① (가)   ② (나)

③ (가), (다)   ④ (가), (나)

38. 다음 글을 토대로 적절하게 추론한 것은?

> 인사팀 오 대리는 잔업을 마친 후 업무를 위해 참고한 서류 파일을 서류꽂이에 다시 꽂아 두었다. 근태기록 파일, 출장보고서 파일, 경비집행 내역서 파일을 좌측부터 차례로 꽂은 다음, 인사기록 파일을 출장보고서 파일보다 좌측에, 퇴직금 정산 파일을 인사기록 파일보다 우측에 꽂아 두었다.

① 어느 파일이 맨 우측에 있는지 알 수 없다.

② 근태기록 파일이 맨 우측에 있다.

③ 출장보고서 파일이 맨 우측에 있다.

④ 경비집행 내역서 파일이 맨 우측에 있다.

39. 다음 그림과 같이 시계가 7시 44분을 가리킬 때, 시침과 분침이 이루는 각 중 작은 각의 크기는?

① 28°   ② 32°

③ 36°   ④ 40°

40. 넉구와 만복이는 휴대폰 비밀번호를 다음과 같은 규칙으로 설정하였다. 덕구와 만복이의 비밀번호로 적절한 것은?

> - 비밀번호는 1 ~ 9까지 아홉 개의 숫자 중 4개로 조합되어 있다.
> - 비밀번호에 중복된 숫자는 없으며 짝수, 홀수 각각 2개가 번갈아 사용되었다.
> - 덕구는 2, 만복이는 3으로 비밀번호가 시작한다.
> - 두 사람의 비밀번호 모두 네 개의 숫자를 합하면 20이며 마지막 숫자는 처음 숫자보다 작다.
> - 두 사람의 비밀번호 모두 가운데 숫자는 연이어 있다.

① 덕구 – 2891

② 덕구 – 2981

③ 만복 – 3672

④ 만복 – 3692

41. 다음의 (가) ~ (라)는 모두 뉴턴의 운동법칙 1 ~ 3에 해당한다. 각각의 법칙에 해당하는 숫자를 모두 합한 값은?

> (가) 달리던 선수가 결승선을 통과하고 바로 멈추기는 어렵다.
> (나) 달리고 있는 자동차의 액셀을 계속 밟으면 속도가 빨라진다.
> (다) 노를 저어 물을 뒤로 밀어내면 배가 앞으로 나아간다.
> (라) 옷의 먼지를 털 때 옷을 두드려서 털어낸다.

① 6

② 7

③ 8

④ 9

42. 다음 중 혈구의 기능으로 옳은 것은?

① 산소 운반

② 혈액 역류 방지

③ 혈관 수축

④ 혈소판 생성

43. 다음 중 풍선에 공기를 불어 넣으면 부풀어 오르는 원리에 대한 설명으로 옳은 것은?

① 풍선 내 기체 분자들이 스스로 움직여 퍼져나가기 때문이다.

② 공기 중의 열에너지를 흡수해 분자운동이 활발해지기 때문이다.

③ 풍선 내 기체 분자들은 가볍고 촘촘하게 배열되어 있기 때문이다.

④ 기체 분자 수가 증가해서 풍선 벽에 작용하는 힘이 커지기 때문이다.

44. 다음 중 무기질의 종류와 기능에 대한 내용이 잘못 연결된 것은?

① 칼슘－뼈와 이를 구성하는 영양소로 근육의 수축 및 이완 작용을 조절하며, 결핍증으로는 구루
병과 골다공증이 있다.

② 나트륨－몸속의 수분이 세포 안팎으로 고루 퍼져 있게 하며, 과다 섭취 시 고혈압이나 심장질환
을 유발할 수 있다.

③ 인－세포핵과 인 단백질의 구성 성분이며, 결핍 시 기운이 없고 몸이 허약해지며 빈혈에 걸리기
쉽다.

④ 철－적혈구를 구성하는 헤모글로빈의 성분으로 신체의 각 조직에 산소를 운반하며 간, 살코기,
진한 녹색 채소에 많이 함유되어 있다.

45. 다음 그림은 태양을 초점으로 하는 행성의 궤도를 나타낸 것이다. 속력과 가속도가 최대인 지점
을 옳게 연결한 것은?

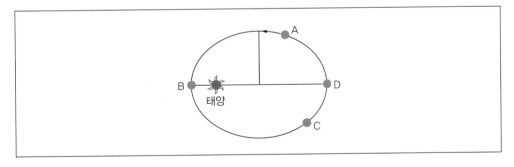

	속력	가속도		속력	가속도
①	A	A	②	A	C
③	B	B	④	B	C

시험시간	50 분
문항수	45 문항

▶ 정답과 해설 26쪽

01. 다음 밑줄 친 부분의 의미가 〈보기〉와 가장 유사한 것은?

> 보기
>
> 이 카페는 생과일로 아이스크림과 주스를 직접 <u>만들었다.</u>

① 오랜 공사를 벌인 끝에 마침내 터널을 <u>만들었다.</u>

② 새로 취임한 감독은 재미있는 배구로 팬들에게 사랑받는 팀을 <u>만들겠다는</u> 포부를 밝혔다.

③ 전반적인 생산단계를 실시간으로 분석하면서 최적의 생산 환경을 <u>만드는</u> 것이다.

④ 어떤 나라에서는 자국어 보호법과 같은 법을 <u>만드느라</u> 법석이다.

02. 다음 밑줄 친 어휘 중 올바른 단어를 골라 순서대로 짝지은 것은?

> • 첨단산업단지에 <u>걸맞는/걸맞은</u> 인공지능 아파트를 건설할 예정이다.
> • 이 일을 반대하려면 그에 <u>알맞는/알맞은</u> 명분을 찾아야 한다.

① 걸맞는, 알맞는

② 걸맞는, 알맞은

③ 걸맞은, 알맞는

④ 걸맞은, 알맞은

03. 다음 외래어표기법에 따른 적절한 예시가 아닌 것은?

---

1. 짧은 모음 다음의 어말 무성 파열음([p], [t], [k])은 받침으로 적는다.
   예 book[buk] 북
2. 짧은 모음과 유음·비음([l], [r], [m], [n]) 이외의 자음 사이에 오는 무성 파열음([p], [t], [k])은 받침으로 적는다.
   예 act[ækt] 액트
3. 위 경우 이외의 어말과 자음 앞의 [p], [t], [k]는 '으'를 붙여 적는다.
   예 part[pɑːt] 파트

---

① gap[gæp] 갭

② cat[kæt] 캣

③ setback[setbæk] 세트백

④ stamp[stæmp] 스탬프

04. 다음 중 띄어쓰기가 잘못된 문장은?

① 그 집 사정이 참 딱하데 그려.
② 홍보팀의 김 사원은 일을 잘할뿐더러 성격도 좋다.
③ 그냥 내가 잘못했다고 먼저 사과할걸.
④ 여야는 함께 협조한다는 데 의견을 같이했다.

05. 다음 나열된 단어의 관계가 나머지와 다른 하나는?

① 옷감-홍두깨-다듬이질

② 나무-불-연소

③ 공책-펜-필기

④ 셔틀콕-라켓-배드민턴

06. 단어의 의미를 이용하여 두 글자 끝말잇기를 하였다. 각 의미에 해당하는 단어 중 사전에서 가장 먼저 표기되는 것은?

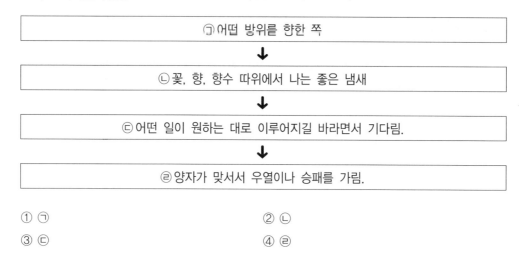

㉠ 어떤 방위를 향한 쪽

↓

㉡ 꽃, 향, 향수 따위에서 나는 좋은 냄새

↓

㉢ 어떤 일이 원하는 대로 이루어지길 바라면서 기다림.

↓

㉣ 양자가 맞서서 우열이나 승패를 가림.

① ㉠ ② ㉡
③ ㉢ ④ ㉣

07. 다음 글에서 필자가 말하고자 하는 바는?

완벽한 글을 써 나가겠다는 압박감은 글을 쓰지 못하게 한다. 이 글에서는 이것만 써야 하는데, 저것도 안다고 말하고 싶다. 좀 더 멋있게 표현하고 싶을 것이다. 그러다 보면 글쓰기 진도가 나가지 않을 뿐더러 글도 나빠진다. 핵심에서 벗어나 중언부언하기 십상이다. 형용사, 부사가 난무하여 글이 느끼해진다. 글의 성패는 여기서 갈린다. 취사선택의 분별력과 결단이 필요하다.

① 글을 잘 쓰려는 욕심 버리기
② 누군가에게 잘 보이려는 욕심 버리기
③ 아는 것을 최대한으로 표현하기
④ 자신의 현재 상태를 그대로 받아들이기

[08 ~ 09] 다음 글을 읽고 이어지는 질문에 답하시오.

'오컴의 면도날(Occam's razor)'이라는 표현이 있다. '경제성의 원리(Principle of economy)'라고도 불리는 이 용어는 14세기 영국의 논리학자였던 오컴의 이름에서 탄생하였으며, 어떤 현상을 설명할 때 필요 이상의 가정과 개념들은 면도날로 베어낼 필요가 있다는 권고로 쓰인다.

인간의 욕구에 대한 대표적인 이론에는 20세기 미국의 심리학자인 매슬로(Maslow)의 욕구단계설이 있다. 인간의 다양한 욕구들은 강도와 중요성에 따라 피라미드 모양의 다섯 단계로 이루어진다는 것이다. 이 이론의 전제는 아래 단계의 기본적인 하위 욕구들이 채워져야 자아 성취와 같은 보다 고차원적인 상위 욕구에 관심이 생긴다는 것이다. 하지만 매슬로의 이론에 의문을 제기해 볼 수 있다. 왜 사람은 세상에서 가장 뛰어난 피아니스트가 되려 하고, 가장 빠른 기록을 가지려고 할까? 즉, 왜 자아 성취를 하려고 할까? 그동안 심리학자들은 장황한 이유를 들어 설명하려 했다. 그러나 진화 생물학적 관점에서는 모든 것이 간명하게 설명된다. 자아 성취를 위해 생리적 욕구를 채우는 것이 아니라, 식욕이나 성욕과 같은 인간의 본질적 욕구를 채우는 데 도움이 되기 때문에 자아 성취를 한다는 것이다.

행복도 오컴의 면도날로 정리할 필요가 있다. 행복은 가치나 이상, 혹은 도덕적 지침과 같은 거창한 관념이 아닌 레몬의 신맛처럼 매우 구체적인 경험이다. 그것은 쾌락에 뿌리를 둔, 기쁨과 즐거움 같은 긍정적 정서들이다. 쾌락이 행복의 전부는 아니지만, 이것을 뒷전에 두고 행복을 논하는 것은 (㉠   )이다.

08. 윗글에 대한 이해로 적절하지 않은 것은?

① 진화 생물학적 견해는 불필요한 사고의 절약에 도움을 준다.

② '오컴의 면도날'은 어떤 현상을 설명할 때 경제성의 측면에서 권고사항으로 쓰인다.

③ 매슬로와 진화 생물학적 관점은 인간의 본질에 대한 해석이 근본적으로 같다.

④ 매슬로는 하위 욕구가 전제되지 않으면 고차원적 욕구에 관심이 생기지 않는다고 본다.

09. 윗글의 흐름을 고려할 때, ㉠에 들어갈 사자성어로 적절한 것은?

① 중언부언(重言復言)　　　　　　② 어불성설(語不成說)

③ 교언영색(巧言令色)　　　　　　④ 유구무언(有口無言)

10. 다음 글의 주제로 적절한 것은?

> 우리는 학교에서 한글 맞춤법이나 표준어 규정과 같은 어문 규범을 교육받고 학습한다. 어문 규범은 언중들의 원활한 의사소통을 위해 만들어진 공통된 기준이며 사회적으로 정한 약속이기 때문이다. 그러나 문제는 급변하는 환경에 따라 변화하는 언어 현실에서 언중들이 이와 같은 어문 규범을 철저하게 지키며 언어생활을 하기란 쉽지 않다는 것이다. 그래서 이러한 언어 현실과 어문 규범과의 괴리를 줄이고자 하는 여러 주장과 노력이 우리 사회에 나타나고 있다.
>
> 최근, 어문 규범이 언어 현실을 따라오기에는 한계가 있기 때문에 어문 규범을 폐지하고 아예 언중의 자율에 맡기자는 주장이 있다. 또한 어문 규범의 총칙이나 원칙과 같은 큰 틀만을 유지하되, 세부적인 항목 등은 사전에 맡기자는 주장도 있다. 그러나 어문 규범을 부정하는 주장이나 사전으로 어문 규범을 대신하자는 주장에는 문제점이 있다. 전자의 경우, 언어의 생성이나 변화가 언중 각각의 자율에 의해 이루어져 오히려 의사소통의 불편함을 야기할 수 있다. 후자는 우리나라의 사전 편찬 역사가 짧기 때문에 어문 규범의 모든 역할을 사전이 담당하기에는 무리가 있으며, 언어 현실의 다양한 변화를 사전에 전부 반영하기 어렵다는 문제점이 있다.

① 의사소통의 편리함을 위해서는 어문 규범을 철저히 지켜야 한다.

② 언어 현실과 어문 규범의 괴리를 해소하기 위한 방법을 모색하는 노력이 나타나고 있다.

③ 언어의 변화와 생성은 사람들의 의사소통을 혼란스럽게 할 수 있기 때문에 최대한 자제해야 한다.

④ 어문 규범과 언어 현실의 괴리를 없애기 위해서는 언중의 자율과 사전의 역할 확대가 복합적으로 진행되어야 한다.

[11 ~ 12] 다음을 주어진 단위에 알맞게 변환하시오.

11.

$$4,200cc = (\quad ? \quad)L$$

① 0.042　　　　　　　　　② 0.42

③ 4.2　　　　　　　　　　④ 42

12.

$$20,000,000kg = (\quad ? \quad)t$$

① 20　　　　　　　　　　② 200

③ 2,000　　　　　　　　　④ 20,000

13. 정은이는 한 개에 1,500원인 참외와 한 개에 2,500원인 오렌지를 합하여 총 10개를 구매하고 20,000원을 지불하였다. 정은이가 산 참외의 개수는?

① 3개　　　　　　　　　　② 4개

③ 5개　　　　　　　　　　④ 6개

14. 은지의 영어와 수학 점수의 합은 82점이고 영어와 국어 점수의 합은 74점이다. 수학과 국어의 점수 차는 몇 점인가?

① 7점　　　　　　　　　　② 8점

③ 9점　　　　　　　　　　④ 10점

15. 일정한 속력으로 달리는 A, B가 400m 트랙의 반대편에서 동시에 출발하였다. B가 1,000m를 달렸을 때 A가 B를 따라잡았다면 A와 B의 속력의 비는?

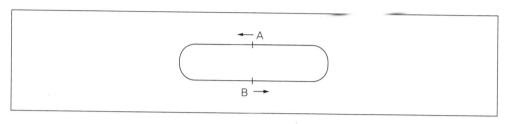

① 3 : 1

② 4 : 3

③ 6 : 5

④ 5 : 6

16. 어떤 프로젝트를 수행하는 데 A가 혼자 하면 10일, B가 혼자 하면 15일이 걸린다. 이 프로젝트를 A, B가 함께 수행한다면 며칠 만에 완료할 수 있는가?

① 3일

② 4일

③ 5일

④ 6일

17. 정가가 30,000원인 신발은 30% 할인된 가격으로 구입하고, 정가가 x원인 옷은 20% 할인된 가격으로 구입해서 총 125,000원을 지불하였다. 할인 전 신발과 옷의 총 금액은 얼마인가?

① 151,000원

② 160,000원

③ 170,000원

④ 180,000원

18. 한 개의 육면체 주사위를 한 번 던졌을 때 2의 배수가 나올 확률은?

① $\frac{1}{2}$

② $\frac{1}{3}$

③ $\frac{2}{3}$

④ $\frac{3}{4}$

19. 다음 자료를 분석한 의견 중 적절하지 않은 것은?

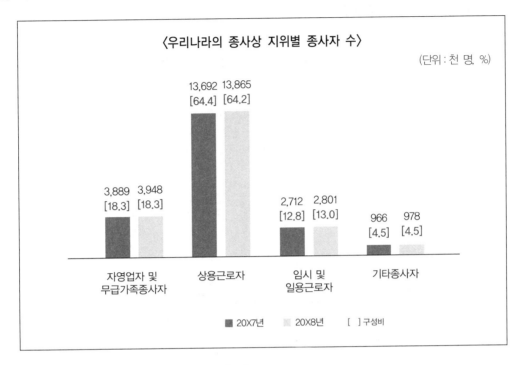

〈우리나라의 종사상 지위별 종사자 수〉

(단위 : 천 명, %)

자영업자 및 무급가족종사자: 3,889 [18.3] / 3,948 [18.3]
상용근로자: 13,692 [64.4] / 13,865 [64.2]
임시 및 일용근로자: 2,712 [12.8] / 2,801 [13.0]
기타종사자: 966 [4.5] / 978 [4.5]

■ 20X7년   20X8년   [ ] 구성비

① "우리나라는 상용근로자 수가 가장 많군."

② "20X8년에 1년 전보다 종사자 수가 가장 많이 증가한 지위는 상용근로자네."

③ "종사자 수가 증가했다고 해서 그 비중도 반드시 증가하는 것은 아니로군."

④ "20X8년에 1년 전보다 종사자 수가 감소한 지위는 기타종사자뿐이구나."

20. 다음은 우리나라의 코로나19 바이러스 확진자 추이이다. 이에 대한 설명으로 옳지 않은 것은?
(단, 완치자는 바로 퇴원했다고 가정한다)

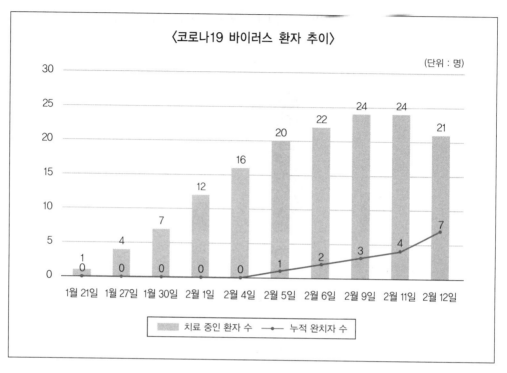

〈코로나19 바이러스 환자 추이〉

① 1월 21일부터 2월 12일까지 총 28명의 환자가 발생했다.

② 2월 9일과 2월 11일 사이에는 추가로 확진자가 발생하지 않았다.

③ 확진 판정을 받고 치료 중인 환자는 2월 12일 기준 21명이다.

④ 그래프의 추세로 보면 누적 완치자 수는 점차 증가하고 있다.

21. 다음 중 〈보기〉의 지도와 다른 것은?

22. 다음과 같이 종이를 접은 후 펀치로 구멍을 뚫고 다시 펼쳤을 때의 모양으로 옳은 것은?

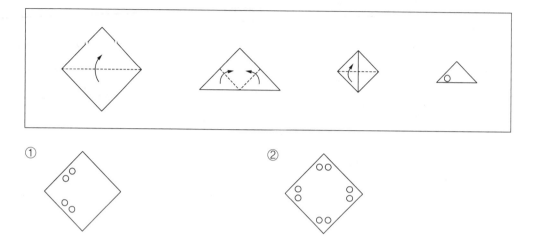

①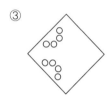

②

③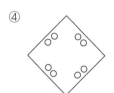

④

23. 〈보기〉는 같은 크기의 블록을 쌓아 만든 입체도형을 가지고 앞에서 본 정면도, 위에서 본 평면도, 오른쪽에서 본 우측면도를 그린 것이다. 이에 해당하는 입체도형으로 알맞은 것을 고르면? (단, 화살표 방향은 정면을 의미한다)

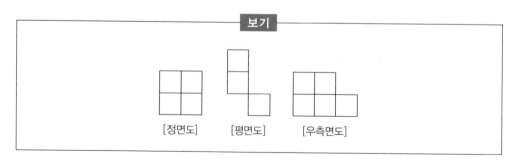

[정면도]   [평면도]   [우측면도]

①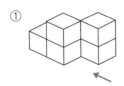

②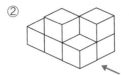

③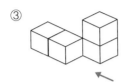

④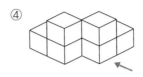

24. 다음 〈보기〉에 제시된 도형 3개를 합쳤을 때 나오는 모양으로 적절하지 않은 것은? (단, 각 도형은 회전할 수 없다)

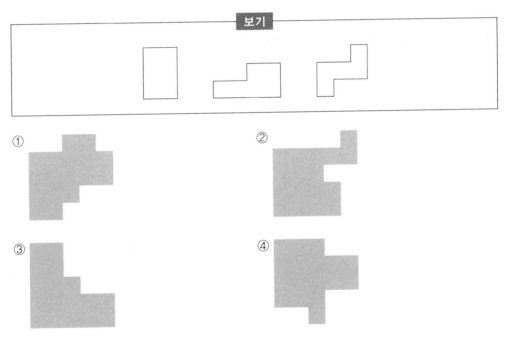

25. 제시된 왼쪽의 도형을 오른쪽에 나타난 각도만큼 회전시킨 모양은 무엇인가?

①

②

③

④

26. 다음 그림 안에 나타나 있지 않은 조각은?

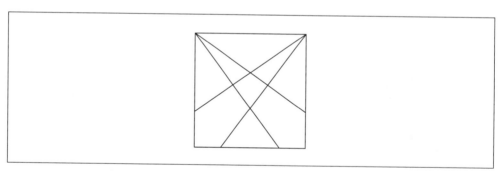

①

②

③

④

27. 제시된 그림과 같은 것을 고르면?

①  ②  ③  ④

28. 다음 그림의 조각을 순서대로 바르게 배열한 것은?

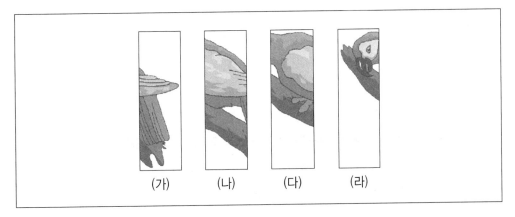

(가)   (나)   (다)   (라)

① (라) - (다) - (가) - (나)　　　　② (다) - (라) - (가) - (나)
③ (라) - (다) - (나) - (가)　　　　④ (다) - (나) - (라) - (가)

[29 ~ 30] 다음은 같은 크기의 블록을 쌓아 올린 그림이다. 이어지는 질문에 답하시오.

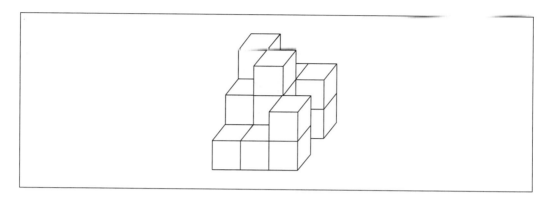

29. 블록의 개수는 몇 개인가?

① 13개   ② 14개

③ 15개   ④ 16개

30. 블록에서 밑면을 제외한 모든 면에 페인트를 칠할 때 2개의 면이 칠해지는 블록의 개수는 몇 개인가?

① 4개   ② 5개

③ 6개   ④ 7개

31. 다음 글에 나타나는 논리적 오류와 같은 형태의 오류를 범하고 있는 것은?

> H사의 사내 분위기는 엄격한 편이므로 H사 직원들은 보수적일 것이다.

① 어제 화분에 물을 주었더니 오늘 꽃이 활짝 폈다.
② 최근 아시안 푸드가 유행하고 있으니 분명히 맛있을 것이다.
③ 미국은 민주주의 국가이다. 따라서 미국인들은 민주적인 사람들이다.
④ 박 대리는 버스를 타지 않을 것이라 하였으므로 걸어서 올 것이다.

32. 다음 〈보기〉의 명제가 모두 참일 때 옳은 것은?

보기

- 껌을 좋아하는 아이는 사탕도 좋아한다.
- 초콜릿을 좋아하지 않는 아이는 사탕도 좋아하지 않는다.
- 감자칩을 좋아하는 아이는 사탕도 좋아한다.

① 감자칩을 좋아하는 아이는 초콜릿도 좋아한다.
② 감자칩을 좋아하는 아이는 껌을 좋아하지 않는다.
③ 초콜릿을 좋아하는 아이는 감자칩도 좋아한다.
④ 껌을 좋아하는 아이는 초콜릿은 좋아하지 않는다.

33. 다음 〈보기〉의 명제들을 참고할 때 밑줄 친 부분에 들어갈 문장으로 알맞은 것은?

보기

- 모든 사탕은 색이 빨갛거나 모양이 둥글다.
- 둥근 모양의 사탕은 딸기 맛이 난다.
- 소연이가 산 사탕은 딸기 맛이 아니다.
- 그러므로 _____

① 모든 사탕은 딸기 맛이 아니다.   ② 소연이가 산 사탕은 색이 빨갛다.
③ 소연이가 산 사탕은 레몬 맛이다.   ④ 소연이가 산 사탕은 모양이 둥글다.

[34 ~ 35] L사는 신입사원을 다음 〈조건〉에 따라 2개의 조로 나누려고 한다. 이어지는 질문에 답하시오.

조건

- 신입사원 중 남자사원은 갑, 을, 병, 정으로 4명, 여자사원은 A, B, C, D, E, F로 6명이다.
- 한 조마다 남자사원은 2명, 여자사원은 3명씩 배치한다.
- 을과 D는 다른 조이다.
- 병과 F는 다른 조이다.
- B와 F는 같은 조이다.
- D와 병은 같은 조이다.

---

34. A와 E가 같은 조일 때, 같은 조가 될 수 없는 사원의 조합은?

① 을, A   ② 정, F

③ 병, E   ④ 갑, D

35. 정과 C가 다른 조일 때, 조를 만들 수 있는 경우의 수는? (단, 조의 구성원이 같으면 동일한 조로 간주한다)

① 3가지   ② 4가지

③ 5가지   ④ 6가지

36. D 건설의 인사부는 6인용 스틱 승합차를 타고 워크숍에 가려고 한다. 부장, 차장, 과장, 대리, 사원 A, 사원 B가 다음과 같은 〈조건〉에 따라 자리에 앉을 경우, 과장이 앉는 자리는? (단, 운전석의 위치는 1로 한다)

조건

(가) 스틱 승합차를 운전할 수 있는 사람은 과장과 대리뿐이다.
(나) 부장 옆에는 차장이 앉아야 한다.
(다) 차장은 멀미 때문에 맨 뒷줄에 앉을 수 없다.
(라) 사원 A와 사원 B는 같이 앉을 수 없다.
(마) 부장은 짝수 번호 좌석에는 앉지 않는다.
(바) 과장은 부장의 대각선 자리에 앉아야 한다.

① 1
② 2
③ 5
④ 6

37. 일 년 동안 개근한 사원에게 포상을 하기 위해 사내 설문조사를 실시하였다. 결과가 다음과 같을 때 추론한 내용으로 적절한 것은?

- 포상의 종류는 네 가지로 상여금, 진급, 유급 휴가, 연봉 인상이 있다.
- 설문지에는 '선택함'과 '선택하지 않음'의 두 가지 선택지만 존재한다.
- 진급을 선택한 사람은 상여금을 선택하지 않는다.
- 유급 휴가를 선택하지 않은 사람은 상여금을 선택한다.
- 유급 휴가를 선택한 사람은 연봉 인상을 선택하지 않는다.

① 상여금을 선택한 사람은 연봉 인상을 선택한다.
② 진급을 선택한 사람은 연봉 인상을 선택한다.
③ 유급 휴가를 선택한 사람은 진급을 선택하지 않았다.
④ 연봉 인상을 선택한 사람은 진급을 선택하지 않는다.

38. 갑 ~ 정 4명 중 2명은 학생, 2명은 회사원이다. 4명은 〈보기〉와 같이 말했으며, 회사원 2명은 모두 거짓말을 하고 학생 2명은 모두 사실을 말하고 있다. 다음 중 진실을 말하는 학생 2명은 누구인가?

> **보기**
>
> • 갑 : 저와 정은 학생입니다.
> • 을 : 저는 회사를 다니지 않습니다.
> • 병 : 갑은 회사를 다니지 않습니다.
> • 정 : 병은 회사를 다닙니다.

① 을, 정
③ 갑, 병
② 갑, 정
④ 갑, 을

39. 명품 매장에서 제품을 도난당한 일이 일어났다. CCTV 확인 결과, A ~ E가 포착되어 이들을 용의자로 불러서 조사했다. 범인만 거짓을 말한다고 할 때 범인은 누구인가? (단, 용의자들 중 범인은 한 명이다)

> A : B는 범인이 아니다.
> B : C 또는 D가 범인이다.
> C : 나는 절도하지 않았다. B 또는 D가 범인이다.
> D : B 또는 C가 범인이다.
> E : B와 C는 범인이 아니다.

① A
③ C
② B
④ D

40. 사내 체육대회에서 각 부서별 대표 총 7명(A, B, C, D, E, F, G)이 달리기 시합을 진행하였다. 시합 결과가 다음과 같다면 첫 번째로 결승점에 들어온 직원은 누구인가?

- 네 번째로 들어온 사람은 D이다.
- F보다 나중에 D가 들어왔다.
- G보다 나중에 F가 들어왔다.
- B보다 나중에 E가 들어왔다.
- D보다 나중에 E가 들어왔다.
- G보다 나중에 B가 들어왔다.
- A보다 나중에 F가 들어왔으나 A가 1등은 아니다.

① A
② B
③ E
④ G

41. 다음 〈보기〉의 제시어를 보고 떠올릴 수 있는 과학자의 이론과 관련이 없는 것은?

보기

사과, 미적분, 중력의 법칙

① 정차 중이던 버스가 갑자기 출발하면서 승객이 뒤로 넘어졌다.
② 빗면을 굴러가는 공의 속력이 점점 빨라진다.
③ 찌그러진 공을 펴기 위해 뜨거운 물을 붓는다.
④ 풍선을 불어서 놓으면 입구 반대 방향으로 날아간다.

42. 다음 지문에서 설명하는 것은 무엇인가?

> 생물의 세포나 조직의 유효한 물질을 이용하여 제조하는 생물의약품의 복제약이다. 즉, 인체 또는 다른 생물의 세포나 조직, 호르몬 등을 이용하여 유전자를 재결합하거나 세포배양기술을 통해 분자생물학적 기법으로 개발한 의약품인 생물의약품의 복제약을 가리키는 말이다.

① 아세트아미노펜　　　　　　　② 바이오베터
③ 바이오시밀러　　　　　　　　④ DDS

43. 다음 그림은 우리나라의 어느 지점(37°N)에서 관측한 별의 일주 운동을 나타낸 모식도이다. 이때 관측한 별들에 대한 설명으로 옳지 않은 것은?

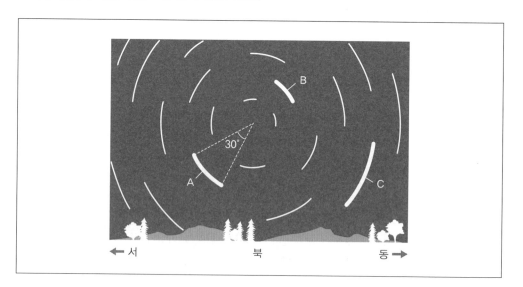

① 약 2시간의 노출 시간으로 촬영한 것이다.
② 천정에 위치한 별의 적위는 53°이다.
③ 별 A의 고도는 별 B의 고도보다 낮다.
④ 별 C는 촬영 시간 동안 반시계 방향으로 일주 운동하였다.

44. 다음은 원시 지구 생성 과정 중 일부를 순서 없이 나타낸 것이다. 순서대로 바르게 연결한 것은?

> **보기**
>
> 원시 지구의 생성, 핵·맨틀의 분리, 원시지각·바다 생성, 마그마의 바다

① 마그마의 바다 → 핵·맨틀의 분리 → 원시지각·바다 생성 → 원시 지구의 생성

② 핵·맨틀의 분리 → 원시지각·바다 생성 → 원시 지구의 생성 → 마그마의 바다

③ 원시지각·바다 생성 → 원시 지구의 생성 → 마그마의 바다 → 핵·맨틀의 분리

④ 원시 지구의 생성 → 마그마의 바다 → 핵·맨틀의 분리 → 원시지각·바다 생성

45. 다음은 현미경으로 관찰한 혈액의 구성물질과 그 특징을 나타낸 것이다. 자료에 대한 설명으로 옳지 않은 것은?

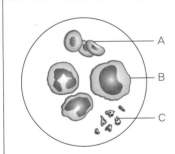

구분	생성장소	파괴장소	수명	핵의 유무
(가)	골수	간, 지라	120일	없음
(나)	골수	지라	2~3일	없음
(다)	골수, 림프절, 지라	지라, 골수	1~2주	있음

① (가)가 부족하면 빈혈 증세가 나타난다.

② 병원체가 침입하면 B가 증가한다.

③ C는 혈액 응고 인자를 포함하고 있다.

④ A와 C는 모세 혈관 벽을 통과할 수 있다.

5회 기출예상문제

▶ 정답과 해설 33쪽

01. 다음 밑줄 친 ㉠~㉣ 중 그 쓰임이 올바른 것은?

> 5월 31일은 세계보건기구(WHO)가 지정한 세계 금연의 날이다. 담배는 폐암뿐 아니라 후두암, 구강암, 식도암, 신장암, ㉠체장암, 방광암 등 각종 암과 사망의 주요 원인이며, 심혈관질환, 만성호흡기질환 등 각종 만성질환을 유발하는 물질이다. 그러나 금연은 누구에게나 쉽지 않은 과제다. 담배를 ㉡끈으려다 실패한 ㉢사람만이 금연의 어려움을 안다. 담배를 태우지 않는 사람은 ㉣번번히 금연에 실패하는 흡연자를 이해하기 어렵다. 건강에 무책임하거나 의지가 약한 사람으로 보이고 때론 가족들로부터 안쓰러운 시선을 받기도 한다.

① ㉠

② ㉡

③ ㉢

④ ㉣

02. 다음은 자음동화에 관한 설명이다. 자음동화 현상의 예로 적절하지 않은 것은?

> **〈자음동화〉**
> 1) 비음화 : 비음(ㅁ, ㄴ, ㅇ)의 영향으로 비음이 아닌 소리가 비음으로 동화되는 현상
>   a. ㅂ, ㄷ, ㄱ + ㄴ, ㅁ → ㅁ, ㄴ, ㅇ
>   b. ㅇ, ㅁ + ㄹ → ㄴ
>   c. ㅂ, ㄷ, ㄱ + ㄹ → ㅁ, ㄴ, ㅇ + ㄴ
> 2) 유음화 : 유음 'ㄹ'의 영향으로 'ㄴ'이 유음으로 동화되는 현상
>   a. ㄴ + ㄹ → ㄹㄹ
>   b. ㄹ + ㄴ → ㄹㄹ

① 밥물[밤물]

② 신라[실라]

③ 굳이[구지]

④ 섭리[섬니]

03. 다음 밑줄 친 부분의 띄어쓰기가 잘못된 것은?

① 그 녀석을 <u>골탕∨먹일</u> 좋은 수가 없을까?
② 지금은 때를 기다리는 <u>수밖에</u> 없다.
③ 이 전망대에서 서울 시내를 <u>한∨눈에</u> 내려다볼 수 있다.
④ 그 책을 다 <u>읽는∨데</u> 삼 일이 걸렸다.

04. 외래어 표기법에 관한 다음 규정을 참고할 때, 빈칸 (B)에 해당되는 것은?

> **제9항 반모음([w], [j])**
> 1. [w]는 뒤따르는 모음에 따라 [wə], [wɔ], [wou]는 '워', [wɑ]는 '와', [wæ]는 '왜', [we]는 '웨', [wi]는 '위', [wu]는 '우'로 적는다.
>
> | (A) |
> |---|
>
> 2. 자음 뒤에 [w]가 올 때에는 두 음절로 갈라 적되, [gw], [hw], [kw]는 한 음절로 붙여 적는다.
>
> | (B) |
> |---|
>
> 3. 반모음 [j]는 뒤따르는 모음과 합쳐 '야', '얘', '여', '예', '요', '유', '이'로 적는다. 다만, [d], [l], [n] 다음에 [jə]가 올 때에는 각각 '디어', '리어', '니어'로 적는다.
>
> | (C) |
> |---|

① quarter[kwɔːtə] 쿼터, yank[jæŋk] 앵크
② whistle[hwisl] 휘슬, twist[twist] 트위스트
③ battalion[bətæljən] 버탤리언, swing[swiŋ] 스윙
④ penguin[peŋgwin] 펭귄, witch[witʃ] 위치

05. 다음 빈칸에 들어갈 접속사로 알맞은 것은?

> 나이가 들면 노화로 발생하는 활성산소 탓에 뇌세포가 파괴돼 뇌가 늙는다. 또한 뇌세포를
> 연결하는 수상돌기가 감소하면서 신경선날 룰실의 분비가 줄어 기익력과 정보치리능력, 학습
> 능력, 집중력이 떨어진다. (   ) 뇌기능 감퇴는 사실 20대부터 시작된다. 30대까지는 별
> 문제가 없기 때문에 인지하지 못할 뿐이다.

① 그런데   ② 예를 들어
③ 그래서   ④ 그러면

06. 다음 문장들을 문맥의 순서에 따라 적절하게 나열한 것은?

> (가) 자신의 이름을 따 상트페테르부르크로 도시명을 정한 그는 1712년 이곳으로 수도를 옮
>   길 정도로 애착과 기대가 컸다.
> (나) 그는 발트해 연안의 이곳을 '유럽으로 향하는 항'으로 삼기로 하고 새로운 도시건설에
>   착수하였다.
> (다) 지금도 학술, 문화, 예술 분야를 선도하며 그러한 위상에는 변함이 없다.
> (라) 제정 러시아의 표트르 1세는 스웨덴이 강점하고 있던 네버 강 하구의 습지대를 탈환하였
>   다.
> (마) 이렇게 시작된 이 도시는 이후 발전에 발전을 거듭하여 러시아 제2의 대도시가 되었다.

① (다)-(가)-(라)-(나)-(마)   ② (다)-(나)-(가)-(라)-(마)
③ (라)-(나)-(가)-(마)-(다)   ④ (라)-(나)-(다)-(가)-(마)

07. 다음 글에 대한 설명으로 적절한 것은?

우리가 자유를 제한하지 않을 수 없는 이유는 모든 사람들에게 무제한의 자유를 허용했을 경우에 생기는 혼란과 일반적 불이익에 있다. 모든 사람들이 제멋대로 행동하는 것을 허용한다면 서로가 서로의 길을 방해하게 될 것이고, 결국 대부분의 사람들이 심한 부자유의 고통을 받는 결과에 이르게 될 것이다. 자유의 역리(逆理)라고 부를 수 있는 이러한 모순을 방지하기 위하여 자유의 제한은 불가피하다. 자유를 제한하는 것이 바람직하기 때문이 아니라, 더 큰 악(惡)을 막기 위하여 자유를 제한한다는 이 사실을 근거로 우리는 하나의 원칙을 얻게 된다. 자유의 제한은 모든 사람들을 위해서 불가피할 경우에만 가해야 한다는 것이다. 자유에 대한 불필요한 제한은 정당화될 수 없다. 사회의 질서와 타인의 자유를 해치지 않는 한 최대한의 자유를 허용하는 것이 바람직하다.

① 자유의 역리란 무조건 사람들의 자유를 빼앗아야 한다는 이론이다.
② 사람들의 자유를 제한하는 행위는 매우 바람직하다.
③ 사람들이 서로의 자유를 침해하지 않는다면 자유를 보장해야 한다.
④ 사람들에게 법률에 의한 자유침해는 전혀 필요치 않다.

08. 다음 중 '무척 위태로운 일의 형세'나 '매우 다급하고 절박한 순간'을 뜻하는 고사성어로 적절하지 않은 것은?

㉠ 풍전등화(風前燈火)	㉡ 초미지급(焦眉之急)
㉢ 우공이산(愚公移山)	㉣ 위기일발(危機一髮)
㉤ 누란지세(累卵之勢)	㉥ 백척간두(百尺竿頭)

① ㉡
② ㉢
③ ㉣
④ ㉤

[09 ~ 10] 다음 글을 읽고 이어지는 질문에 답하시오.

> 1950년대 프랑스의 영화 비평계에는 작가주의라는 비평 이론이 새롭게 등장했다. 작가주의란 감독을 단순한 연출자가 아닌 '작가'로 간주하고, 작품과 감독을 동일시하는 관점을 말한다.
>
> 작가주의는 상투적인 영화가 아닌 감독 개인의 영화적 세계와 독창적인 스타일을 일관되게 투영하는 작품들을 옹호한다. 감독의 창의성과 ㉠개성은 작품 세계를 관통하는 감독의 세계관 혹은 주제 의식, 그것을 표출하는 나름의 이야기 방식, 고집스럽게 되풀이되는 특정한 상황이나 배경 혹은 표현 기법 같은 일관된 문체상의 ㉡특징으로 나타난다는 것이다.
>
> 한편, 작가주의적 비평은 할리우드 영화를 재발견하기도 했다. 작가주의적 비평가들에 의해 복권된 대표적인 할리우드 감독이 바로 스릴러 장르의 거장인 알프레드 히치콕이다. 히치콕은 제작 시스템과 장르의 제약 속에서도 일관된 주제 의식과 스타일을 관철한 감독으로 평가받았다. 그는 관객의 오인을 부추기는 '맥거핀' 기법을 자신만의 이야기 법칙을 만들어 가는 데 하나의 극적 장치로 종종 활용하였다. 즉, 특정 소품을 맥거핀으로 활용하여 확실한 단서처럼 보이게 한 다음 일순간 허망한 것으로 만들어 관객을 당혹스럽게 한 것이다.

09. 윗글의 ㉠, ㉡과 낱말 관계가 같은 것은?

① 타격 : 피해
② 꽃 : 해바라기
③ 축구 : 공
④ 이기적 : 이타적

10. 다음 중 윗글의 내용과 일치하는 것은?

① 작가주의 비평 이론은 감독을 연출자로 고정시켜 버리는 관점을 말한다.
② 작가주의는 할리우드를 영화의 범주에 들이지 않으며 무시해 버렸다.
③ 맥거핀은 관객의 오인을 부추겨 당혹스럽게 만드는 영화적 장치이다.
④ 알프레드 히치콕은 할리우드 감독으로 작가주의와는 거리가 멀다.

11. 88과 64의 최대공약수는?

① 4   ② 6

③ 8   ④ 10

12. (주)A의 주식이 7월에는 20% 하락하고 8월에는 25% 올랐다. 7월 말, 8월 초에 주가가 같았다면 7월 초, 8월 말의 두 주가를 옳게 비교한 것은?

① 5% 인상   ② 25% 인상

③ 5% 인하   ④ 동일하다.

13. 김치를 담그기 위해 시장에서 무 5개와 배추 8개를 구입하니 2만 원이 있었던 지갑에 4,500원이 남았다. 무가 배추보다 개당 500원씩 비싸다고 할 때 무와 배추의 개당 가격은 각각 얼마인가?

	무	배추			무	배추
①	1,500원	1,000원		②	1,800원	1,300원
③	2,200원	1,700원		④	2,500원	2,000원

14. 연봉이 3,750만 원인 윤 사원은 매달 급여 실수령액의 10%를 적금으로 불입하려고 한다. 매달 세액 공제가 32만 원일 경우, 월 적금액은 얼마인가?

① 31,250원   ② 250,000원

③ 275,000원   ④ 280,500원

15. 원가가 2,000원인 상품에 50%의 이익을 붙여 정가를 매겼는데 잘 팔리지 않아 할인하여 팔았더니 원가의 30%가 이익으로 남았다. 할인한 금액은 얼마인가?

① 200원

② 400원

③ 600원

④ 800원

16. 다음 그림과 같은 도로망이 있다. A 지점에서 B 지점까지 가는 최단경로는 몇 가지인가?

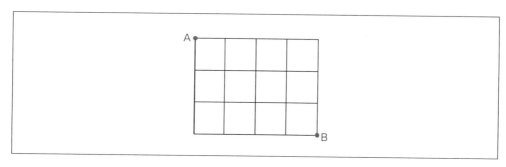

① 32가지

② 33가지

③ 34가지

④ 35가지

17. 동전을 5개 던졌을 때 적어도 한 개가 앞면이 나올 확률은?

① $\frac{30}{32}$

② $\frac{31}{32}$

③ $\frac{3}{5}$

④ $\frac{4}{5}$

18. A ~ E 다섯 명의 영어시험 평균 점수는 72점이다. A, B의 점수가 65점, C, D의 점수가 75점이라고 할 때 E의 점수는 몇 점인가?

① 70점　　　　　　　　　　　　② 75점

③ 80점　　　　　　　　　　　　④ 85점

19. 다음은 초·중·고등학교의 사교육비 총액을 기록한 표이다. 이에 대한 설명으로 옳은 것은?

〈학생 사교육비 총액 규모〉

(단위 : 억 원, %)

구분	20X5년	20X6년		20X7년		20X8년		20X9년	
	비용	비용	전년 대비 증감률	비용	전년 대비 증감률	비용	전년 대비 증감률	비용	전년 대비 증감률
전체	190,395	185,960	−2.3	182,297	−2.0	178,346	−2.2	180,605	1.3
초등학교	77,554	77,375	−0.2	75,948	−1.8	75,287	−0.9	77,438	2.9
중학교	61,162	57,831	−5.4	55,678	−3.7	52,384	−5.9	48,102	−8.2
고등학교	51,679	50,754	−1.8	50,671	−0.2	50,675	0.0	55,065	8.7

※ 20X8년 대비 20X9년 학생 수 감소 : 초등학교 2,715 → 2,673천 명, 중학교 1,586 → 1,457천 명, 고등학교 1,788 → 1,752천 명

① 조사기간 동안 전년 대비 증감률은 매년 고등학교가 가장 크다.

② 총 사교육비는 20X9년에 전년 대비 최고 증가폭을 보였다.

③ 20X8년 대비 20X9년의 중학교 사교육비 감소는 비용의 순수 경감 효과이다.

④ 전체적으로 사교육에 쏟아 붓는 비용이 시간의 흐름에 따라 감소하였다.

20. 다음 표를 이용하여 〈보고서〉를 작성하였다. 〈보고서〉를 작성하기 위해 추가로 필요한 자료를 〈보기〉에서 모두 고르면?

〈유턴 시도 중 교통사고 사망자 및 부상자 수(2016 ~ 2020년)〉

구분	2016년	2017년	2018년	2019년	2020년	합계
사고건수(건)	8,239	8,690	8,261	8,123	8,013	41,326
사망자수(명)	89	72	77	65	65	368
부상자수(명)	12,869	13,491	12,864	12,469	12,332	64,025
치사율(%)	1.08	0.83	0.93	0.80	0.88	0.89

〈보고서〉

유턴 시도 중 교통사고는 5년간 총 41,326건이 발생하여, 약 5일에 1명이 사망하고 하루에 35명이 부상당하는 것으로 나타났다. 유턴 시도 중 교통사고 발생유형별 사망사고는 측면 충돌(66.3%), 보행자 충돌(11.4%), 정면 충돌(6.3%), 추돌(5.2%)의 순으로 나타났다. 측면 충돌 사고에 의한 사망자를 분석하면 반대 방향 직진차량 외에도 같은 방향으로 직진하는 차량과 충돌하는 사망사고가 10건 중 4건으로 확인됐다.

보기

㉠ 유턴 시도 중 교통사고 발생유형별 사망자 수
㉡ 유턴 시도 중 교통사고 운행유형별 부상자 수
㉢ 유턴 시도 중 교통사고 가해자 및 피해자 유형별 현황

① ㉠
② ㉡
③ ㉠, ㉢
④ ㉡, ㉢

[21 ~ 23] 다음은 같은 크기의 블록을 쌓아 올린 그림이다. 이어지는 질문에 답하시오.

21. 블록을 더 쌓아 정육면체를 만들려면 최소 몇 개의 블록이 추가로 필요한가?

① 30개
② 32개
③ 34개
④ 36개

22. 그림에서 두 면만 보이는 블록은 모두 몇 개인가?

① 6개
② 7개
③ 8개
④ 9개

23. 색칠된 블록에 직접 접촉하고 있는 블록의 개수는 모두 몇 개인가?

① 2개
② 3개
③ 4개
④ 5개

24. 다음 중 〈보기〉의 지도와 다른 것은?

보기

①

②

③

④

25. 다음의 도형과 동일한 것은?

①

②

③

④

26. 다음 그림의 조각을 순서대로 바르게 배열한 것은?

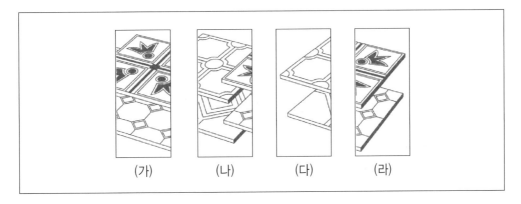

① (가)-(나)-(다)-(라)
② (다)-(가)-(나)-(라)
③ (다)-(나)-(가)-(라)
④ (라)-(가)-(나)-(다)

27. 다음 〈보기〉에 제시된 도형 3개를 합쳤을 때 나오는 모양으로 적절하지 않은 것은? (단, 제시된 도형은 회전할 수 없으며 보이는 대로만 합칠 수 있다)

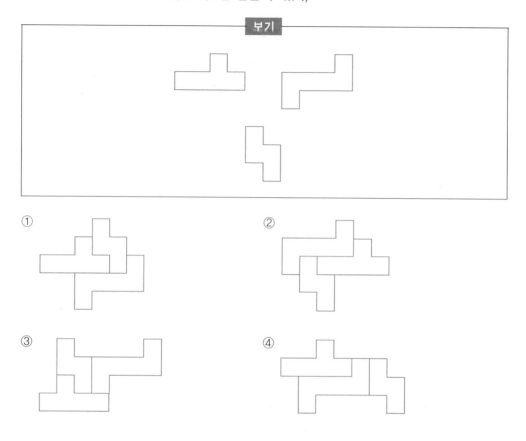

28. 다음 그림과 같이 화살표 방향으로 종이를 접은 후, 색칠된 부분을 자르고 다시 펼쳤을 때의 모양은?

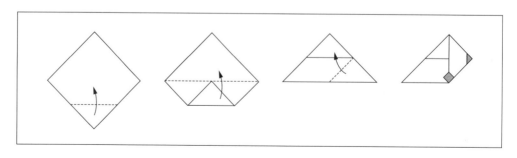

①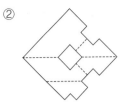

②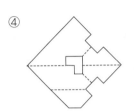

③

④

29. 다음 〈보기〉의 도형과 동일한 것은?

보기

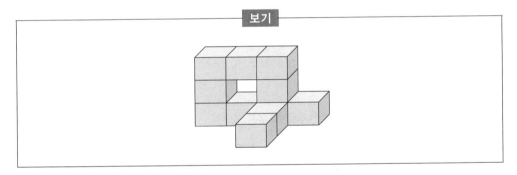

①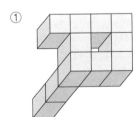

②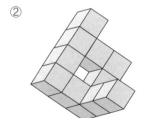

③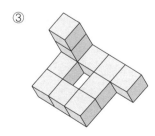

④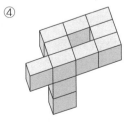

30. 주사위를 다음 전개도와 같이 펼쳤을 때 A에 들어갈 눈의 개수는? (단, 주사위의 마주 보는 면에 그려진 눈의 합은 7이다)

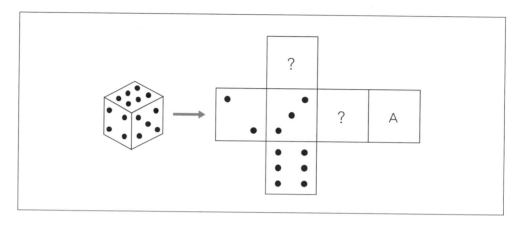

① 1개   ② 2개

③ 4개   ④ 5개

31. 다음 〈보기〉의 빈칸에 들어갈 전제로 적절한 것은?

> **보기**
>
> [전제] 하얀 옷을 입는 사람은 모두 깔끔하다.
>   깔끔한 사람들은 모두 안경을 쓴다.
>   (   )
> [결론] 따라서 수인이는 하얀 옷을 입지 않는다.

① 하얀 옷을 입지 않는 사람은 수인이가 아니다.

② 수인이는 안경을 쓰지 않는다.

③ 안경을 쓰는 사람들은 모두 하얀 옷을 입는다.

④ 깔끔하지 않은 사람들은 모두 안경을 쓰지 않는다.

32. 다음 밑줄 친 부분에 들어갈 문장으로 알맞은 것은?

> 아기는 천사다. 천사는 번개를 부릴 수 있다. 천사가 아니면 신의 노예다. 그러므로 ____
> _____

① 천사는 아기다.　　　　　　　　② 아기는 번개를 부릴 수 없다.

③ 번개를 부릴 수 있으면 아기다.　④ 신의 노예가 아니면 번개를 부릴 수 있다.

33. 다음 글에 나타나 있는 논리적 오류는?

> 몇몇 신문들은 이번 사건에 대하여 사설을 통해 북 공격설을 제기했다. 어떤 사설은 전시 태세를 갖추어야 한다며 '전쟁을 무서워하는 국민은 매국노'라고 못 박기도 했다.

① 원천봉쇄의 오류　　　　　② 흑백 논리의 오류

③ 인신공격의 오류　　　　　④ 성급한 일반화의 오류

34. 다음 〈보기〉의 명제들이 항상 참이라 할 때 적절한 것은?

보기

> • 달리기를 못하는 사람은 수영을 못한다.
> • 달리기를 잘하는 사람은 항상 운동화를 신는다.
> • 윤재는 항상 구두를 신는다.

① 윤재는 달리기를 잘한다.

② 윤재는 수영을 못한다.

③ 수영을 잘하는 사람은 구두를 신는다.

④ 수영을 못하는 사람은 운동화를 신지 않는다.

35. 다음 그림과 같이 시계가 5시 10분을 가리킬 때, 시침과 분침이 이루는 ∠x의 크기는?

① 90°

② 95°

③ 100°

④ 105°

36. 네 자리 숫자로 이루어진 자물쇠 비밀번호가 다음 〈조건〉을 만족한다고 할 때, 비밀번호로 알맞은 것은?

조건

- 각 자리의 비밀번호는 1에서 9까지의 숫자이고 모두 홀수이다.
- 첫 번째와 세 번째 숫자의 합이 두 번째와 네 번째 숫자의 합보다 작다.
- 연속된 두 숫자의 합은 모두 같다.
- 두 번째 숫자와 네 번째 숫자의 곱은 9이다.

---

① 1313

② 3159

③ 3413

④ 9137

37. 발표 수업에서 한 조가 된 영희와 철수, 미정이는 발표 순서를 정하고 다음과 같이 발표 순서에 대한 발언을 하였다. 두 번째로 발표를 하게 되는 사람은? (단, 철수는 항상 거짓말을 하고, 미정이는 사실만을 말하며, 영희는 거짓말을 하는지 사실을 말하는지 알 수 없다)

⊙ 첫 번째로 발표하는 사람 : 두 번째로 발표하는 사람은 영희이다.
ⓒ 두 번째로 발표하는 사람 : 세 번째로 발표하는 사람은 철수이다.
ⓒ 세 번째로 발표하는 사람 : 세 번째로 발표하는 사람은 영희가 아니다.

① 영희
② 철수
③ 미정
④ 알 수 없음.

38. L 회사 영업부는 부장, 차장, 과장, 대리, 사원, 인턴 6명이 근무하는데, 이들 가운데 4명이 한 팀을 구성하여 해외 출장을 가게 되었다. 만일 사원이 불가피한 사정으로 갈 수 없게 되었다면, 다음 〈조건〉을 모두 만족하는 팀 구성은?

조건

• 부장 또는 차장은 반드시 가야 하지만, 부장과 차장이 함께 갈 수는 없다.
• 대리 또는 사원은 반드시 가야 하지만, 대리와 사원이 함께 갈 수는 없다.
• 만일 과장이 가지 않게 된다면 대리도 갈 수 없다.
• 만일 차장이 가지 않게 된다면 인턴도 갈 수 없다.

① 차장, 대리, 사원, 인턴
② 차장, 과장, 대리, 인턴
③ 부장, 차장, 대리, 인턴
④ 부장, 과장, 대리, 인턴

39. 예지, 지수, 은주, 지유는 함께 카페에 들러 커피 2잔과 홍차 2잔을 주문하였고 내용물을 보지 않은 채 무작위로 받았다. 〈보기〉를 참고할 때 옳은 것은?

보기

- 예지는 자신이 주문한 음료를 받지 않았다.
- 지수는 자신이 주문한 음료를 받았다.
- 은주는 홍차를 주문했으나 커피를 받았다.
- 지유는 커피를 받았다.

① 지수는 커피를 받았다.

② 지유는 자신이 주문한 음료를 받지 않았다.

③ 지유는 홍차를 주문했다.

④ 예지는 커피를 주문했다.

40. 어느 날 밤 P 회사에 도둑이 들었다. 목격자를 찾기 위해 전날 야근한 사람에 대해 물어보니 직원 A, B, C, D, E가 다음 〈보기〉와 같이 진술했다. 이 중 야근을 한 사람은 한 명이고 두 명은 거짓말을 하고 있다고 할 때, 전날 야근을 한 사람은?

보기

- A : E는 항상 진실만을 말해.
- B : C가 야근을 했어.
- C : 나는 야근을 하지 않았어.
- D : B의 말이 맞아.
- E : A가 야근을 했어.

① A

② B

③ C

④ D

41. 다음의 (가) ~ (라)에 해당하는 내용이 순서대로 바르게 나열된 것은?

(가)을/를 접종하면 체내의 (나)이 발동하여 몸에 침투한 특정 (다)에 대하여 특정한 (라)을/를 생성하게 된다. 우선 (가)을/를 통해 (라)이/가 만들어지면 같은 종류의 (다)이/가 몸속에 다시 들어왔을 때, 이를 기억하는 세포가 처음보다 빠르고 강하게 (나) 반응을 나타낼 수 있다. 예방 (가)은/는 이러한 기억 세포들을 만듦으로써 병원균에 대한 저항 능력을 키우는 것이라 볼 수 있다.

① 백신, 면역, 항원, 항체
② 백신, 항원, 항체, 면역
③ 항원, 면역, 항체, 백신
④ 백신, 항원, 면역, 항체

42. 다음 〈보기〉는 일주운동에서 나타나는 현상이다. 빈칸 ㉠ ~ ㉢에 들어갈 내용으로 바르게 연결한 것은?

> **보기**
>
> 북두칠성은 (㉠)을/를 중심으로 1시간에 약 (㉡)씩 일주운동을 하는데, 이것은 지구의 (㉢) 때문에 나타나는 현상이다.

	㉠	㉡	㉢
①	황도	15°	공전
②	천구의 적도	10°	자전
③	천구의 북극	15°	자전
④	천구의 북극	10°	공전

43. 다음과 같은 현상에 대한 원인을 설명할 수 있는 원리는?

> 과일이 익으면 땅에 떨어진다.

① 탄성력 ② 마찰력
③ 중력 ④ 부력

44. 다음은 해저면의 변위에 의해 발생한 지진 해일(쓰나미)에 대한 그림이다. 〈보기〉에서 이에 대한 설명으로 옳은 것을 모두 고르면?

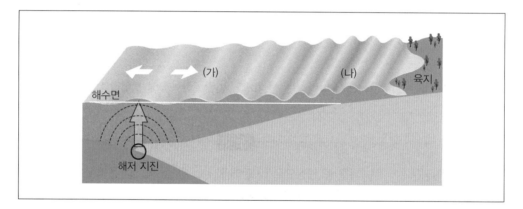

보기

㉠ (가)에서 (나)로 갈수록 파장이 짧아진다.
㉡ (가)에서 (나)로 갈수록 파고가 높아진다.
㉢ (가)에서 (나)로 갈수록 전파 속도가 빨라진다.
㉣ 지진 해일은 해수면의 갑작스러운 수직 변동에 의해 발생한다.

① ㉠, ㉡ ② ㉢, ㉣
③ ㉠, ㉡, ㉣ ④ ㉡, ㉢, ㉣

45. 다음은 「식품 등의 표시 · 광고에 관한 법률(식품표시광고법) 시행규칙」에 규정된 알레르기 유발 물질이다. 이러한 알레르기 유발 식품을 대체할 수 있는 대체식품으로 적합하지 않은 것은?

<알레르기 유발 물질>

- 알류(가금류만 해당)
- 우유
- 메밀
- 땅콩
- 대두
- 밀
- 고등어
- 게
- 새우
- 돼지고기
- 복숭아
- 토마토
- 호두
- 닭고기
- 쇠고기
- 오징어
- 잣
- 조개류(굴, 전복, 홍합 포함)
- 아황산류(이를 첨가하여 최종 제품에 이산화황이 10mg/kg 이상 함유된 경우)

– 소비자 안전을 위한 표시사항(식품표시광고법 시행규칙 별표2)

① 밀 → 감자, 쌀

② 달걀 → 두부, 콩나물

③ 생선 → 김, 미역, 멸치

④ 돼지고기 → 쇠고기, 흰살 생선

01. 다음 중 밑줄 친 단어의 쓰임이 잘못된 것은?

① 병뚜껑이 너무 꼭 <u>닫혀서</u> 열 수가 없다.

② 그 아이는 다른 사람들에 비해 실력이 많이 <u>딸린다</u>.

③ 한 학년 사이에 아들의 키가 훌쩍 커 버려 바짓단을 <u>늘였다</u>.

④ 밤늦게 들어온 남편을 위해 찌개를 <u>데우고</u> 밥상을 차렸다.

02. 다음 빈칸에 공통적으로 들어갈 문법적 요소로 적절한 것은?

> 우리말은 (   )이 발달한 언어이다. 영어로는 인사를 할 때 한참 어른께도, 한참 어린 아이에게도 똑같이 'Hi'라고 인사할 수 있지만 국어에서는 상대에 따라 '안녕하세요', '안녕' 등 다른 방식으로 인사해야 한다. 아주 오랜 옛날부터 우리 선조들은 (   )을 사용해 왔다. 말은 시간이 지나면서 변하기 마련이다. 우리 사회에서는 갈수록 청자 중심의 (   ) 사용이 주를 이루게 될 것이다.

① 경어법

② 주체 높임법

③ 객체 높임법

④ 상대 높임법

03. 다음 글을 읽고 유추할 수 있는 속담으로 적절한 것은?

> 대왕 단보가 빈(邠)이라는 곳에 있었을 때 오랑캐가 쳐들어왔다. 왕이 모피와 비단을 보내어 달래려 했으나 받지 않고, 이후 보낸 말도 받지 않았다. 오랑캐가 바라는 것은 땅이었다. 대왕 단보가 말했다.
> "나는 백성의 아비나 형과 살면서 그 아들이나 동생을 죽도록 내버려두는 일은 차마 견딜 수가 없다. 너희들은 모두 힘써 격려하며 이곳에 살도록 하라. 내 신하가 되든 오랑캐의 신하가 되든 무슨 차이가 있겠느냐. 나는 '사람을 먹여 살리는 땅을 뺏으려고 사람을 해쳐서는 안 된다'는 말을 들었다."
> 그래서 대왕 단보가 지팡이를 짚고 그곳을 떠나자 백성들은 서로 잇달아 그를 따랐으며, 이윽고 기산(岐山) 밑에서 나라를 다시 이룩했다.

① 가난 구제는 임금도 못 한다.
② 벙어리 호적(胡狄)을 만나다.
③ 사또 행차엔 비장이 죽어난다.
④ 사람이 돈이 없어서 못 사는 게 아니라 명이 모자라서 못 산다.

04. 밑줄 친 부분과 바꾸어 쓸 수 없는 단어는?

> 가벼운 접촉사고를 내서 보험금을 타 내려는 너의 계획은 결국 수포(水泡)로 돌아가고 말 거야.

① 깨지고　　　　　　② 힐책하고
③ 그르치고　　　　　④ 박타고

05. 다음 글을 읽고 추론한 내용으로 적절한 것은?

> 우리 민족은 활에 대해 각별한 관심을 가지고 있었으며, 활을 중요한 무기로 여겼다. 이에 따라 활 제작 기술도 발달했는데, 특히 조선 시대의 활인 각궁(角弓)은 매우 뛰어난 성능과 품질을 지니고 있었다. 그렇다면 무엇이 각궁을 최고의 활로 만들었을까?
>
> 활은 복원력을 이용한 무기이다. 복원력은 탄성이 있는 물체가 힘을 받아 휘어졌을 때 원래대로 돌아가는 힘으로, 물체의 재질과 변형 정도에 따라 힘의 크기가 변한다. 이를 활에 적용해 보자. 활의 시위를 당기면 당기는 만큼의 복원력이 발생한다. 복원력은 물리학적인 에너지의 전환 과정이기도 하다. 사람이 시위를 당기면 원래의 시위 위치에서 시위를 당긴 거리만큼의 위치 에너지가 화살에 작용하게 된다. 따라서 시위를 활대에서 멀리 당기면 당길수록 더 큰 위치 에너지가 발생하게 된다. 이때 시위를 놓으면 화살은 날아가게 되는데, 바로 이 과정에서 위치 에너지가 운동 에너지로 전환된다. 즉, 시위를 당긴 거리만큼 발생한 위치 에너지가 운동 에너지로 바뀌어 화살을 날아가게 하는 것이다.
>
> 또한 복원력은 활대가 휘는 정도와 관련이 있다. 일반적으로 활대가 휘면 휠수록 복원력은 더 커지게 된다. 따라서 좋은 활이 되기 위해서는 더 큰 위치 에너지를 만들어 낼 수 있는 탄성이 좋은 활대가 필요하다. 각궁은 복원력이 뛰어난 활이다. 그 이유는 각궁이 동물의 뿔이나 뼈, 힘줄, 탄성 좋은 나무 등 다양한 재료를 조합해서 만든 합성궁이기 때문이다. 합성궁은 대나무와 같은 나무만을 재료로 만든 활보다 탄력이 좋아서 시위를 풀었을 때 활이 반대 방향으로 굽는 것이 특징이다. 바로 이러한 특성으로 인해 각궁은 뛰어난 사거리와 관통력을 갖게 되었다.

① 고려 시대 때의 활은 여러 재료의 조합이 아닌 한 가지 재료로만 만들어졌다.

② 위치 에너지가 운동 에너지로 전환되는 힘의 크기가 활의 사거리와 관통력을 결정한다.

③ 활대가 많이 휠수록 복원력은 더 커지므로, 활이 많이 휠수록 가격은 비싸진다.

④ 각궁의 탄력이 좋은 이유는 나무로만 만들어져 시위를 풀었을 때 활이 반대 방향으로 굽는 특징 덕분이다.

[06 ~ 07] 다음 글을 읽고 이어지는 질문에 답하시오.

'읽는 문화'의 실종, 그것이 바로 현대사회의 특징이다. 신문의 판매 부수가 날로 떨어져 가는 반면에 텔레비전의 시청률은 나날이 증가하고 있다. 또한 깨알 같은 글로 구성된 20쪽 이상의 책보다 그림과 여백이 압도적으로 많이 들어간 만화책 같은 것이 늘어나고 있다. '보는 문화'가 읽는 문화를 대체해 가고 있는 것이다. 읽는 일에는 피로가 동반하지만 보는 놀이에는 휴식이 따라온다. 그러니 일을 저버리고 놀이만 좇는 문화가 범람하고 있지 않은가. 보는 놀이가 머리를 비게 하는 것은 너무나 당연하다. 읽는 일이 (   )되지 않는 한 우리 사회는 생각 없는 사회로 치달을 수밖에 없다. 책의 문화는 바로 읽는 일과 직결되며 생각하는 사회를 만드는 지름길이다.

06. 윗글의 주제로 적절한 것은?

① 만화책을 통해 읽는 즐거움을 느껴야 한다.
② 놀이 후에는 충분한 휴식을 취해야 한다.
③ 사회에 책 읽는 문화가 퍼지도록 권장해야 한다.
④ 사람이라면 누구나 생각하며 살아야 한다.

07. 윗글의 빈칸에 들어갈 말로 적절한 것은?

① 장려
② 근절
③ 제거
④ 추가

08. 다음 중 띄어쓰기가 잘못된 것은?

① 보란 듯이
② 스물다섯
③ 할텐데
④ 후회할 걸 알고

09. 다음 문장들을 문맥에 따라 순서대로 적절하게 배열한 것은?

> (가) 예를 들면 손을 자주 씻어 손에 묻어 있을 수 있는 감기 바이러스를 제거하고 손으로 얼굴을 비비지 않도록 한다.
>
> (나) 감기를 예방하기 위해서는 감기 바이러스와 접촉할 수 있는 기회를 아예 없애야 한다.
>
> (다) 특히 어린이는 성인에 비해 감기 바이러스에 감염될 확률이 더 높기 때문에 사람들이 많이 모여 있는 곳에는 가지 않도록 주의해야 한다.
>
> (라) 또한 다른 사람들과 수건 등의 일상 용품을 함께 사용하지 않는 것이 좋다.

① (나)-(가)-(라)-(다)
② (나)-(라)-(다)-(가)
③ (라)-(가)-(다)-(나)
④ (라)-(나)-(가)-(다)

10. 단어의 의미를 이용하여 두 글자 끝말잇기를 한다고 할 때, ㉠에 해당하는 단어로 적절한 것은?

> 맨발에 신도록 실이나 섬유로 짠 것
>
> ↓
>
> 말의 갈기나 꼬리의 털
>
> ↓
>
> ㉠
>
> ↓
>
> 남에게 어떤 물건 따위를 선사함. 또는 그 물건

① 털신
② 총구
③ 전선
④ 총선

11. 사탕 10개를 형과 남동생이 나누어 가지기로 했다. 남동생과 형이 가지게 되는 사탕의 비가 3 : 2일 때, 형이 가지게 되는 사탕의 개수는?

① 1개   ② 2개

③ 3개   ④ 4개

12. 민수가 각 영역별로 100점 만점인 영어 시험을 봤는데 말하기, 독해, 문법, 듣기 네 영역의 점수 총합이 250점이었다. 말하기와 문법 점수의 합은 독해 점수와 같고, 듣기 점수는 문법 점수의 두 배이다. 말하기 점수가 55점이라고 할 때 듣기 점수는 몇 점인가?

① 35점   ② 55점

③ 70점   ④ 90점

13. 어느 뷔페의 이용 요금은 어른 1인당 12,900원, 어린이 1인당 8,200원이다. 총 8명이 이 뷔페에서 식사를 하고 9만 원 이하를 지불했다고 할 때, 어른은 최대 몇 명인가?

① 4명   ② 5명

③ 6명   ④ 7명

14. 수현이가 올라간 길 그대로 내려오는 A 등산로를 따라 등산을 하는데 올라갈 때는 시속 2km로 올라가고, 내려올 때는 올라갈 때의 2배 속력으로 내려왔다. A 등산로를 왕복한 총 소요시간이 4시간 30분이라면 내려오는 데 걸린 시간은?

① 1시간 20분 ② 1시간 25분
③ 1시간 30분 ④ 1시간 35분

15. 캠페인을 준비 중인 ○○기업홍보팀에서 캠페인 참여자들에게 나누어 줄 선물로 핫팩 4개, 기념 볼펜 1개, 배지 2개가 1세트인 기념품 125세트를 준비하고 있다. 총 예산은 490,000원이고, 핫팩은 한 상자에 16개씩 들어 있다고 할 때, 핫팩 한 상자는 얼마인가? (단, 핫팩은 상자로만 구매 가능하며 예산은 낭비 없이 전부 사용되었다)

구분	가격(개당)
기념볼펜	800원
배지	600원

① 7,000원 ② 7,200원
③ 7,500원 ④ 7,800원

16. 육면체 주사위를 두 번 던졌을 때 나온 주사위 눈의 합이 5의 배수가 되는 경우는 모두 몇 가지 인가?

① 4가지 ② 5가지
③ 6가지 ④ 7가지

17. 다음 그림과 같이 A ~ F 상점 사이에 길을 뚫어 하나의 상점에서 다른 상점으로 한 번에 향할 수 있도록 연결시키려고 한다. 인접한 상점끼리는 이미 길이 뚫려 있다고 할 때, 연결되지 않은 나머지 상점 각각을 직접 연결하려면 몇 개의 길을 뚫어야 하는가?

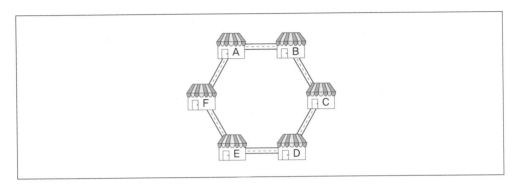

① 6개

② 7개

③ 8개

④ 9개

18. 다음은 청년들의 주택 점유형태를 나타내는 자료이다. 자료에 대한 설명으로 옳지 않은 것은?

〈청년(20 ~ 39세)의 연령계층별 점유형태 비율〉

(단위 : %)

구분	자가	임차			무상	계
		전세	보증부월세	순수월세		
20 ~ 24세	5.1	11.9	62.7	15.4	4.9	100
25 ~ 29세	13.6	24.7	47.7	6.5	7.5	100
30 ~ 34세	31.9	30.5	28.4	3.2	6.0	100
35 ~ 39세	45.0	24.6	22.5	2.7	5.2	100

① 20 ~ 24세 청년의 약 78.1%가 월세 형태로 거주하고 있으며 자가 비율은 5.1%이다.

② 20 ~ 39세 전체 청년의 자가 거주 비중은 약 31.1%이나 이 중 20대 청년의 자가 거주 비중은 약 9.4%로 매우 낮은 수준이다.

③ 연령계층이 높아질수록 자가 비율이 높아지고 월세 비중은 작아지는 것으로 나타났다.

④ 25 ~ 29세 청년의 경우, 20 ~ 24세에 비해서는 자가 거주의 비중이 높고 전체의 78.9%가 임차이며, 전체의 54.2%가 월세로 거주한다.

19. 다음 자료를 분석하기 위해 팀원들은 회의를 진행하고 있다. 각 문항에 제시된 영업 관련 자료를 본 팀원들의 해석으로 적절하지 않은 것은?

〈교역 국가 수별 · 기업규모별 수출입 기업 수〉

(단위 : 개, %)

구분		수출			수입		
		20X1년	20X3년	구성비	20X1년	20X3년	구성비
전체		90,761	93,922	100.0	169,044	178,104	100.0
10개국 미만		83,734	86,440	92.0	162,262	170,530	95.7
	대기업	446	450	(0.5)	577	544	(0.3)
	중견기업	1,036	977	(1.1)	1,335	1,240	(0.7)
	중소기업	82,252	85,013	(98.3)	160,350	168,746	(99.0)
20개국 이상		2,432	2,616	2.8	1,318	1,545	0.9
	대기업	191	203	(7.8)	309	333	(21.6)
	중견기업	334	322	(12.3)	313	309	(20.0)
	중소기업	1,907	2,091	(79.9)	696	903	(58.4)

① "우리나라 수출입 기업은 교역 국가 수 10개 미만인 기업과 20개 이상인 기업으로 나뉘는군."

② "우리나라엔 교역 국가 수 10개 미만인 기업이 가장 많군."

③ "중소기업은 두 가지 교역 국가 수 구분 기준에서 모두 가장 많은 기업 수를 보이네."

④ "수입에서 20X3년 20개국 이상 교역 국가 수를 가진 대기업이 21.6%라는 것은 우리나라 전체 기업 수에 대한 비중을 말하는 게 아니로군."

20. 다음은 A 대학교 학생들을 장학금을 받는 학생과 장학금을 받지 못하는 학생으로 나누고 이들이 해당 학년 동안 참가한 1인당 평균 교내 특별활동 수를 조사한 자료이다. 이에 대한 설명 중 옳지 않은 것을 〈보기〉에서 모두 고르면?

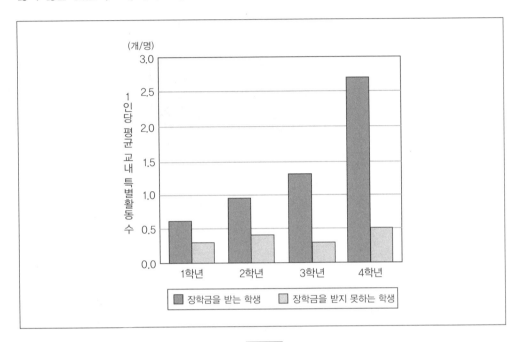

| 보기 |

㉠ 학년이 높아질수록 장학금을 받는 학생 수는 늘어났다.

㉡ 장학금을 받는 4학년생이 참가한 1인당 평균 교내 특별활동 수는 장학금을 받지 못하는 4학년생이 참가한 1인당 평균 교내 특별활동 수의 5배 이하이다.

㉢ 장학금을 받는 학생과 받지 못하는 학생 간의 1인당 평균 교내 특별활동 수의 차이는 4학년이 가장 크다.

㉣ 전체 2학년생이 참가한 1인당 평균 교내 특별활동 수보다 전체 3학년생이 참가한 1인당 평균 교내 특별활동 수가 많다.

① ㉠, ㉣
② ㉡, ㉢
③ ㉠, ㉡, ㉣
④ ㉠, ㉢, ㉣

21. 다음 그림과 같이 쌓기 위해 필요한 블록의 개수는? (단, 블록의 모양과 크기는 모두 동일한 정육면체이며, 보이지 않는 뒷부분의 블록은 없다)

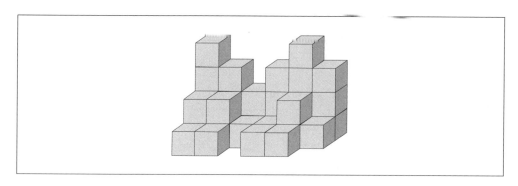

① 31개   ② 32개
③ 34개   ④ 35개

22. 다음의 도형과 동일한 것은?

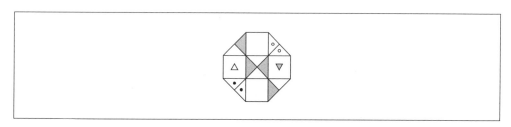

①

②

③

④

23. 다음 그림의 조각을 순서대로 바르게 배열한 것은?

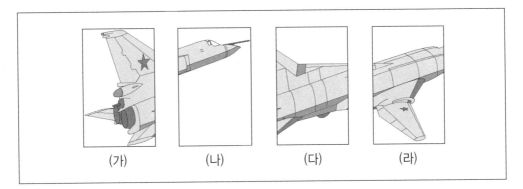

(가)   (나)   (다)   (라)

① (가)-(다)-(라)-(나)
③ (나)-(가)-(라)-(다)

② (가)-(라)-(다)-(나)
④ (나)-(라)-(가)-(다)

24. 다음과 같이 종이를 접은 후 펀치로 구멍을 뚫고 다시 펼쳤을 때의 모양으로 옳은 것은?

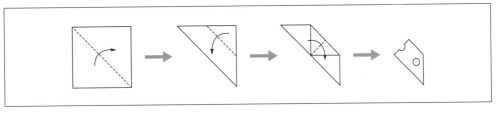

①
②
③
④

25. 다음 그림에서 만들 수 있는 크고 작은 사각형을 모두 구하면 몇 개인가?

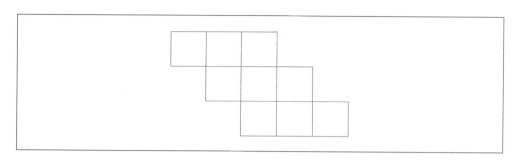

① 22개   ② 23개
③ 24개   ④ 25개

26. 다음 〈보기〉에 제시된 도형 3개를 합쳤을 때 나오는 모양으로 적절하지 않은 것은? (단, 각 도형은 회전할 수 없다)

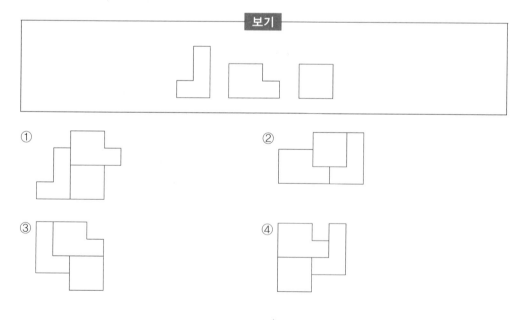

27. 다음의 〈보기〉와 동일한 입체도형으로 적절한 것은?

보기

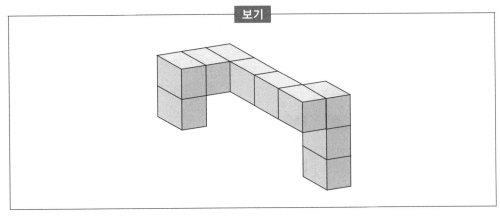

①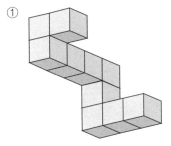

②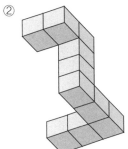

③

④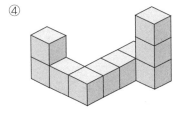

28. 다음의 〈보기〉에서 왼쪽 전개노를 집어 오른쪽 주사위 모형을 만들었을 때, 다음 방향에서 바라본 면의 모습으로 올바른 것은?

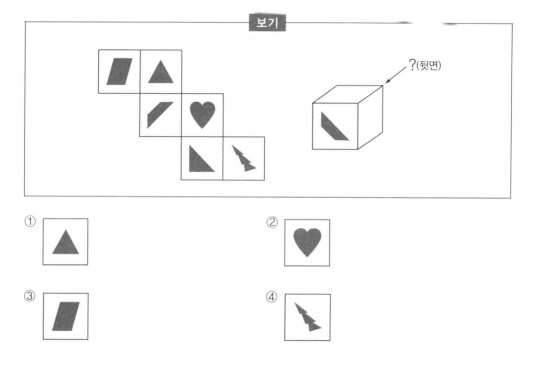

①
 (삼각형)

②
 (하트)

③
 (평행사변형)

④
 (화살표)

29. 다음의 〈보기〉는 같은 크기의 블록을 쌓아 만든 입체도형을 앞에서 본 정면도, 위에서 본 평면도, 오른쪽에서 본 우측면도를 그린 것이다. 이에 해당하는 입체도형으로 알맞은 것은? (단, 화살표 방향은 정면을 의미한다)

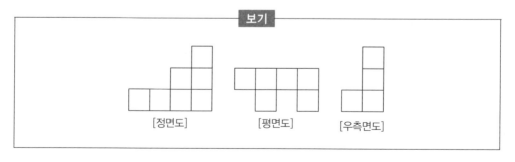

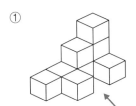

①

②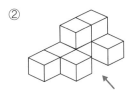

③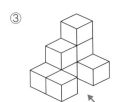

④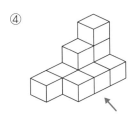

30. 다음 그림 안에 나타나 있지 않은 조각은?

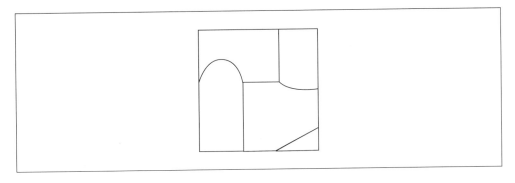

①

②

③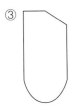

④

31. 다음과 같은 종류의 논리적 오류를 범하고 있는 것은?

> 사람들은 늘 자신의 이익을 우선한다. 사람들은 언제나 이기적이기 때문이다.

① 갑 : 세상에 귀신은 있어. 귀신이 없다는 절대적 근거가 없기 때문이야.

② 을 : 사람들이 가치 있다고 말하는 것들은 모두 돈이야. 내가 만난 사람들은 다 그랬거든.

③ 병 : 신이 존재한다는 것은 성서에 적혀 있어. 성서는 신의 말이니까, 신은 존재해.

④ 정 : 저 사람은 찬물을 싫어하니 반드시 뜨거운 물을 좋아할 거야.

32. 다음 직원들의 대화 중 ㉠에서 범하고 있는 논리적 오류로 적절한 것은?

> 김 사원 : 아! 오늘 진상 고객 정말 많다.
>
> 박 사원 : 나도 봤어. 번호표 한참 지났는데 먼저 업무 처리해 달라고 소리치던 고객이지?
>
> 김 사원 : 맞아. 지금 생각해 보니 올 때마다 진상을 부린 것 같아.
>
> 박 사원 : ㉠그 사람은 어디서든 진상을 부릴 것이 틀림없어.

① 성급한 일반화의 오류   ② 흑백논리의 오류

③ 피장파장의 오류   ④ 무지에의 호소

33. 철수, 영희, 승한, 세영 총 4명의 신입직원은 A팀에 2명, B팀에 1명, C팀에 1명씩 배정됐다. 다음 진술 중 하나는 거짓이고 나머지는 모두 참일 때, A팀에 들어간 사람을 모두 고른 것은?

> • 철수 : 나는 A팀이다.   • 승한 : 나는 C팀이 아니다.
>
> • 영희 : 나는 B팀이다.   • 세영 : 나는 C팀이다.

① 철수, 승한   ② 철수, 영희

③ 철수, 세영   ④ 승한, 영희

34. 다음 빈칸에 들어갈 명제로 적절한 것은?

> • 2호선을 이용한다면 5호선도 이용한다.
>
> • 9호선을 이용한다면 7호선도 이용한다.
>
> • (_____)
>
> • 그러므로 8호선을 이용하면 5호선을 이용한다.

① 8호선을 이용하면 2호선을 이용한다.

② 2호선을 이용하지 않으면 7호선을 이용한다.

③ 2호선을 이용하면 8호선을 이용하지 않는다.

④ 9호선을 이용하지 않으면 5호선을 이용한다.

35. 13층짜리 W 건물에서 근무하는 A, B, C, D, E는 각자의 사무실에 가기 위하여 홀수 층에서만 멈추는 엘리베이터를 1층에서 함께 탑승했다. A ~ E가 근무하는 층이 각각 다르다고 할 때, 다음의 〈조건〉에 따라 각 층에 근무하는 사람이 바르게 연결된 것은? (단, 1층에는 사무실이 없다)

> 조건
>
> ㉠ 13층에는 옥상과 헬기장만 있다.
>
> ㉡ A가 내린 다음에 이어서 내린 사람은 E이다.
>
> ㉢ B는 C가 내리고 나서 문 닫힘 버튼을 눌렀다.
>
> ㉣ C가 내린 층은 D가 내린 층의 배수에 해당한다.
>
> ㉤ 엘리베이터 외에 계단을 이용하여 사무실에 간 사람은 없다.

① A-3층   ② B-11층

③ C-7층   ④ E-9층

36. 한 잡화 매장에서는 세 개의 진열장 A, B, C에 가방, 시계, 지갑, 구두 네 가지 품목을 다음의 조건에 따라 진열한다. 1일의 진열장 A에 가방, B에 구두, C에 지갑을 진열한다면 같은 틸 6일의 진열장별 진열 품목이 바르게 연결된 것은?

> • 하루 동안 한 진열장에는 한 품목만, 한 품목은 한 진열장에만 진열한다.
> • 같은 품목은 같은 진열장에 이틀 연속 진열하지 않는다.
> • 진열장은 비워 두지 않는다.
> • 진열장 A에는 3일마다 한 번씩 가방을, B에는 2일마다 한 번씩 시계를, C에는 3일마다 한 번씩 지갑을 진열한다.
> • 지갑은 이틀 연속으로 진열하지 않는다.
> • 진열장 C에는 시계를 진열하지 않는다.
> • 가방은 매일 진열한다.

	A	B	C			A	B	C
①	구두	시계	가방		②	가방	시계	지갑
③	지갑	가방	구두		④	시계	지갑	가방

37. A, B, C, D, E는 점심식사로 각각 피자, 치킨, 순댓국, 해장국, 초밥 중 하나를 먹었다. 다음 중 한 사람의 진술만 참일 때, A가 먹은 메뉴는? (단, A, B, C, D, E의 식사 메뉴는 모두 다르다)

> A : C는 치킨을 먹었고, E는 피자를 먹었다.
> B : A는 피자를 먹지 않았고, D는 초밥을 먹었다.
> C : B는 해장국을 먹었고, D는 치킨을 먹었다.
> D : C는 피자를 먹었고, E는 초밥을 먹지 않았다.
> E : A는 순댓국을 먹었고, B는 초밥을 먹었다.

① 피자
② 치킨
③ 순댓국
④ 해장국

38. A ~ E는 각각 독일어, 스페인어, 일본어, 중국어 중 1개 이상의 언어를 구사할 수 있다. 다음 진술들을 토대로 E가 구사할 수 있는 언어를 모두 고른 것은?

> A : 내가 구사할 수 있는 언어는 C와 겹치지 않아.
> B : 나는 D가 구사할 수 있는 언어와 독일어를 제외한 언어를 구사할 수 있어.
> C : 나는 스페인어를 제외한 나머지 언어를 구사할 수 있어.
> D : 3개 언어를 구사할 수 있는 C와 달리 내가 구사할 수 있는 언어는 A와 동일해.
> E : 나는 B와 C를 비교했을 때, C만 구사할 수 있는 언어만 구사할 수 있어.

① 독일어
② 스페인어
③ 독일어, 스페인어
④ 일본어, 중국어

39. 다음 〈보기〉의 명제가 모두 참일 때 옳은 것은?

보기

• 법학을 공부하는 사람은 행정학 수업을 듣는다.
• 경제학 수업을 듣는 사람은 역사를 공부하지 않는다.
• 법학을 공부하는 사람은 철학을 공부한다.
• 경제학 수업을 듣지 않는 사람은 행정학 수업을 듣지 않는다.

① 경제학 수업을 듣는 사람은 법학을 공부한다.
② 철학을 공부하는 사람은 행정학 수업을 듣는다.
③ 역사를 공부하는 사람은 법학을 공부하지 않는다.
④ 법학을 공부하는 사람은 경제학 수업을 듣지 않는다.

40. 신장의 기능과 관계가 없는 것은?

① 노폐물을 여과한다.　　　　② 삼투압을 조절한다.
③ 오줌을 생성한다.　　　　　④ 요소를 만든다.

41. 다음 중 항상성 유지에 관한 생물의 특성과 관련이 깊은 것은?

① 효모는 출아법으로 번식한다.
② 물을 많이 마시면 오줌의 양이 증가한다.
③ 벼는 발아할 때 배젖에 저장된 녹말을 이용한다.
④ 부착형 귓불의 부모 사이에서 부착형 귓불의 자녀가 태어난다.

42. 다음 그림은 북극 빙하의 면적이 급속도로 줄어들고 있는 현재의 상황을 단적으로 보여 주고 있다. 이와 같이 북극 빙하의 면적이 줄어들고 있는 원인으로 적절한 것은?

① 냉매제 등으로 사용되는 프레온 가스 사용이 증가하였다.
② 지진과 화산 활동이 활발해졌다.
③ 화석 연료의 사용량이 증가하였다.
④ 태양의 흑점 활동이 증가하였다.

43. 다음 중 탯줄 혈액으로, 백혈구 · 적혈구 등을 만드는 조혈모 세포와 뼈 · 근육 · 신경 등을 만드는 간엽 줄기세포로 구성되어 있으며 의료가치가 매우 높은 것은?

① 기세포   ② 미토콘드리아

③ 제대혈   ④ 마스터유전자

44. 다음 중 화산 활동의 영향에 대한 설명으로 옳지 않은 것은?

① 용암이 마을이나 농경지를 뒤덮어서 인명과 재산의 피해를 발생시킨다.

② 화산 활동은 토양을 산성화시키는 등 토지에 피해를 입힐 뿐, 이로운 면은 없다.

③ 화산 주변에는 온천이 발달하는 등 관광 자원으로 이용될 수 있다.

④ 지열 에너지를 발전이나 난방에 활용할 수 있다.

45. 다음 〈보기〉의 빈칸 ㉠, ㉡에 들어갈 단어로 적절한 것은?

> **보기**
>
> • 지구에 존재하는 액체 상태의 (㉠)은/는 지구의 표면 온도의 변화를 작게 하여 생명체를 보호한다.
> • 대기 중에 공급된 산소가 태양 에너지를 받아 (㉡)으로 변화하며 성층권에 축적된다.

	㉠	㉡
①	오존	물
②	오로라	자기태풍
③	물	오존
④	산소	이산화탄소

7회 기출예상문제

▶ 정답과 해설 49쪽

01. 다음 ㉠ ~ ㉤ 중 맞춤법 및 표현이 옳은 것을 모두 고르면?

> 킥오프는 경기의 시작 방법이다. 경기가 시작하거나 ㉠둑점이 됐거나 후반 혹은 연장전이 열릴 때 경기를 ㉡제개하는 방법이다. 경기장 가운데 위치한 ㉢샌터 서클 안 하프라인 중앙에 공을 놓고 차는 걸 킥오프라고 한다.
>
> 기존 킥오프는 선수가 찬 공이 앞으로 ㉣정지해야만 했다. 때문에 두 선수가 서클 안에 들어가 한 선수가 공을 살짝 앞으로 밀고 다른 선수가 공을 잡거나 뒤로 내주는 식으로 킥오프가 ㉤진행됐다. 이때 상대 선수들은 공과 9.15m 떨어진 서클 밖에 위치했다.

① ㉠

② ㉡, ㉢

③ ㉣, ㉤

④ ㉤

02. 다음 문장의 밑줄 친 단어와 유사한 의미로 사용된 것은?

> 어제 먹은 그 음식이 내 입맛에 꼭 맞더구나.

① 방금 말씀하신 그 주소가 맞습니다.

② 만일 내 동작이 다른 사람들과 맞지 않으면 관중이 비웃을 것이다.

③ 그것은 나의 분위기와는 전혀 맞지 않는다.

④ 이 정도 습도가 아마 아이들에게 딱 맞을 것이다.

03. 다음 글의 내용과 일치하는 것은?

> 인간과 동물은 두 가지 주요한 방식으로 환경에 적응한다. 하나는 생물학적 진화이며, 다른 하나는 학습이다. 고등 생명체에서의 생물학적 진화는 수천 년 이상 걸리는 매우 느린 현상인 반면, 학습은 짧은 생애 안에서도 반복적으로 일어난다. 세상에 대한 새로운 정보를 얻는 과정인 학습과 획득된 정보를 기억하는 능력은 적절히 진화된 대부분의 동물들이 갖고 있는 특징이다. 신경계가 복잡할수록 학습 능력은 뛰어나기 때문에 지구상 가장 복잡한 신경계를 갖고 있는 인간은 우수한 학습 능력을 지니고 있다. 이러한 능력 때문에 인간의 문화적 진화가 가능했다. 여기서 문화적 진화라 함은 세대와 세대를 거쳐 환경에 대한 적응 능력과 지식이 발전적으로 전수되는 과정을 의미한다. 사실 우리는 세계와 문명에 대한 새로운 지식들을 학습을 통해 습득한다. 인간 사회의 변화는 생물학적 진화보다는 거의 전적으로 문화적 진화에 의한 것이다. 화석 기록으로 볼 때 수만 년 전의 호모 사피엔스 이래로 뇌의 용적과 구조는 결정적이라 할 만큼 변화하지는 않았다. 고대로부터 현재까지 모든 인류의 업적은 문화적 진화의 소산인 것이다.
>
> 학습은 인간의 본성에 관한 철학의 쟁점과도 관련되어 있다. 고대의 소크라테스를 비롯하여 많은 철학자들은 인간 정신의 본성에 대하여 질문을 던져왔다. 17세기 말에 이르러 영국과 유럽 대륙에서 두 가지 상반된 견해가 제기되었다. 하나는 로크, 버클리, 흄과 같은 경험론자들의 견해로 정신에 타고난 관념 또는 선험적 지식이 있다는 것을 부정하고 모든 지식은 감각적 경험과 학습을 통해 형성된다고 보는 것이다. 다른 하나는 데카르트, 라이프니츠 등의 합리론자와 칸트의 견해로 정신은 본래 특정한 유형의 지식이나 선험적 지식을 가지고 있으며 이것이 감각 경험을 받아들이고 해석하는 인식의 틀이 된다는 것이다.

① 학습은 생물학적인 진화보다 우월하다.
② 학습은 인간만이 지니고 있는 인간의 고유한 특성이다.
③ 인간 사회의 변화는 생물학적 진화와 문화적 진화가 적절히 혼합되어 이루어진 것이다.
④ 경험론자들은 생물학적 진화보다는 학습을 중요시하였다.

04. 다음 중 문맥상 빈칸에 들어갈 수 없는 단어는?

> 간헐적 단식이란 무엇일까? 간헐적 간식은 일정 시간 동안 공복을 유지하면서 체중을 감량하는 방식으로, 이에 굶거나 식단을 제한하지 않아 일정 시간이 지나면 원하는 음식을 먹을 수 있다는 특징을 가진다. 그러나 간헐적 단식은 음식을 많이 섭취하지 않으므로 영양 불균형을 (   )할 수 있으며, 근육 운동을 (   )하지 않으면 지방과 함께 근육이 빠지기 때문에 (   )해서 단식을 이어갈 시 건강을 해칠 수 있다.

① 금식

② 지속

③ 병행

④ 초래

05. 외래어표기법에 관한 다음 어문 규정을 참고할 때, (B)에 들어갈 예시로 적절한 것은?

> **제3항 마찰음([s], [z], [f], [v], [θ], [ð], [ʃ], [ʒ])**
> 1. 어말 또는 자음 앞의 [s], [z], [f], [v], [θ], [ð]는 '으'를 붙여 적는다.
>
> | (A) |
> | --- |
>
> 2. 어말의 [ʃ]는 '시'로 적고, 자음 앞의 [ʃ]는 '슈'로, 모음 앞의 [ʃ]는 뒤따르는 모음에 따라 '샤', '섀', '셔', '셰', '쇼', '슈', '시'로 적는다.
>
> | (B) |
> | --- |
>
> 3. 어말 또는 자음 앞의 [ʒ]는 '지'로 적고, 모음 앞의 [ʒ]는 'ㅈ'으로 적는다.
>
> | (C) |
> | --- |

① flash[flæʃ] 플래시, sheriff[ʃerif] 셰리프

② fashion[fæʃən] 패션, mask[mɑːsk] 마스크

③ vision[víʒən] 비전, shim[ʃim] 심

④ mirage[mirɑːʒ] 미라지, thrill[θril] 스릴

06. 다음 밑줄 친 부분의 띄어쓰기가 적절하지 않은 것은?

① <u>김∨주원∨박사</u>는 열심히 노력한∨만큼 큰 상을 받게 되었다.
② <u>이곳</u>에서 주문할 물품의 개수는 <u>스물∨내지∨서른</u> 정도입니다.
③ 꽃잎이 <u>한입∨두입</u> 강물에 <u>떠내려가∨버렸다</u>.
④ <u>부장∨겸∨대외협력실장</u>을 맡고 계신 <u>황∨부장님</u>을 모셨다.

07. 다음 중 단어에 대한 발음이 잘못된 것은?

① 부엌이[부어키]
② 삶에[살 : 메]
③ 불장난[불짱난]
④ 여덟을[여덜블]

08. 다음 지문과 관계있는 사자성어는?

> 북쪽 변방에 한 노인이 살고 있었는데, 어느 날 이 노인이 기르던 말이 멀리 달아나 버렸다. 마을 사람들이 이를 위로하자 노인은 "오히려 복이 될지 누가 알겠소." 라고 말했다. 몇 달이 지난 어느 날 그 말이 한 필의 준마(駿馬)를 데리고 돌아왔다. 마을 사람들이 이를 축하하자 노인은 "도리어 화가 될는지 누가 알겠소." 라며 불안해했다. 그런데 어느 날 말 타기를 좋아하는 노인의 아들이 그 준마를 타다가 떨어져 다리가 부러졌다. 마을 사람들이 이를 걱정하며 위로하자 노인은 "이것이 또 복이 될지 누가 알겠소." 라며 태연하게 받아들이는 것이었다. 그로부터 1년이 지난 어느 날 마을 젊은이들은 싸움터로 불려 나가 대부분 죽었으나, 노인의 아들은 말에서 떨어진 후 절름발이였기 때문에 전쟁에 나가지 않아 죽음을 면하게 되었다.

① 유비무환(有備無患)
② 새옹지마(塞翁之馬)
③ 전화위복(轉禍爲福)
④ 자업자득(自業自得)

09. 다음 글의 서술 방식으로 알맞은 것은?

춘향전에서 이도령과 변학노는 아주 대조적인 사람들이다. 흥부와 놀부가 대조적인 것도 물론이다. 한 사람은 하나부터 열까지가 다 좋고, 다른 사람은 모든 면에서 나쁘다. 적어도 이 이야기에 담긴 '권선징악'이라는 의도가 사람들을 그렇게 믿게 만든다.

소설만 그런 것이 아니다. 우리의 의식 속에는 은연중 이처럼 모든 사람을 좋은 사람과 나쁜 사람 두 갈래로 나누는 버릇이 있다. 그래서인지 흔히 사건을 다루는 신문 보도에는 모든 사람이 경찰 아니면 도둑놈인 것으로 단정한다. 죄를 지은 사람에 관한 보도를 보면 마치 그 사람이 죄의 화신이고, 그 사람의 이력이 죄만으로 점철되었고, 그 사람의 인격에 바른 사람으로서의 흔적이 하나도 없는 것으로 착각하게 된다.

이처럼 우리는 부분만을 보고, 또 그것도 흔히 잘못보고 전체를 판단하기 부지기수이다. 부분만을 제시하면서도 보는 이가 그것이 전체라고 잘못 믿게 만들 뿐만 아니라 '말했다'를 '으스댔다', '우겼다', '푸념했다', '넋두리했다', '뇌까렸다', '잡아뗐다', '말해서 빈축을 사고 있다' 같은 주관적 서술로 감정을 부추겨서 상대방으로 하여금 이성적인 사실 판단이 아닌 감정적인 심리 반응으로 얘기를 들을 수밖에 없도록 만든다.

이 세상에서 가장 결백하게 보이는 사람일망정 스스로나 남이 알아차리지 못하는 결함이 있을 수 있고, 이 세상에서 가장 못된 사람으로 낙인이 찍힌 사람일망정 결백한 사람에서마저 찾지 못할 아름다운 인간성이 있을지도 모른다.

① 설의법을 적절히 활용하여 내용을 강조하고 있다.

② 열거법을 통해 말하고자 하는 바를 강조하고 있다.

③ 인용을 통해 주장을 뒷받침하고 있다.

④ 두 대상을 비교하여 자세히 설명하고 있다.

10. 다음 글을 읽고 이해한 내용으로 적절하지 않은 것은?

> **〈△△공사, 시민을 위한 힐링메시지 열차 운영〉**
> – △△시의 상징물, 바다 2가지 콘셉트로 조성·운영 –
> – 코로나로 지친 △△시 시민의 생활에 활력 줄 수 있을 것으로 기대 –
>
> △△공사(사장 이○○)는 오는 6월 1일부터 8월 31일까지 도시철도 1호선과 2호선에서 재단법인 △△시대중교통시민기금과 함께 코로나로 일상에 지친 시민들에게 힐링메세지를 전달하는 "메트로 마린" 테마 열차를 운행한다.
>
> 메트로 마린 열차는 1호선 열차 3량, 2호선 열차 2량 총 5량에 조성되며 △△시의 상징물, △△시의 바다 2가지 콘셉트로 조성·운영된다.
>
> △△시의 상징물 테마 열차는 "하늘 위에서 △△시를 내려보다."라는 구성으로 △△시 상징물을 퍼즐 형태로 제작하였으며, △△시의 바다 테마 열차는 "우연히 만난 도시철도, △△시 바다를 여행하는 기분"이라는 콘셉트로 열차 창문과 벽면에 다양한 △△시 바다 이미지를 조성했다.
>
> 특히 바닥에는 △△시의 바다를 즐길 수 있는 서핑 보드의 이미지를 구현, 승객이 다양한 포즈로 사진을 연출할 수 있게 함으로써 열차를 즐기는 공간으로 조성하였다. 테마 열차는 평일 하루 평균 1호선 왕복 9회, 2호선 왕복 4회 운행되어 시민과 만날 예정이다.
>
> 한편 이번 테마 열차는 공사가 재단법인 △△시대중교통시민기금과 최초로 협업하여 실시하는 테마 열차 사업으로, 5월 말부터 매일 한 량씩 시범설치를 시작, 6월 1일 전량 정상운행하도록 추진 중에 있다. 아울러 방염 재질 랩핑 및 승객의 미끄럼 방지를 위한 돌기를 사용하는 등 안전사고 예방에도 많은 노력을 기울였다.
>
> △△공사 이○○ 사장은 "코로나로 인하여 지친 △△시 시민의 생활에 활력을 불어넣을 수 있음과 동시에 급감한 도시철도 이용객 회복에 견인 역할을 수행할 것"이라며 "△△시 시민들 덕분에 우리의 존재 가치가 있는 만큼 그 가치를 조금이나마 다시 돌려 드릴 수 있게 되어서 기쁘게 생각한다."고 전했다.

① △△공사에서 힐링메시지 열차를 운행하는 이유는 코로나로 일상에 지친 시민들에게 힐링메시지를 전달하기 위해서이다.

② 힐링메시지 열차는 △△시의 상징물, △△시의 바다 2가지 콘셉트로 조성되고 운영될 예정이다.

③ △△시의 상징물 테마 열차는 '우연히 만난 도시철도, △△시 하늘을 여행하는 기분'이라는 콘셉트로 조성된다.

④ 이 열차는 방염 재질 랩핑을 사용하고 승객의 미끄럼 방지를 위한 돌기를 사용하는 등 안전사고 예방에도 많은 노력을 기울였다.

11. 10진법의 수 12를 2진법으로 올바르게 나타낸 것은?

① 1100₍₂₎   ② 1011₍₂₎

③ 1111₍₂₎   ④ 1110₍₂₎

12. 연속된 세 개의 짝수를 모두 더한 값이 54라면 이 중 가장 큰 숫자는?

① 16   ② 20

③ 24   ④ 28

13. ○○기업의 올해 바둑동호회 회원 수는 남성 회원이 5% 증가하고, 여성 회원이 10% 감소하여 작년과 동일하게 60명이다. 올해의 남성 회원 수는 몇 명인가?

① 36명   ② 38명

③ 40명   ④ 42명

14. A 대학교 경제학과에서는 여름방학 동안 1학년 학생 41명을 대상으로 영어회화 수업과 중국어 회화 수업을 개설한다. 영어회화 수업만 신청한 학생은 13명, 두 수업을 모두 신청한 학생은 11명일 때, 중국어회화 수업만 신청한 학생의 수는? (단, 모든 1학년 학생은 두 수업 중 반드시 하나 이상의 수업에 신청했다)

① 15명   ② 16명

③ 17명   ④ 18명

15. 선진이가 혼자 하면 8일, 수연이가 혼자 하면 12일이 걸리는 일이 있다. 이 일을 선진이와 수연이가 같이 한다면 며칠이 걸리겠는가?

① 3일　　　　　　　　　　② 5일
③ 6일　　　　　　　　　　④ 8일

16. 어떤 상품의 원가에 40%의 이익을 붙여 정가로 팔다가 세일 기간에 정가의 15%를 할인하여 팔았더니 2,660원의 이익을 보았다. 이 상품을 정가로 팔았을 때의 이익은?

① 5,000원　　　　　　　　② 5,300원
③ 5,600원　　　　　　　　④ 6,000원

17. 정수, 현민, 지혜 세 사람이 A 대학에 합격할 수 있는 확률은 각각 $\dfrac{1}{4}$, $\dfrac{1}{5}$, $\dfrac{1}{2}$이다. 이 중 적어도 한 명이 대학에 합격할 확률은?

① 0.5　　　　　　　　　　② 0.6
③ 0.7　　　　　　　　　　④ 0.8

18. 다음 〈조건〉을 모두 만족하는 다각형은?

조건

• 모든 변의 길이가 같고, 모든 내각의 크기가 같다.
• 대각선의 개수는 14개이다.

① 칠각형　　　　　　　　② 정칠각형
③ 정팔각형　　　　　　　④ 십각형

19. 다음은 월평균 사교육비의 계층별 특성 분포에 대한 통계 자료이다. 이에 대한 설명으로 옳은 것을 모두 고르면?

(단위 : %)

특성별		사교육 받지 않음	10만 원 미만	10~30만 원 미만	30~50만 원 미만	50만 원 이상
대도시		29.5	7.5	24.9	19.7	18.4
대도시 이외		32.9	8.3	28.0	19.4	11.4
초등학교		18.9	12.7	37.8	20.3	10.3
중학교		30.8	5.1	22.0	24.6	17.5
고등학교		50.5	3.6	14.6	13.8	17.5
학교 성적	상위 10% 이내	21.6	6.6	28.0	22.3	21.5
	11~30%	23.3	6.6	28.5	23.4	18.2
	31~60%	28.4	7.8	27.2	21.3	15.3
	61~80%	35.5	8.3	26.7	17.4	12.1
	하위 20% 이내	45.4	10.0	23.6	13.5	7.5
부모님 평균 연령	20~30대	21.6	12.2	38.3	20.0	7.9
	40대	30.7	7.1	24.9	20.8	16.5
	50대 이상	45.9	4.6	17.6	15.2	16.7

㉠ 대도시 이외의 지역에서는 사교육을 아예 받지 않거나 사교육비로 30만 원 미만의 비용만 지출하는 비율이 대도시에 비해 더 많으며, 대도시 지역에서는 사교육비로 30만 원 이상을 지출하는 인원이 $\frac{1}{3}$ 이상을 차지한다.

㉡ 상급학교로 진학할수록, 부모님의 평균 연령대가 높아질수록 사교육을 받는 비율이 높아지고, 이들 모두에게서 사교육을 받지 않는 경우를 제외하고 가장 많은 지출 범위는 10~30만 원 미만이다.

㉢ 학교 성적이 상위 10% 이내인 학생이 사교육비로 10만 원 이상을 지출하는 비율이 성적 11~30%인 학생들에 비해 더 높다.

㉣ 학교 성적이 하위권으로 내려갈수록 사교육을 받지 않는 비율이 높고, 사교육 여부에 관계없이 이들 모두 10~30만 원 미만의 비용을 지출하는 경우가 가장 많다.

① ㉠, ㉡
② ㉠, ㉢
③ ㉡, ㉣
④ ㉢, ㉣

20. ○○기업 인사팀에서는 부서별로 직원들의 정신적 및 신체적 스트레스 지수를 조사하여 다음 표와 같은 결과를 얻었다. 이를 이해한 내용으로 적절하지 않은 것은?

〈부서별 정신적·신체적 스트레스 지수〉

(단위 : 명, 점)

항목	부서	인원	평균점수
정신적 스트레스	생산	100	1.83
	영업	200	1.79
	지원	100	1.79
신체적 스트레스	생산	100	1.95
	영업	200	1.89
	지원	100	2.05

* 점수가 높을수록 정신적·신체적 스트레스가 높은 것으로 간주한다.

① 영업이나 지원 부서에 비해 생산 부서의 정신적 스트레스가 높은 편이다.

② 세 부서 모두 정신적 스트레스보다 신체적 스트레스가 더 높은 경향을 보인다.

③ 신체적 스트레스가 가장 높은 부서는 지원 부서이며, 그 다음으로는 생산, 영업 순이다.

④ 전 부서원(생산, 영업, 지원)의 정신적 스트레스 지수 평균점수와 전 부서원의 신체적 스트레스 지수 평균점수의 차이는 0.16 이상이다.

21. 다음은 같은 크기의 블록을 쌓아올린 그림이다. 블록의 개수를 구하면?

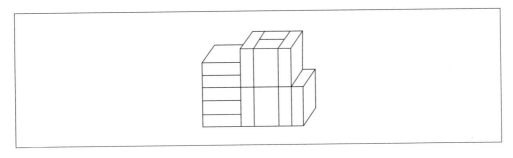

① 11개 ② 12개
③ 13개 ④ 14개

22. 다음은 같은 크기의 블록을 쌓아올린 그림이다. 색칠된 블록의 윗면과 밑면에 직접 접촉되어 있는 블록의 개수는?

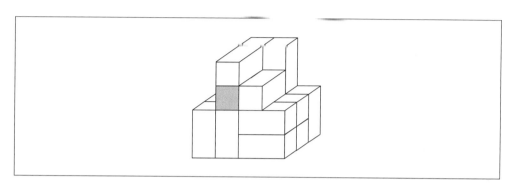

① 2개   ② 3개

③ 4개   ④ 5개

23. 다음 도형과 같은 것은?

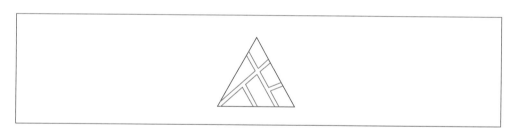

①   ②

③   ④

24. 다음의 도형이 반시계방향으로 90° 회전했을 때의 모양으로 옳은 것은?

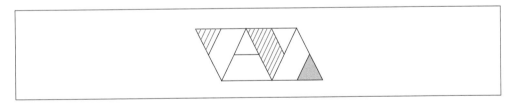

①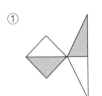

②

③

④

25. 다음 펼쳐진 전개도를 접었을 때의 도형으로 적절한 것은?

①

②

③

④

26. 나음 제시된 도형을 재배치하였을 때 일치하는 것은?

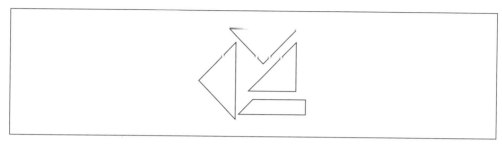

①

②

③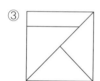

④

27. 다음과 같이 화살표 방향으로 종이를 접은 후, 마지막 그림과 같이 펀치로 구멍을 뚫고 다시 펼쳤을 때의 모양으로 옳은 것은?

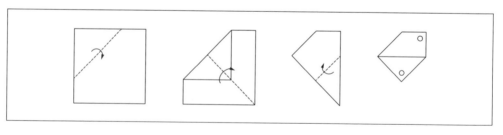

①

②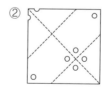

③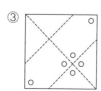

④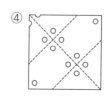

28. 다음에 제시된 도형 4개를 이용하여 만들 수 없는 것은? (단, 제시된 도형이 모두 들어가야 하며, 한 번씩만 이용되어야 한다)

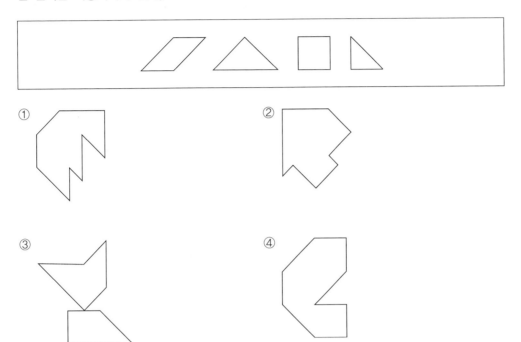

29. 다음 그림의 조각을 순서대로 바르게 배열한 것은?

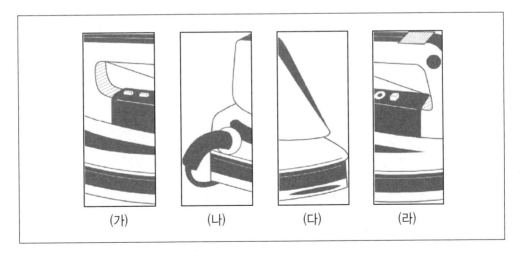

① (나) - (가) - (라) - (다)　　　　② (나) - (라) - (가) - (다)

③ (다) - (가) - (라) - (나)　　　　④ (다) - (나) - (라) - (가)

30. 다음 중 〈보기〉의 지도와 다른 것은?

①

②

③

④

31. 다음 글의 밑줄 친 부분에 들어갈 문장으로 적절한 것은?

> 지아는 소설책과 시집을 많이 읽는다. 소설책을 많이 읽는 사람은 글쓰기를 잘한다. 그러므로 _____

① 시집을 많이 읽는 사람은 글쓰기를 잘한다.

② 소설책과 시집을 많이 읽어야 한다.

③ 지아는 글쓰기를 잘한다.

④ 시집과 글쓰기는 관련이 없다.

32. 다음 〈보기〉의 명제가 모두 참일 때 항상 참인 것은?

> **보기**
>
> • 요리를 잘하는 사람은 반드시 청소도 잘한다.
> • 청소를 잘하는 사람은 반드시 키가 크다.
> • 나는 요리를 잘한다.

① 키가 크면 청소를 잘한다.

② 청소를 잘하면 요리를 잘한다.

③ 키가 작으면 청소를 잘한다.

④ 나는 키가 크다.

33. A, B 중 한 사람은 월, 수, 금요일에 거짓말을 하고, 다른 한 사람은 화, 목, 토요일에 거짓말을 한다. 두 사람이 다음과 같이 말했을 때, 오늘은 무슨 요일인가? (단, 일요일은 A, B 모두 진실을 말한다)

> • A : 나는 어제 진실을 말했다.
> • B : 어제는 월요일이었다.

① 월요일

② 화요일

③ 토요일

④ 일요일

34. 다음 그림과 같이 시계가 3시 28분을 가리킬 때, 시침과 분침이 이루는 $\angle x$의 크기는?

① 58°   ② 64°

③ 70°   ④ 76°

35. 다음 〈보기〉의 명제가 모두 참일 때 항상 참이라고 볼 수 없는 것은?

보기

• A 회사에 다니는 사람은 일본어에 능통하지 못하다.
• B 대학교를 졸업한 사람은 일본어에 능통하다.
• C 학원에 다니지 않은 사람은 B 대학교를 졸업했다.

① B 대학교를 졸업하지 않은 사람은 C 학원에 다녔다.

② 일본어에 능통하지 못한 사람은 C 학원에 다녔다.

③ B 대학교를 졸업한 사람은 C 학원에 다니지 않았다.

④ A 회사에 다니는 사람은 B 대학교를 졸업하지 않았다.

36. 2층 건물에서 살고 있는 A ~ D는 각각 국적이 다르며(한국인, 영국인, 중국인, 일본인), 각자 입는 코트의 색깔(노란색, 초록색, 파란색, 보라색) 또한 다르다. 다음 〈조건〉이 모두 참일 때, 한국인과 같은 층에 사는 사람은?

조건

- 건물에는 각 층별로 두 사람씩 살고 있다.
- A는 파란색 코트를 입고, B의 아래층에 산다.
- C는 보라색 코트를 입는 사람의 아래층에 산다.
- 중국인은 초록색 코트를 입고, 영국인의 옆에 산다.
- 노란색 코트를 입는 사람은 일본인이며, 1층에 산다.

① A
② B
③ C
④ D

37. 인사팀 직원 A ~ G 7명은 취업박람회에 지원을 나가게 되었다. 이들은 승용차 2대에 3명 혹은 4명씩 나누어 타기로 하고, B가 4명이 탄 차를 운전하기로 하였다. 다음 〈조건〉을 바탕으로 할 때, B와 같은 차를 타고 박람회장에 갈 수 있는 3명은 누구인가?

조건

- 7명 중 운전을 할 수 있는 사람은 B, C, D 3명이다.
- B와 D는 같은 차를 타고 가지 않는다.
- B와 C는 같은 차를 타고 가지 않는다.
- A와 G는 같은 차를 타고 간다.

① A, C, E
② A, E, G
③ C, E, F
④ C, E, G

38. 다음은 대곡천, 안양천, 중랑천, 황구지천 수질검사 결과에 대해 A 공장 사원들이 나눈 대화이다. 이 중 단 한 사람만 거짓을 말하고 있을 때, 적합 판정을 받은 하천은? (단, 수질검사 결과는 적합과 부적합뿐이다)

- K 사원 : 안양천과 대곡천은 같은 결과를 받았네.
- L 사원 : 황구지천과 대곡천은 다른 결과를 받았어.
- J 사원 : 먹는 물 기준 부적합 판정을 받은 하천은 모두 두 곳이야.
- G 사원 : L 사원은 검사 결과와 다른 이야기를 하고 있어.
- P 사원 : 중랑천은 먹는 물 기준에 적합 판정을 받았어.

① 안양천, 대곡천
② 안양천, 중랑천
③ 대곡천, 황구지천
④ 중랑천, 황구지천

39. 다음 글에서 나타나는 논리적 오류는?

최근 청소년들의 일탈이 사회적 문제가 되고 있는 가운데, 여론 조사 전문기관이 성인들을 대상으로 청소년들의 길거리 흡연을 보았을 때 어떻게 행동하였는지를 조사하였다. 조사 결과 '봉변을 당할 수 있으므로 제지하지 못했다'는 의견이 56%로 나타나 사회적 충격을 주고 있다. 이를 볼 때 우리나라 성인들은 도덕심이 결여되어 있음을 알 수 있다.

① 애매어의 오류
② 감정에 호소하는 오류
③ 원천봉쇄의 오류
④ 성급한 일반화의 오류

40. L 회사 직원 중 외국인은 A ~ F 총 6명으로 모두 국적이 다르고 여자는 2명이다. 다음 〈조건〉에 따를 때 B의 국적은?

조건

- A ~ F의 국적은 각각 미국, 중국, 일본, 영국, 프랑스, 이탈리아이다.
- A는 미국인이고, C는 중국인 또는 일본인이다.
- D는 일본인 또는 이탈리아인이며, 여자이다.
- E는 영국인 또는 프랑스인으로 C와 같은 성별이다.
- F는 남자이며, 이탈리아인이 아니다.
- 프랑스인은 여자이고, 중국인은 남자이다.

① 중국　　　　　　　　② 일본
③ 영국　　　　　　　　④ 프랑스

41. 다음 중 중력에 의한 위치에너지에 대한 설명으로 옳지 않은 것은?

① 기준면으로부터 높은 곳에 있는 물체가 중력에 의해 가지는 에너지이다.
② 기준면에서 물체의 위치에너지는 0이다.
③ 기준면에 따라 위치에너지의 크기는 다르다.
④ 위치에너지를 이용하여 풍력 발전, 요트, 볼링 등의 일을 할 수 있다.

42. 다음 중 갈변현상에 대한 설명으로 옳지 않은 것은?

① 갈변은 식품의 저장, 가공, 조리과정에서 식품이 갈색으로 변하는 현상이다.

② 갈변에는 효소가 관여하는 효소적 갈변과 효소가 전혀 관여하지 않는 비효소적 갈변이 있다.

③ 아황산염류는 효소 갈변 방지를 위해 흔히 쓰이는 수단이다.

④ 백색 채소의 조리 과정에서 갈변을 방지하려면 산소의 접촉을 활성화하거나 가열처리를 해야 한다.

43. 다음 그림 (가)는 철수가 탄 엘리베이터가 정지한 상태를 나타내고, 그림 (나)는 이 엘리베이터가 일정한 속력 V로 위로 움직이고 있는 상태를 나타낸 것이다. 그림 (가)와 (나)에서 철수에게 작용하는 힘에 대한 설명으로 적절하지 않은 것은?

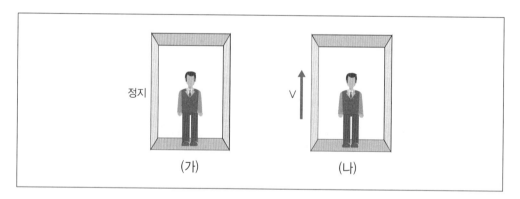

① 철수에게 작용하는 알짜힘(합력)은 모두 0이다.

② 엘리베이터의 바닥이 철수를 미는 힘의 방향은 모두 같다.

③ (가)에서 철수에게 작용하는 중력의 크기는 (나)에서보다 크다.

④ 철수에게 작용하는 힘에는 지구가 철수를 아래로 당기는 중력과 엘리베이터 바닥이 철수를 미는 힘(수직 항력)이 있다.

44. 다음 중 원자력 에너지와 태양 에너지의 특징을 바르게 짝지은 것은?

대체 에너지	장 점	단 점
㉠	자원량이 무한하고 오염을 유발하지 않는다.	실용화에 기술적 어려움이 따른다.
㉡	생산 단가가 저렴하고 오염을 유발하지 않는다.	많은 양의 에너지를 얻기가 힘들다.
㉢	연료비가 들지 않으며 대기 오염이나 폐기물이 발생하지 않는다.	에너지를 모으는 데 많은 비용이 들고 계절별·시간별 변화가 심하다.
㉣	대기 오염 물질을 배출하지 않고 많은 양의 에너지를 얻을 수 있다.	방사능 위험이 따르고 시설비가 많이 들며 폐기물 처리의 문제가 있다.

	원자력 에너지	태양 에너지		원자력 에너지	태양 에너지
①	㉣	㉢	②	㉣	㉡
③	㉢	㉠	④	㉠	㉢

45. 피부에 상처가 생겨 병원체가 침입하였을 때 일어나는 염증 반응에 대한 설명으로 적절한 것은?

① 후천적으로 얻게 되는 면역이다.

② 백혈구는 세균에 대한 항체로 작용한다.

③ 1차 방어 작용으로 특이적 방어 작용에 해당한다.

④ 염증 반응에서 유도된 화학 물질은 모세혈관을 확장시켜 혈류량을 증가시킨다.

01. 다음 문장의 밑줄 친 단어와 의미상의 쓰임새가 같은 것은?

> 그 고객은 아마 <u>어쩌다가</u> 길에서 날 만나도 아는 체를 못할 거야.

① 그녀는 <u>어쩌다가</u> 그와 눈을 마주치기라도 하면 기겁을 하는 것이었다.

② 사장님께선 업무 중에 <u>어쩌다가</u> 주무시지 자주 그러시진 않아.

③ 너 그걸 <u>어쩌다가</u> 그렇게 다 부숴 버렸니?

④ 취직 전에는 그래도 <u>어쩌다가</u> 야구장에 가곤 했다.

02. 다음 글의 밑줄 친 ㉠의 유의어로 알맞은 것은?

> 국회는 왜 존재하고 정치는 왜 하는지 되새겨야 할 때다. 이해충돌과 갈등을 조정하고 타협하며 국민을 편안하고 행복하게 하는 것이 정치의 궁극적 목표다. ㉠<u>무릇</u> 정치는 바르게 해야 한다.

① 노상   ② 자못

③ 대저   ④ 비단

03. 다음 빈칸에 공통으로 들어갈 단어는?

> • 대표님의 (　　　) 여부가 결정되는 대로 알려 드리겠습니다.
>
> • 스승님은 아흔이 넘으셨는데도 아직까지 학회에 (　　　)하신다.
>
> • 선약이 있어서 그 모임에 (　　　)이/가 어렵다.

① 참석　　　　　　　　　　　② 개척

③ 인도　　　　　　　　　　　④ 검토

04. 단어에 대한 발음이 적절하지 않은 것은?

① 효과[효 : 과]　　　　　　　② 값있는[갑씬는]

③ 맛있다[마딛따]　　　　　　④ 넓죽하다[넙쭈카다]

05. 다음 중 문장의 띄어쓰기가 적절하지 않은 것은?

① 어디서 밥이나 제대로 먹고 지내는지 얼굴이 핼쑥해졌다.

② 떨어져 봤자 조금 다치기밖에 더하겠니?

③ 큰놈은 지금 열살로 초등학교 삼 학년이다.

④ 시험이 잠시 후 실시되는바 모두 자리에 앉아 주시기 바랍니다.

06. 다음 속담들과 공통적으로 관련이 있는 단어로 적절한 것은?

> • 개구리 올챙이 적 생각 못 한다.
> • 소 잃고 외양간 고친다.
> • 등잔 밑이 어둡다.

① 어리석음
② 게으름
③ 지혜로움
④ 고지식함

07. 다음 글의 (가) ~ (마)를 문맥에 맞도록 올바르게 배열한 것은?

> 　미세플라스틱은 독성 화학물질을 해수로 방출하고 바다 속 화학물질을 표면으로 흡착하여 해양생물에 독성을 유발할 수 있다.
>
> (가) 더불어 인간에게도 각종 암을 비롯하여 생식기 발달의 저하, 성장 지연 등을 유발한다.
> (나) 특히 POPs, PBTs 같은 화학물질은 잔류성과 생물축적성이 높은 물질로써 체내에 축적되면 동물의 면역력이 감소하고 생식기능이 약화된다.
> (다) 이처럼 미세플라스틱이 인체에 유해한 각종 물질을 전이 · 확산시킬 수 있는 가능성이 많아 이에 대한 다양한 연구가 진행되고 있다.
> (라) 인간은 해산물과 소금 등을 섭취하는 생태계 먹이사슬의 최상위 포식자이므로 미세플라스틱에 노출되는 것은 불가피하다.
> (마) 실제로 태평양 굴을 미세플라스틱에 노출하는 실험 결과, 난모세포 수 38% 감소, 지름 5% 감소, 정자 속도 23% 감소, 자손들의 성장 18 ~ 41% 감소를 보였다.

① (가) – (라) – (다) – (나) – (마)
② (가) – (마) – (다) – (나) – (라)
③ (나) – (라) – (마) – (가) – (다)
④ (나) – (마) – (가) – (라) – (다)

08. 다음 글에 대한 이해로 적절하지 않은 것은?

최근 과도한 스트레스와 불규칙한 생활패턴, 잘못된 식습관으로 만성피로를 겪는 현대인이 늘고 있다. 일시적인 과로로 발생한 피로가 6개월 이상 지속되거나, 충분히 쉬어도 회복되지 않을 때를 만성피로로 진단한다. 보통 휴식을 취하면 만성피로가 나아질 거라 생각하지만, 만성피로를 개선하지 않고 내버려두면 집중력이 감소하고 근육통, 두통 등이 나타난다. 면역력이 떨어져 감염병에도 취약해질 수 있는 만큼 주의가 필요하다.

◇ **건강관리 힘든 일상, 활성비타민 인기**
만성피로를 개선하려면 규칙적인 운동과 영양소가 골고루 함유된 식단이 기본이다. 하지만 일상이 바쁘고 불규칙하게 살아야 하는 현대인에게는 어려운 이야기다. 대신 하루 한 알로 피로회복에 도움 되는 성분을 간편하게 먹을 수 있는 고함량 활성비타민이 인기를 끌고 있다.
비타민 B군으로 대표되는 활성비타민은 육체 피로부터 어깨 결림, 눈 피로 등의 증상 완화에 효과가 있다. 스트레스 완화, 면역력 강화, 뇌신경 기능 유지, 피부와 모발 건강 등에도 도움을 준다고 알려졌다.
활성비타민의 효과가 알려지며 관련 시장은 매년 30% 이상 폭발적으로 성장해 다양한 제품들이 출시되고 있다. 전문가들은 비타민 제품을 고를 때 자신에게 필요한 성분인지, 함량이 충분한지, 활성형 비타민이 맞는지 등을 충분히 살펴본 다음 선택하라고 권고한다.

① 과로로 인한 피로가 1년 이상 지속된 철수는 만성피로로 진단될 수 있다.
② 피로는 면역력을 감퇴시킬 수 있어 독감과 같은 전염병에 걸리기 쉽게 만든다.
③ 비타민 B군은 스트레스를 경감시키고, 모발 건강에 도움을 줄 수 있다.
④ 시중에 있는 다양한 비타민 제품은 모든 사람에게 동일한 효과를 낸다.

09. 다음 글에 나타난 신경성 매독의 치료법을 개발한 사례를 일컫는 한자성어로 적절한 것은?

프랑스의 샤를 8세와 영국의 헨리 8세의 공통점은 매독으로 사망했다는 것이다. 샤를 8세가 이탈리아에 침공했을 당시 프랑스군의 대규모 성범죄로 인해 유럽 전역으로 퍼져나가기 시작한 매독은 한때 인류를 위기에 빠뜨렸던 가장 무서운 질병 중 하나였다.

매독의 원인은 1905년에서야 독일의 세균학자 샤우딘과 호프만에 의해 매독의 병원균인 스피로헤타가 발견되며 밝혀졌다. 그리고 마침내 1909년에 파울 에를리히에 의해 '마법의 탄환'으로 알려진 살바르산이라는 매독 치료제가 개발됐다.

매독에 감염된 후 약 15년 후에 발병하는 이상한 질병이 있다. 신경계를 침범한 매독이 뇌를 손상시키게 되면서 운동장애가 일어나거나 판단 및 기억 저하 등의 증상과 함께 마비를 일으키고 마침내는 치매에 빠지는 것이 바로 그 질병이다. 진행성 마비 혹은 마비성 치매라고도 불리는 이 정신질환은 뇌매독의 한 종류로서, 전체 매독환자의 약 4 ~ 5%에게서 발병한다. 발병 후 약 3년 만에 죽음에 이르게 될 만큼 치명적이며 마비가 나타나는 주 연령대가 32 ~ 45세 사이의 남성들이라 사회와 가족에 큰 고통을 주었다.

하지만 오스트리아의 정신의학자인 율리우스 바그너 야우레크는 기발한 발상으로 신경성 매독의 치료법을 개발했다. 매독 병원균인 스피로헤타가 고열에 약하다는 사실에 착안해 환자들을 말라리아에 감염시킨 것이다.

① 이열치열(以熱治熱) ② 순망치한(脣亡齒寒)
③ 하충의빙(夏蟲疑氷) ④ 연목구어(緣木求魚)

10. 다음의 (가), (나)를 읽고 도출할 수 있는 결론으로 적절한 것은?

(가) 지난해 정부에서는 정보격차 해소를 위해 저소득층 가정의 아이들에게 컴퓨터 등의 정보 통신기기를 보급하였고, 이를 통해 정보의 접근성 및 활용능력이 향상되었고 이는 학업 성적의 향상에도 도움이 될 것으로 전망하였다. 그런데 올해 정보 통신기기를 지원받은 가정의 아이들의 학업성적을 살펴본 결과, 성적이 오른 아이들은 소수에 불과하고 대부분이 전과 유사한 성적에 머물거나 오히려 하락한 경우도 나타났다.

(나) 정보 통신기기의 보급은 아이들로 하여금 다양한 지식을 쉽게 얻을 수 있도록 한다는 점에서 도움이 되지만, 수업에 대한 흥미와 집중력이 낮아지고 공부를 소홀히 하는 행동 등을 유발하여 학업성적이 떨어지는 이유가 되기도 한다. 그런데 정보 통신기기로 인한 학업성적의 하락은 저소득층 가정의 아이들에게서 더 큰 폭으로 나타나는데, 이러한 결과는 부모들의 관리에서 비롯된다고 보는 견해가 있다. 대부분 고소득층의 부모들은 자녀의 기기 활용에 대해 관리와 통제를 가하지만, 저소득층의 부모들은 이러한 관리에 대해 소홀한 경향이 있다는 것이다.

① 정보 통신기기의 보급은 정보격차 해소에는 도움이 되지만 아이들의 학업수준에는 부정적인 영향을 미친다.

② 아이들의 학업성적에는 정보 통신기기의 보급보다 기기에 대한 관리와 통제가 더 중요하게 작용한다.

③ 저소득층 아이들의 학업성적은 정보 통신기기의 보급에 따라 영향을 받으므로 적절한 조절을 통해 아이들의 성적향상을 도울 수 있다.

④ 저소득층의 정보 통신기기 보급률은 고소득층보다 낮은 수준으로, 이로 인한 정보수준의 격차가 아이들의 학업에 영향을 미친다.

11. 다음 빈칸에 들어갈 값으로 적절한 것은?

$$180m/s = (\quad ?\quad)km/h$$

① 540

② 612

③ 630

④ 648

12. 사탕의 판매 가격은 개당 700원, 초콜릿은 개당 1,300원이고 가진 돈은 15,000원이다. 가진 돈을 모두 써서 사탕과 초콜릿을 총 12개 산다고 할 때 초콜릿은 몇 개 구매할 수 있는가?

① 8개

② 9개

③ 10개

④ 11개

13. A는 매달 20만 원을, B는 매달 50만 원을 저축하기로 하였다. 현재 A가 모은 돈은 200만 원이고 B가 모은 돈은 100만 원이라면, B가 모은 돈이 A가 모은 돈의 두 배가 넘는 것은 지금부터 몇 개월 후인가?

① 27개월

② 29개월

③ 31개월

④ 33개월

14. 갑은 중간고사에서 네 과목의 평균이 89.5점이 나왔다. 마지막 영어시험까지 합하여 다섯 과목의 총 평균이 90점 이상 나오려면, 영어는 최소한 몇 점을 받아야 하는가?

① 88점

② 90점

③ 92점

④ 93점

15. 출근 시간이 오전 8시까지인 ○○기업의 A 대리가 8시 정각에 출근할 확률은 $\frac{1}{4}$ 이고, 지각할 확률은 $\frac{2}{5}$ 이다. A 대리가 이틀 연속 정해진 시간보다 일찍 출근할 확률은?

① $\frac{49}{400}$

② $\frac{27}{144}$

③ $\frac{13}{200}$

④ $\frac{64}{225}$

16. 다음 글에서 설명하는 지방 영업소 건축 부지의 넓이는?

> ○○기관은 새로운 지방 영업소를 건축하기 위하여 부지를 알아보고 있으며, 다음과 같은 부채꼴 형태의 부지를 우선순위로 고려하고 있다.
>
> • 반지름 : 30m   • 호의 길이 : 20m

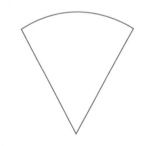

① 260m^2

② 280m^2

③ 300m^2

④ 320m^2

17. 다음 자료에 대한 설명으로 옳지 않은 것은?

〈지역별 월평균 사교육비〉

구분	서울특별시	광역시	중소도시	읍면지역
일반교과	266,000원	186,000원	201,000원	156,000원
예체능·취미·교양	65,000원	39,000원	44,000원	35,000원
취업 관련	21,000원	19,000원	19,000원	6,000원
대상분포	17.8%	25.6%	41.5%	15.1%

① 서울특별시의 일반교과 월평균 사교육비는 읍면지역의 약 1.7배이다.

② 광역시의 전체 사교육비 중 취업 관련 사교육비가 차지하는 비율은 약 7.8%이다.

③ 대상분포를 고려하지 않은 채 각 지역에서 같은 수의 인원을 뽑아 평균을 구했을 때, 전국의 일반교과 월평균 사교육비는 202,250원이다.

④ 대상분포를 고려한 예체능·취미·교양 과목의 전국 월평균 사교육비는 44,099원이다.

[18 ~ 20] 다음은 어떤 유원지의 연령별·성별 매출액 비율이다. 이어지는 질문에 답하시오.

(단위 : %, 만 원)

연령·성별	유원지	A	B	C	D
성인	남자	19.2	21.3	22.1	13.6
성인	여자	23.5	26.4	19.8	20.7
학생	남자	17.8	14.2	23.0	11.6
학생	여자	21.4	19.2	10.3	34.4
소인	남자	( )	10.7	20.7	7.2
소인	여자	12.3	8.2	4.1	12.5
합계		100.0	100.0	100.0	100.0
총 매출액		4,026	2,160	3,284	1,819

18. A 유원지의 총 매출액에서 소인 남자가 차지하는 비율은?

① 5.4%
② 5.6%
③ 5.8%
④ 6.0%

19. D 유원지에 입장한 여학생의 경우 총 매출액의 37%는 고등학생이었다. 이때 총 매출액에서 여자 고등학생이 차지하는 비율은? (단, 소수점 아래 둘째 자리에서 반올림한다)

① 11.3%
② 12.7%
③ 14.5%
④ 23.7%

20. C 유원지의 소인 남자 총 매출액은 D 유원지의 소인 남자 총 매출액의 몇 배인가? (단, 소수점 아래 둘째 자리에서 반올림한다)

① 4.1배
② 4.5배
③ 4.8배
④ 5.2배

[21 ~ 22] 다음은 같은 크기의 블록을 쌓아 올린 그림이다. 이어지는 질문에 답하시오.

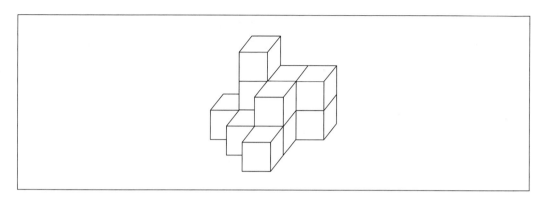

21. 블록의 개수는 몇 개인가? (단, 뒷면에 보이지 않도록 쌓아 올린 블록은 없다)

　　① 9개　　　　　　　　　　② 10개
　　③ 11개　　　　　　　　　　④ 12개

22. 그림에서 세 면이 보이는 블록은 몇 개인가?

　　① 2개　　　　　　　　　　② 3개
　　③ 4개　　　　　　　　　　④ 5개

23. 다음 그림의 조각을 순서대로 바르게 배열한 것은?

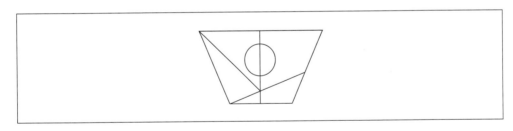

(가) (나) (다) (라)

① (나)-(가)-(라)-(다)
③ (라)-(나)-(가)-(다)

② (나)-(가)-(다)-(라)
④ (라)-(다)-(나)-(가)

24. 다음 도형을 선에 따라 절단하였을 때 나타나는 도형이 아닌 것은?

①

②

③

④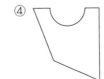

25. 다음 〈보기〉에서 왼쪽 전개도를 접어 오른쪽 주사위 모형을 만들었을 때, 다음 방향에서 바라본 면의 모습으로 올바른 것은?

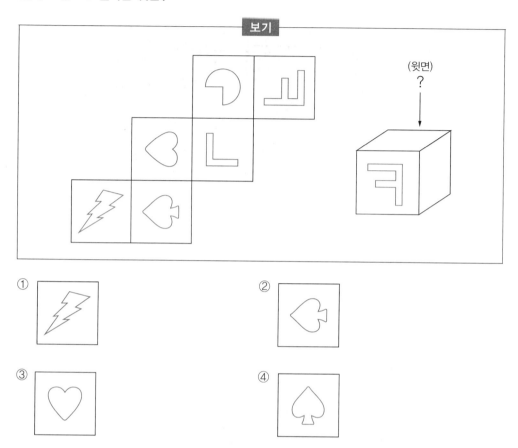

①

②

③

④

26. 다음의 도형과 같은 것은?

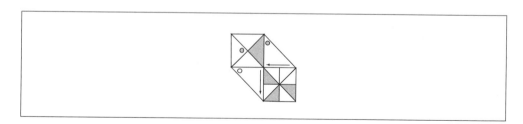

①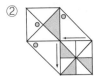

②

③

④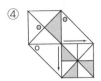

27. 다음 〈보기〉와 동일한 입체도형은?

보기

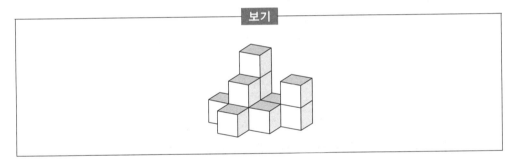

①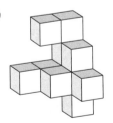

②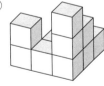

③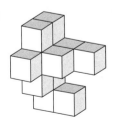

④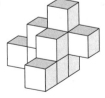

28. 다음과 같이 종이를 접은 후 색칠된 부분을 자르고 다시 펼쳤을 때이 모양으로 옳은 것은?

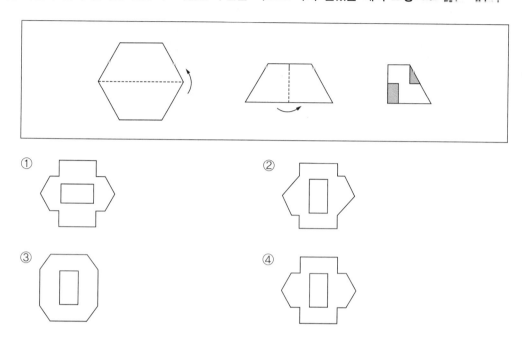

① ② ③ ④

29. 주사위를 다음 전개도와 같이 펼쳤을 때 A에 들어갈 눈의 개수는? (단, 주사위의 마주 보는 면에 그려진 눈의 개수의 합은 7이다)

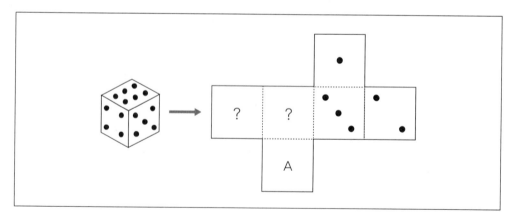

① 3개 ② 4개
③ 5개 ④ 6개

30. 다음 〈보기〉의 3차원 공간에서 세 면에 비친 그림자에 해당하는 도형은?

보기

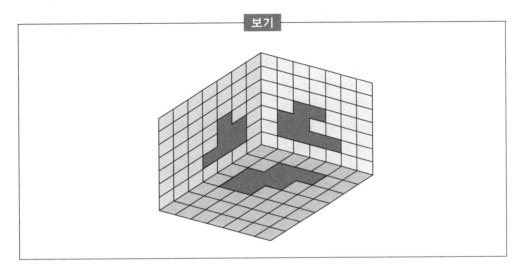

①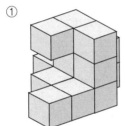

②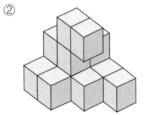

③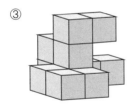

④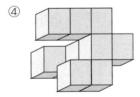

31. 해진, 예림, 희은, 잔빈, 은희, 영준, 유민은 영어회화, 시사토론, 수영 강의 중 최소 하나 이상을 수강하고 있다고 할 때, 해진이가 수강하고 있는 강의는?

> • 영어회화, 시사토론, 수영의 수강인원은 각각 4명, 4명, 3명이다.
>
> • 수영만 수강하는 사람은 없다.
>
> • 세 강의를 모두 수강하는 사람은 없다.
>
> • 은희와 유민은 두 개의 강의를 수강하고 있고 모두 같은 강의를 수강하고 있다.
>
> • 희은, 잔빈은 시사토론 강의를 수강하고 있다.
>
> • 예림과 영준은 두 개의 강의를 수강하고 있으며 그중 하나만 같은 강의이다.
>
> • 은희와 영준은 하나만 같은 강의를 듣고 있다.
>
> • 예림은 영어회화는 듣지 않는다.

① 시사토론
② 영어회화
③ 영어회화, 시사토론
④ 시사토론, 수영

32. Z, Y, X, W, V 다섯 명이 자동차 경주를 하고 순위에 대해 나눈 대화이다. 이 중 한 명만 거짓을 말하고 있다고 할 때, 1위부터 순위를 바르게 나열한 것은?

> Z : W는 5등을 했고, Y와 순위 차이가 제일 커.
>
> Y : Z는 1등도 꼴찌도 하지 않았어.
>
> X : 나와 Y는 2순위 차이가 나.
>
> W : 나는 4등을 했어.
>
> V : 나는 2등을 했고, X와 연이은 순위에 있어.

① Y-V-X-Z-W
② Y-V-X-W-Z
③ V-W-Z-Y-X
④ V-Y-X-Z-W

33. □□기업은 최근 감사를 진행하던 중에 부정청탁을 받은 정황을 포착하였다. 이에 관련된 직원 4명을 불러 조사한 결과 다음과 같은 사실을 알 수 있었다. 반드시 부정청탁을 받은 사람은?

> - 해미는 부정청탁을 받은 사실이 없다.
> - 유결이 부정청탁을 받았다면 다른 한 명도 부정청탁을 받았다.
> - 문영이 부정청탁을 받았다면 다른 두 명도 부정청탁을 받았다.
> - 해미, 유결, 문영, 기현 중 최소 한 명은 부정청탁을 받았다.

① 해미
② 유결
③ 문영
④ 기현

34. 다음 명제가 모두 참일 때, 〈결론〉에 대한 설명으로 항상 옳은 것은?

> - 빨간색을 좋아하는 사람은 사소한 일에 얽매이지 않는다.
> - 분홍색을 좋아하는 사람은 애정과 동정심이 많다.
> - 내성적이지 않은 사람은 파란색을 좋아하지 않는다.
> - 내성적인 사람은 사소한 일에 얽매인다.
> - 애정과 동정심이 많은 사람은 박애주의자이다.

결론

> (가) 파란색을 좋아하는 사람은 빨간색을 좋아하지 않는다.
> (나) 분홍색을 좋아하지 않는 사람은 박애주의자가 아니다.

① (가)만 항상 옳다.
② (나)만 항상 옳다.
③ (가), (나) 모두 항상 옳다.
④ (가), (나) 모두 항상 그르다.

35. 다음 〈조건〉이 성립할 때, 반드시 참인 것은?

> **조건**
>
> • 에어로빅 강좌를 신청하지 않은 사람들은 모두 요리 강좌를 신청하지 않았다.
> • 영화감상 강좌를 신청하지 않은 사람들은 모두 에어로빅 강좌를 신청하지 않았다.
> • 우쿨렐레 강좌 신청자 중 일부는 요리 강좌를 신청하였다.

① 에어로빅 강좌를 신청한 사람은 모두 요리 강좌를 신청하였다.
② 우쿨렐레 강좌 신청자 중 일부는 영화감상 강좌를 신청하였다.
③ 에어로빅 강좌를 신청한 사람들은 모두 우쿨렐레 강좌를 신청하지 않았다.
④ 요리 강좌를 신청하지 않은 사람들 중 일부는 에어로빅 강좌를 신청하였다.

36. A, B, C, D 팀원들은 각자 순서대로 ㉠, ㉡, ㉢, ㉣ 네 실험을 진행하였다. 실험 결과 ㉠~㉣ 중 단 한 실험에서만 오류가 발견되었다. 다음 대화에서 한 명은 거짓을, 세 명은 진실만을 말하였을 때, 거짓을 말한 사람과 오류가 발견된 실험을 차례대로 나열한 것은?

> • A : 실험 ㉢에서 오류가 있었습니다.
> • B : 제가 진행한 실험에서는 오류가 없었습니다.
> • C : 실험 ㉡에는 오류가 없었습니다.
> • D : 실험 ㉣에는 오류가 없었습니다.

	거짓을 말한 사람	오류가 발견된 실험
①	A	㉠
②	A	㉡
③	C	㉡
④	D	㉠

37. 다음에 나타난 논리적 오류와 유사한 것은?

> 명당자리를 골라 부모님 산소를 옮겼더니, 그렇게 출마해도 안 되던 김○○씨가 이번에는 국회의원이 되었대. 국회의원이 되려면 역시 부모님 산소 자리를 명당자리로 옮겨야 돼!

① 옆 학교에서 학생 한 명이 눈병이 났는데 친구들끼리 모여서 일부러 눈병 걸린 학생이 자신의 눈을 만진 손으로 자기 눈을 만지게 했대. 그 학교 애들은 공부하기가 싫은가 봐.

② 일본 애니메이션이나 영화는 제2차 세계대전을 일으킨 일본에서 만들어졌기 때문에 그것을 보아서는 안 되며, 독일 제품은 나치의 후손들이 만들었기 때문에 불매운동을 해야 해!

③ 저 사람은 어른들을 만나도 인사를 제대로 하지 않기 때문에 그 사람이 하는 말은 믿을 수가 없을 뿐만 아니라 상종을 해서는 안 되는 사람이야!

④ 서울의 한 PC방에 관찰 카메라를 설치한 뒤 게임이 한창 진행 중인 학생들의 컴퓨터의 전원을 순간적으로 껐더니 게임을 하던 학생들이 모두 폭력적으로 변했어. 역시 게임은 폭력성을 유발하는구나!

38. 다음 조건을 참고하여 도출할 수 있는 비밀번호는?

- 비밀번호는 중복되지 않는 네 개의 숫자로 이루어져 있다.
- 비밀번호 중 세 개의 숫자는 키패드의 가로 일직선상에 위치한다.
- 키패드의 일직선상에 위치하는 세 개의 수를 더하면 남은 한 개의 수가 된다.
- 홀수 번째 자리에는 짝수, 짝수 번째 자리에는 홀수가 위치한다.
- 첫 번째, 두 번째 자리의 수를 더하면 네 번째 자리의 숫자가 된다.

① 3216

② 6123

③ 2163

④ 2136

39. 다음 〈보기〉의 내용을 통해 바르게 추론한 깃은?

보기

- 키가 170cm인 가영이는 나영이보다 키가 크다
- 다영이는 나영이보다 키가 작다.
- 라영이의 키는 155cm로 마영이보다 키가 크다.

① 나영이의 키가 두 번째로 크다. ② 마영이는 다영이보다 키가 작다.
③ 가영이는 마영이보다 키가 크다. ④ 라영이는 나영이보다 키가 크다.

40. 다음 대화에서 나타나고 있는 논리적 오류는?

민규 : 야, 30분이나 지각하는 게 어디 있어. 그러면서 사과도 안 해?

현수 : 30분 정도야 준비하다 보면 늦을 수 있지. 내가 미리 연락도 했잖아.

민규 : 아무리 그래도 늦었으면 사과부터 하는 게 맞는 순서 아니야?

현수 : 그렇게 따지면 너도 저번에 30분 늦어 놓고 사과부터 안 했잖아. 너는 화낼 자격 없어.

① 성급한 일반화의 오류 ② 허수아비 공격의 오류
③ 동정에 호소하는 오류 ④ 피장파장의 오류

41. 다음 설명하는 내용에서 빈칸에 들어갈 말로 알맞은 것은?

음악당 벽면의 표면이 톱니 모양인 이유는 소리의 (　　　) 현상을 이용하여 공연장 내부의 메아리 현상을 제거하기 위해서이다.

① 굴절 ② 확산
③ 산란 ④ 흡수

42. 다음 중 인류 역사에 큰 영향을 미친 화학 반응에 대한 설명으로 옳은 것은?

① 불로 음식을 익혀 먹음으로써 단백질 섭취 효율이 높아졌다.

② 화석 연료 중에서 석탄은 바다, 석유는 육지에서 주로 생성되었다.

③ 암모니아는 수소, 질소, 산소로 이루어져 있다.

④ 대기 중의 질소는 불안정한 상태이기 때문에 쉽게 반응이 일어난다.

43. 다음 중 관성의 종류가 다른 하나는?

① 삽으로 흙을 퍼서 던지면 흙이 멀리 날아간다.

② 이불을 두드려서 먼지를 턴다.

③ 버스가 커브 길을 돌면 몸이 바깥 방향으로 쏠린다.

④ 버스가 달리다가 멈추면 버스 안의 승객은 버스가 움직이던 방향으로 넘어진다.

44. 땀샘의 가장 중요한 기능은?

① 체온 조절 기능   ② 요소 배출 기능

③ CO_2 배출 기능   ④ 먼지 제거 기능

45. 다음 중 물체에 작용하는 합력(알짜힘)이 0인 것을 〈보기〉에서 모두 고르면?

보기

㉠ 일정한 속력으로 원운동하는 장난감 자동차

㉡ 공기 저항에 의해 등속도로 내려오는 빗방울

㉢ 지구의 중력권을 벗어난 후 엔진을 끈 우주 탐사선

㉣ 책상 위에 가만히 놓여 있는 책

① ㉠, ㉡   ② ㉡, ㉢

③ ㉡, ㉣   ④ ㉡, ㉢, ㉣

01. 다음의 ㉠~㉣ 중 그 쓰임이 적절한 것은?

> "내가 집이 가난해서 말이 없으므로 혹 빌려서 타는데, ㉠여의고 둔하여 걸음이 느린 말이면 비록 급한 일이 있어도 감히 채찍질을 가하지 못하고 조심조심하여 곧 ㉡넘어질 것가치 여기다가, 개울이나 구렁을 만나면 내려서 걸어가므로 후회하는 일이 적었다. 발이 높고 귀가 날카로운 ㉢준마로써 잘 달리는 말에 올라타면 의기양양하게 마음대로 채찍질하여 고삐를 놓으면 언덕과 골짜기가 평지처럼 보이니 심히 ㉣장쾌하였다. 그러나 어떤 때에는 위태로워서 떨어지는 근심을 면치 못하였다. … "

① ㉠   ② ㉡
③ ㉢   ④ ㉣

02. 다음 중 절약을 이야기하는 속담이 아닌 것은?

① 단단한 땅에 물이 괸다.   ② 열의 한 술 밥
③ 소같이 벌어서 쥐같이 먹어라. ④ 강물도 쓰면 준다.

03. 다음 단어 관계에 근거할 때 빈칸에 들어갈 단어는?

> '계산기-계산'의 관계는 '피아노-(   )'의 관계와 같다.

① 건반   ② 악기
③ 음악   ④ 연주

04. 단어의 의미를 이용하여 두 글자 끝말잇기를 한다고 할 때, ㉠에 해당하는 단어로 적절한 것은?

수효를 세는 맨 처음 수

집을 짓거나 가구, 그릇 따위를 만들 때 재료로 사용하는 재목

㉠

규칙을 정해놓고 승부를 겨루는 놀이

① 나비   ② 무술

③ 무게   ④ 집게

05. 다음 밑줄 친 단어와 문맥적으로 바꾸어 쓸 수 없는 단어는?

부장 검사는 사건을 신임 검사에게 <u>맡겼다</u>.

① 일임하다   ② 내맡기다

③ 기탁하다   ④ 주선하다

06. 다음 밑줄 친 사람을 지칭하는 말로 적절한 것은?

이번 여름휴가에는 고성에 계신 <u>큰할아버지</u> 댁에 가기로 했다. 마당에 귀여운 강아지들도 있고 아는 사람만 찾아갈 수 있는 바다도 근처에 있기 때문이다.

① 백종조   ② 종조

③ 고조부   ④ 가친

[07 ~ 08] 다음 글을 읽고 이어지는 질문에 답하시오.

> ㉠상품은 그것을 만들어 낸 생산자의 분신이지만, 시장 안에서는 상품이 곧 독자적인 인격체가 된다. 사람이 수체가 아니라 상품이 수체가 되는 것이다. 상품 생산자, 즉 판매자는 ㉡화폐를 얻기 위해 자신의 상품을 시장에 내놓는다. 이렇게 내놓아진 상품이 시장에서 다른 상품이나 화폐와 관계를 맺게 되면 그 상품은 주인에게 복종하기를 멈추고 자립적인 삶을 살아가게 된다.
>
> 또한, 사람들이 상품을 생산하여 교환하는 과정에서 시장의 경제 법칙을 만들어 냈지만 이제 거꾸로 상품들은 인간의 손을 떠나 시장 법칙에 따라 교환된다. 이런 시장 법칙의 지배 아래에서는 사람과 사람 간의 관계가 상품과 상품, 상품과 화폐 등 사물과 사물 간의 관계에 가려 보이지 않게 된다.
>
> 이처럼 상품이나 시장 법칙은 인간에 의해 산출된 것이지만, 거꾸로 상품이나 시장 법칙이 인간을 지배하게 된다. 이때 인간 및 인간들 간의 관계가 소외되는 현상이 나타난다.

07. 윗글의 중심내용으로 적절한 것은?

① 시장경제는 사람이 관여하지 않을 때 가장 이상적이다.

② 상품과 시장 법칙 중심의 경제가 사람을 소외시킨다.

③ 시장 경제 법칙이 실제 시장에 잘 적용되지 않고 있다.

④ 사람 간 관계 중심의 시장 정책 마련이 필요하다.

08. 다음 중 윗글의 ㉠과 ㉡의 관계와 같은 것은?

① 잡채 : 당면   ② 남자 : 여자

③ 축구 : 공   ④ 운동 : 건강

09. 다음 글의 내용과 일치하지 않는 것은?

구매력 평가를 기준으로 우리나라 1인당 국내총생산(GDP)은 3만 달러를 넘었다. 이는 소비자가 여가와 건강, 취미 및 자기 계발에 소비를 늘리는 생활 방식으로 진입했음을 의미한다. 이와 더불어 미국 중심으로 떠오른 '욜로(YOLO) 라이프'가 우리나라에서도 굵직한 소비 경향으로 자리 잡고 있다. 2016년 초, 당시 오바마 미국 대통령이 오바마케어 홍보 영상에서 언급해 알려지기 시작한 욜로는 'You only live once'를 줄인 말이다. 욜로는 한 번뿐인 인생을 후회 없이 즐기며 사랑하자는 의미가 담겨 있으며, 현재의 삶이 행복해야 미래의 삶도 행복하다는 철학을 바탕으로 오늘의 일상을 즐겁게 만들자는 움직임이다. 따라서 욜로 라이프는 단순히 내일은 준비하지 않고 현재의 충동적 욕망에만 충실하자는 의미와는 거리가 있다.

이러한 욜로 라이프는 즉흥적이며 일회성의 일상이 아닌 '지금 현재의 삶'을 아름답게 즐기자는 경향이 반영돼 있다. 예컨대 자기 소유의 집이 아닌 전세나 월세로 산다 할지라도 벽지나 조명, 가구나 인테리어 소품 등을 자신의 취향에 따라 아름답게 꾸미려는 소비 현상이 증가한 것을 대표적인 욜로 현상의 예로 들 수 있다.

욜로 라이프 현상은 여행업계에서 한층 뚜렷하게 나타난다. 여행사를 통해 널리 알려진 곳 위주로 관광하는 단순한 여행 패턴을 넘어, 남들이 가 보지 않은 지역을 찾아 즐거움과 환희를 느끼는 관광객이 계속 늘고 있다. 한 소셜커머스에서 2016년에 판매한 여행상품 자료에 따르면, 세계 최대 산호 군락지인 호주의 그레이트 배리어 리프 여행객과 겨울철 극지방 도깨비불로 불리는 오로라 여행객이 예년보다 많이 증가한 것으로 나타났다.

과거 우리 부모 세대는 미래를 위해 한 푼이라도 아껴 저축하기를 강조하였지만, 욜로 라이프를 추구하는 욜로족은 지금 현재의 나에게 초점을 맞춘다. 이는 지속적인 경기 불황 및 청년 구직난의 어두운 그늘에서 벗어나려는 젊은 층의 심리가 반영된 것이라는 분석도 있다. 또한 타인이 아닌 나 자신을 위한 투자가 과소비나 과시형 소비를 부를 수 있다는 지적도 있다. 그러나 현재 여러 산업 분야에서 소비 시장이 계속 위축되고 있으므로, 이러한 소비 트렌드와 심리를 반영하여 삶의 다양한 가치를 채울 수 있는 상품의 개발은 소비를 유도할 수 있으며 이렇게 개발된 차별화된 서비스 개발도 점차 늘어날 것으로 전망된다.

① 욜로 라이프는 2016년 초 미국에서 소개된 후 우리나라 소비에도 영향을 미쳤다.

② 욜로족은 현재의 즐거움을 추구하는 동시에 미래를 위한 투자에도 중점을 둔다.

③ 유명 관광지 중심인 패키지 여행보다 개성을 살린 개별 여행이 증가한 것도 욜로족의 영향이라 볼 수 있다.

④ 한 번뿐인 인생을 즐겁게 살자는 경향이 반영된 서비스 상품 개발이 앞으로 계속 늘어날 것이다.

10. 다음 빈칸에 들어갈 접속 부사로 적절한 것은?

> 최근 대표적인 게임 캐릭터인 '○○'와 '△△'를 합친 캐릭터 '△○'의 디자인 등록 결정에 대한 논란이 일고 있다. ○○ 제작사의 변호사 A는 "인기 캐릭터를 실찍 변형한 디지인만으로 디자인 등록이 가능하다면 향후 유사한 불법 복제가 발생할 경우 더 막기 어려워진다."고 주장하였다. ( ) △○ 제작사의 변호사 B는 "△○는 신규성과 창작성 등 디자인 등록 요건을 충족하였으므로 ○○ 제작사의 주장은 옳지 않다."는 입장을 밝혔다.

① 그리고   ② 또한
③ 이처럼   ④ 반면

[11 ~ 12] 다음 숫자들의 배열 규칙을 찾아 '?'에 들어갈 알맞은 숫자를 고르시오.

11.

| 7 8 15 23 38 61 (?) |

① 91   ② 93
③ 95   ④ 99

12.

| 2 5 11   3 9 28   6 7 (?) |

① 40   ② 41
③ 42   ④ 43

13. 철수가 시속 6km로 운동장을 달리고 있다. 30분 동안 같은 속력으로 달리기를 했다면 철수가 이동한 거리는 얼마인가?

① 2.8km

② 3km

③ 3.5km

④ 3.8km

14. A 사원은 사무용품을 다음과 같이 구입하였다. 형광펜의 가격은 얼마인가?

- 가위 3개, 메모지 5개, 형광펜 2개를 구입하고 25,000원을 지불하였다.
- 가위 5개, 메모지 1개, 형광펜 3개를 구입하고 23,000원을 지불하였다.
- 가위 6개, 메모지 2개, 형광펜 1개를 구입하고 27,000원을 지불하였다.

① 1,000원

② 2,500원

③ 3,500원

④ 4,000원

15. 물 225g에 소금 75g을 넣고 완전히 녹일 때, 이 소금물의 농도는 몇 %인가?

① 5%

② 15%

③ 25%

④ 35%

16. 채린이와 삼촌의 나이 차는 18세이고, 4년 후에는 삼촌의 나이가 현재 채린이 나이의 2배가 된다. 채린이의 현재 나이는 몇 세인가?

① 14세

② 16세

③ 18세

④ 20세

[17 ~ 18] 다음은 우리니리의 연도별 · 시도별 학급당 학생 수와 분석 자료이다. 이어지는 질문에 답하시오.

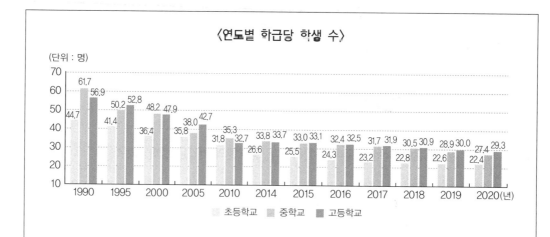

〈연도별 학급당 학생 수〉

〈시도별 학급당 학생 수(2020년)〉

(단위 : 명)

구분		초등학교	중학교	고등학교
전체		22.4	27.4	29.3
지역규모	대도시	22.9	27.2	29.6
	중소도시	25.0	29.8	30.2
	읍 · 면 지역	17.8	23.0	26.6
	도서 · 벽지	8.8	15.6	22.4
지역	서울	23.4	26.6	29.7
	부산	22.0	26.9	27.4
	대구	22.6	26.4	30.2
	인천	23.0	28.7	28.4
	광주	22.4	27.8	33.0
	대전	21.7	28.6	30.8
	울산	22.8	27.1	30.6
	세종	21.6	22.5	23.3

17. ㄱ~ㄹ 중 위 도표의 내용과 일치하지 않는 것은?

초 · 중등학교의 교육 여건의 개선과 함께 학급당 학생 수는 지속적으로 감소하여 왔다. 초등학교의 경우 1990년 44.7명이었던 학급당 학생 수는 이후 지속적으로 감소하여 2020년에는 22.4명을 나타내고 있다. ㄱ중학교의 경우, 1990년 61.7명에서 2020년 27.4명을 나타내고 있으며, 고등학교는 1990년 56.9명에서 2020년 29.3명을 나타내고 있다. 학급당 학생 수는 지역별로 다소 차이를 보인다. 지역규모별로는 ㄴ중소도시의 학급당 학생 수가 다른 지역에 비해 높게 나타난다. 2020년 중소도시의 학급당 학생 수는 초등학교는 25.0명, 중학교는 29.8명, 고등학교는 30.2명으로 대도시가 각각 22.9명, 27.2명, 29.6명을 나타낸 것에 비해 높게 나타난다. 반면, 읍 · 면 지역은 초등학교가 17.8명, 중학교가 23.0명, 고등학교가 26.6명으로 나타났으며, 도서 · 벽지는 각각 8.8명, 15.6명, 22.4명이었다.

또한, ㄷ초등학교에서 학급당 학생 수가 가장 많은 지역은 서울이었으며, 고등학교에서는 광주가 33.0명으로 가장 높게 나타났다. 규모가 작은 세종은 초등학교, 중학교, 고등학교 모두에서 가장 적은 학급당 학생 수를 나타내고 있으며, 반면 ㄹ울산은 모든 학교급에서 학급당 학생 수가 우리나라 평균보다 높게 나타났다.

① ㄱ

② ㄴ

③ ㄷ

④ ㄹ

18. 2020년 8개 비교 대상 지역의 초 · 중 · 고등학교 학급당 평균 학생 수를 순서대로 올바르게 나열한 것은? (단, 소수점 아래 둘째 자리에서 반올림하고, 시도별 학급 수는 동일하다고 가정한다)

	초등학교	중학교	고등학교
①	26.8명	22.4명	23.5명
②	22.4명	26.8명	29.2명
③	23.2명	26.8명	28.5명
④	22.4명	29.2명	27.5명

19. 12명의 학생 가운데 9명의 점수의 총합은 630점이고 나머지 3명 중 두 명의 평균 점수는 84점이며 나머지 한 명의 점수는 12명의 평균 점수보다 16점 높다고 한다. 학생 12명의 평균 점수는?

① 70점   ② 74점
③ 86점   ④ 90점

20. 다음은 소비자 피해 구제 접수 현황에 대한 자료이다. 이를 바탕으로 20X8년 각 유형별 소비자 피해구제 접수 비율을 그래프로 바르게 나타낸 것은? (단, 소수점 아래 둘째 자리에서 반올림한다)

(단위 : 건)

구분	20X2년	20X3년	20X4년	20X5년	20X6년	20X7년	20X8년
방문 · 전화 권유 판매	111	184	181	220	144	115	91
다단계 판매	180	71	52	29	30	35	51
사업 권유 거래	123	69	40	33	35	24	18
전자상거래	27	61	34	37	45	79	140
기타	11	27	79	200	238	249	207

①
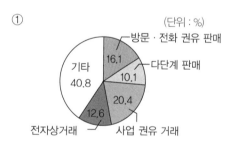

②

③
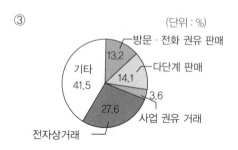

④
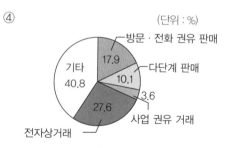

[21 ~ 22] 다음은 같은 크기의 블록을 쌓아올린 그림이다. 이어지는 질문에 답하시오.

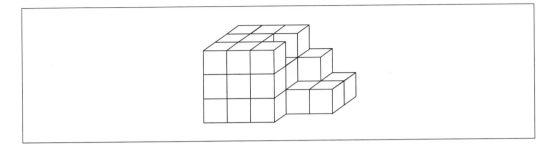

21. 블록의 개수는 모두 몇 개인가?

① 27개   ② 29개

③ 31개   ④ 33개

22. 그림에서 두 면만 보이는 블록은 모두 몇 개인가?

① 5개   ② 6개

③ 7개   ④ 8개

23. 다음과 같이 화살표 방향으로 종이를 접은 후, 마지막 그림과 같이 펀치로 구멍을 뚫고 다시 펼쳤을 때의 모양으로 옳은 것은?

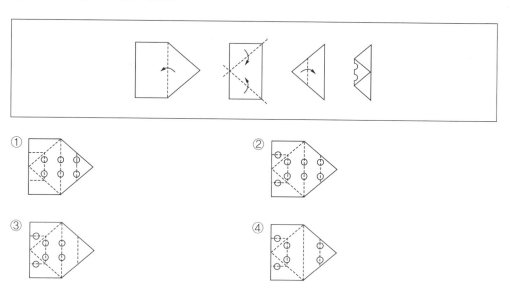

24. 다음 〈보기〉에 제시된 도형 3개를 합쳤을 때 나오는 모양으로 적절하지 않은 것은? (단, 각 도형은 회전할 수 없다)

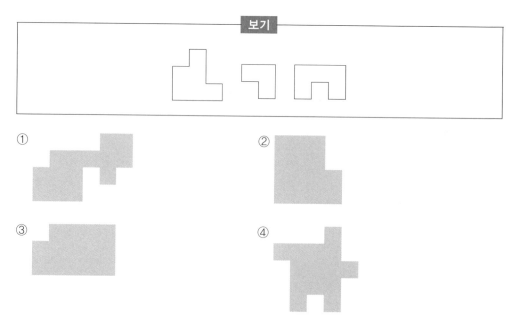

25. 다음 그림의 조각을 순서대로 바르게 배열한 것은?

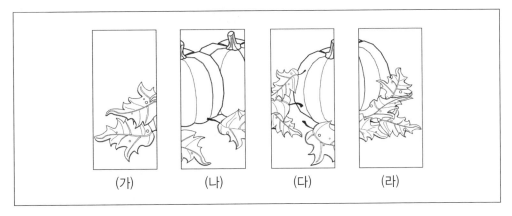

(가)　　　(나)　　　(다)　　　(라)

① (가)-(나)-(다)-(라)　　　② (가)-(다)-(나)-(라)
③ (라)-(나)-(다)-(가)　　　④ (라)-(다)-(나)-(가)

26. 다음 〈보기〉 왼쪽의 도형을 오른쪽에 나타난 각도만큼 회전한 모양으로 적절한 것은?

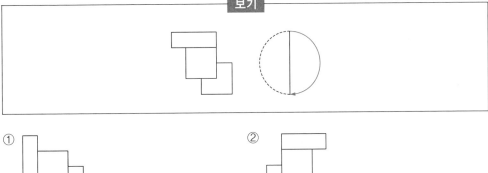

① 　　　②

③ 　　　④

27. 다음 〈보기〉의 전개도를 보고 접었을 때의 도형으로 적절하지 않은 것은?

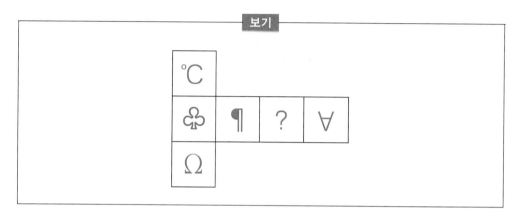

①

②

③

④

28. 다음의 입체도형을 위에서 본 모양으로 알맞은 것은?

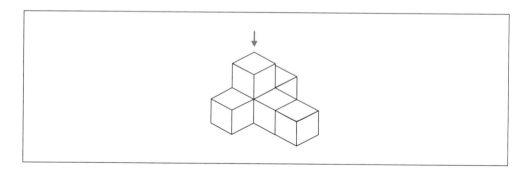

①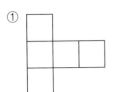

②

③

④

29. 다음 그림과 같은 것은?

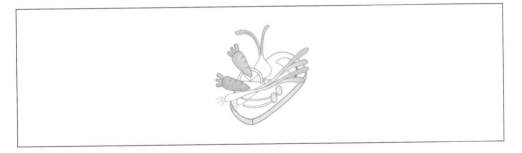

①

②

③

④

30. 다음 그림에서 만들 수 있는 크고 작은 사각형은 모두 몇 개인가?

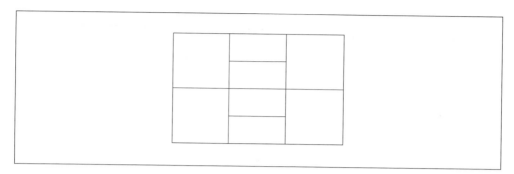

① 20개　　　　　　　　　　② 21개

③ 23개　　　　　　　　　　④ 25개

31. 다음 〈보기〉의 명제들을 참고할 때, 밑줄 친 부분에 들어갈 문장으로 알맞은 것은?

보기

- 비가 오면 다음 날은 흐리거나 맑다.
- 흐린 다음 날은 비가 온다.
- 맑으면 다음 날은 흐리다.
- 그러므로 _____

① 비가 오지 않은 다음 날에는 비가 온다.

② 오늘은 날이 흐리므로 어제는 날씨가 맑았다.

③ 날이 맑지 않은 다음 날은 반드시 맑다.

④ 흐리지 않은 다음 날에는 비가 오지 않는다.

32. 다음 그림과 같이 시계가 9시 4분을 가리킬 때, 시침과 분침이 이루는 각 중 작은 각의 크기는?

① 95°

② 102°

③ 108°

④ 112°

33. 다음 글을 통해 알 수 있는 논리적 오류는?

> 코로나19가 치료된 원인이 의학적으로 증명되지 않았으므로 이는 신이 도운 것이다.

① 무지에 호소하는 오류

② 거짓 딜레마

③ 복합 질문의 오류

④ 의도 확대의 오류

34. ○○기업의 사옥에는 5개 팀이 2∼5층을 사용하고 있다. 다음 조건에 일치하지 않는 것은? (단, 회계팀만 타 층의 복사기를 사용하며, 한 층에는 최대 2개 팀만 있다)

> • 마케팅팀과 기획관리팀은 복사기를 같이 사용한다.
> • 4층에는 회계팀만 있다.
> • 총무팀은 홍보팀의 바로 아래층에 있다.
> • 홍보팀은 마케팅팀의 아래쪽에 있으며 3층의 복사기를 사용하고 있다.
> • 회계팀은 위층의 복사기를 사용하고 있다.

① 마케팅팀은 기획관리팀과 같은 층에 있다.

② 회계팀은 5층의 복사기를 사용한다.

③ 총무팀은 3층의 복사기를 사용한다.

④ 기획관리팀은 5층에 있다.

35. A, B, C 세 사람은 각각 영업팀, 회계팀, 총무팀 중 서로 다른 부서에서 일하고 있다. 회계팀에서 일하는 사람은 언제나 진실을 말하고, 총무팀에서 일하는 사람은 항상 거짓을 말한다고 할 때, 〈보기〉의 진술에 따라 사원과 해당 부서를 바르게 짝지은 것은?

보기

> • A : C가 회계팀에서 일한다.
> • B : A의 말은 틀렸다. C는 영업팀에서 일한다.
> • C : 나는 회계팀도, 영업팀도 아니다.

	A	B	C
①	회계팀	총무팀	영업팀
②	회계팀	영업팀	총무팀
③	총무팀	영업팀	회계팀
④	총무팀	회계팀	영업팀

[36 ~ 37] 신입사원 면접관인 A ~ D는 3시와 4시에 갑, 을, 병, 정 회의실에서 면접을 진행한다. 다음과 같은 〈조건〉에 따라 회의실을 사용한다고 할 때 이어지는 질문에 답하시오.

조건

㉠ 1차 면접은 3시, 2차 면접은 4시에 진행된다.

㉡ A ~ D는 1차와 2차 면접에 1번씩 모두 참가해야 한다.

㉢ 각 회의실은 1명씩 사용하지만, 한 사람이 연속해서 2시간 동안 사용할 수는 없다.

㉣ A는 3시에 정 회의실을 사용할 예정이다.

㉤ B는 절대 을 회의실을 사용하지 않는다.

㉥ B가 3시에 사용하는 회의실과 C가 4시에 사용하는 회의실은 같은 회의실이다.

㉦ D가 4시에 사용하는 회의실과 C가 3시에 사용하는 회의실은 같은 회의실이다.

36. B가 4시에 정 회의실을 사용한다면 회의실을 사용하는 경우의 수는 몇 가지인가?

① 2가지   ② 4가지

③ 6가지   ④ 8가지

37. A가 반드시 3시에 병 회의실을 사용해야 한다면, 회의실 사용에 대한 설명으로 적절한 것은?

① A는 4시에 갑 회의실을 사용할 수 없다.

② B는 4시에 병 회의실을 사용한다.

③ C는 3시에 을 회의실을 사용한다.

④ D는 4시에 정 회의실을 사용할 수 없다.

38. 다음 명제가 모두 참일 때, 항상 옳은 것은?

> • 고양이를 좋아하면 호랑이를 키운다.
> • 개를 좋아하면 호랑이를 기우지 않는다.
> • 치타를 좋아하면 고양이를 좋아한다.

① 호랑이를 키우지 않는다면 치타를 좋아하지 않는다.

② 호랑이를 키우면 반드시 개를 좋아한다.

③ 고양이를 좋아하면 치타를 좋아한다.

④ 개를 좋아하면 반드시 고양이를 좋아한다.

39. 다음 대화의 내용이 모두 참일 때, 반드시 참인 것은?

> 갑 : 땅콩을 먹으면 아몬드를 먹지 않아.
> 을 : 밤을 먹으면 아몬드도 먹어.
> 병 : 호두를 먹지 않는 사람은 잣을 먹어.

① 밤을 먹은 사람은 잣을 먹지 않는다.

② 아몬드를 먹지 않은 사람은 밤을 먹는다.

③ 땅콩을 먹은 사람은 호두를 먹는다.

④ 땅콩을 먹으면 밤을 먹지 않는다.

40. S 기업의 야유회에서 10명의 사원들을 5명씩 두 팀으로 나누어 보물찾기를 하고 있다. 한 팀이 먼저 보물을 숨기고 다른 팀에게 다음과 같이 힌트를 주었는데 두 명은 거짓을 말하고 있을 때, 거짓을 말하는 사람은? (단, 보물은 한 개다)

> A : 보물은 풀숲 안에 숨겼습니다.
> B : 텐트 안에 보물이 있습니다.
> C : D는 진실만을 말하고 있습니다.
> D : 풀숲 안에 보물을 숨기는 것을 보았습니다.
> E : 저희는 나무 아래에 보물을 숨겼습니다.

① A, B ② A, D
③ B, C ④ B, E

41. 다음 중 갑상선 기능 유지에 가장 필수적인 영양소는?

① 인 ② 철분
③ 요오드 ④ 비타민

42. 다음 중 블랙홀에 대한 설명으로 옳은 것은?

① 블랙홀은 빛이 빨려 들어갈 정도로 중력이 크기 때문에 관측이 용이하다.
② 블랙홀의 크기는 공간이 일그러져 측정할 수 없기 때문에 현재까지도 그 크기를 정의하지 못하고 있다.
③ 블랙홀 근처로 갈수록 시간이 느려지며 마치 시간이 정지한 것 같은 '사건의 지평'이 나타난다.
④ 주변 물질이 블랙홀에 빨려 들어갈 때 방출되는 자외선을 관측함으로써 그 존재가 확인되었다.

43. 다음 빈칸 ㉠에 들어갈 말로 적절한 것은?

> 감자에 함유된 독성물질이 (㉠)은/는 햇빛에 노출될 때 감자가 녹색으로 변하면서 생긴다. 이 녹성물질은 감자의 아린 맛을 증가시키고 **구토**, 식중독, 현기증, 두통 등을 유발한다. 심할 경우 호흡이 어려워지기 때문에 다량 섭취하면 굉장히 위험할 수 있다. 이것은 감자뿐 아니라 같은 가짓과 식물인 토마토나 고추에도 포함되어 있다. 하지만 극히 소량이기 때문에 안심하고 먹을 수 있다.

① 배당체   ② 우론산
③ 솔라닌   ④ 사포닌

44. 다음 중 돌턴의 원자 모형 이론에 해당하는 설명으로 적절한 것을 모두 고르면?

> ㉠ 원자의 중심에는 크기가 작고 질량이 매우 큰 (+) 전하를 띠는 원자핵이 있다.
> ㉡ 모든 물질은 더 쪼갤 수 없는 입자인 원자로 이루어져 있다.
> ㉢ 화학 반응이 일어날 때 원자는 없어지거나 새로 생기지 않으며, 다른 종류의 원자로 변하지 않는다.
> ㉣ 두 종류 이상의 원자들이 일정한 비율로 결합하여 새로운 물질을 만든다.
> ㉤ 원자가 고른 밀도를 가진 (+) 전하를 띤 공 속에 (−) 전하를 띤 전하가 박혀 있다.

① ㉠, ㉢, ㉣   ② ㉠, ㉡, ㉤
③ ㉡, ㉢, ㉣   ④ ㉢, ㉣, ㉤

45. 다음 그림은 탄소가 순환하는 과정을 나타낸 것이다. A ~ G 과정에 대한 설명으로 옳은 것을 〈보기〉에서 모두 고르면?

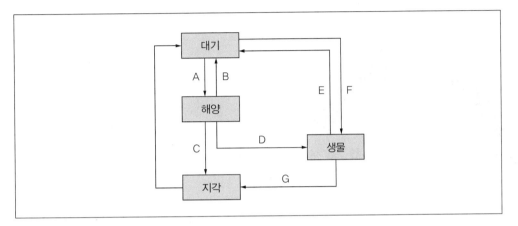

보기

㉠ 석유와 석탄은 A와 C에 의해 생성된다.
㉡ B와 E는 지구의 기온 상승을 유발할 수 있는 과정이다.
㉢ D와 G를 포함하는 과정을 거쳐 석회암이 생성될 수 있다.

① ㉠   ② ㉢
③ ㉠, ㉡   ④ ㉡, ㉢

울산광역시교육청 교육공무직원

인성검사란? 개개인이 가지고 있는 사고와 태도 및 행동 특성을 정형화된 검사를 통해 측정하여 해당 직무에 적합한 인재인지를 파악하는 검사를 말한다.

파트 **2** **인성검사**

인성검사의 이해

1 인성검사, 왜 필요한가?

채용기업은 지원자가 '직무적합성'을 지닌 사람인지를 인성검사와 필기평가를 통해 판단한다. 인성검사에서 말하는 인성(人性)이란 그 사람의 성품, 즉 각 개인이 가지고 있는 사고와 태도 및 행동 특성을 의미한다. 인성은 사람의 생김새처럼 사람마다 다르기 때문에, 몇 가지 유형으로 분류하고 이에 맞추어 판단한다는 것 자체가 억지스럽고 어불성설일지 모른다. 그럼에도 불구하고 기업들의 입장에서는 입사를 희망하는 사람이 어떤 성품을 가졌는지에 대한 정보가 필요하다. 그래야 해당 기업의 인재상에 적합하고 담당할 업무에 적격한 인재를 채용할 수 있기 때문이다.

지원자의 성격이 외향적인지 아니면 내향적인지, 어떤 직무와 어울리는지, 조직에서 다른 사람과 원만하게 생활할 수 있는지, 업무 수행 중 문제가 생겼을 때 어떻게 대처하고 해결할 수 있는지에 대한 전반적인 개성은 자기소개서나 면접을 통해서도 어느 정도 파악할 수 있다. 그러나 이것들만으로는 인성을 충분히 파악할 수 없기 때문에, 객관화되고 정형화된 인성검사로 지원자의 성격을 판단하고 있다.

채용기업은 직무적성검사를 높은 점수로 통과한 지원자라 하더라도 해당 기업과 거리가 있는 성품을 가졌다면 탈락시키게 된다. 일반적으로 직무적성검사 통과자 중 인성검사로 탈락하는 비율이 10% 내외라고 알려져 있다. 물론 인성검사에서 탈락하였다 하더라도 특별히 인성에 문제가 있는 사람이 아니라면 절망할 필요는 없다. 자신을 되돌아보고 다음 기회를 대비하면 되기 때문이다. 탈락한 기업이 원하는 인재상이 아니었다면 맞는 기업을 찾으면 되고, 적합한 경쟁자가 많았기 때문이라면 자신을 다듬어 경쟁력을 높이면 될 것이다.

2 인성검사의 특징

우리나라 대다수의 채용기업은 인재개발 및 인적자원을 연구하는 한국행동과학연구소(KIRBS), 에스에이치알(SHR), 한국사회적성개발원(KSAD), 한국인재개발진흥원(KPDI) 등 전문기관에 인성검사를 의뢰하고 있다.

이 기관들의 인성검사 개발 목적은 비슷하지만 기관마다 검사 유형이나 평가 척도는 약간의 차이가 있다. 또 지원하는 기업이 어느 기관에서 개발한 검사지로 인성검사를 시행하는지는 사전에 알 수 없다. 그렇지만 공통으로 적용하는 척도와 기준에 따라 구성된 여러 형태의 인성검사지로 사전 테스트를 해 보고 자신의 인성이 어떻게 평가되는가를 미리 알아보는 것은 가능하다.

인성검사는 필기시험 당일 직무능력평가와 함께 실시하는 경우와 직무능력평가 합격자에 한하여 면접과 함께 실시하는 경우가 있다. 인성검사의 문항은 100문항 내외에서부터 최대 500문항까지 다양하다. 인성검사에 주어지는 시간은 문항 수에 비례하여 30~100분 정도가 된다.

문항 자체는 단순한 질문으로 어려울 것은 없지만, 제시된 상황에서 본인의 행동을 정하는 것이 쉽지만은 않다. 문항 수가 많을 경우 이에 비례하여 시간도 길게 주어지지만, 단순하고 유사하며 반복되는 질문에 방심하여 집중하지 못하고 실수하는 경우가 있으므로 컨디션 관리와 집중력 유지에 노력하여야 한다. 특히 같거나 유사한 물음에 다른 답을 하는 경우가 가장 위험하니 주의해야 한다.

3 인성검사 척도 및 구성

❶ 미네소타 다면적 인성검사(MMPI)

　　MMPI(Minnesota Multiphasic Personality Inventory)는 1943년 미국 미네소타 대학교수인 해서웨이와 매킨리가 개발한 대표적인 자기 보고형 성향 검사로서, 오늘날 가장 대표적으로 사용되는 객관적 심리검사 중 하나이다. MMPI는 약 550여 개의 문항으로 구성되며, 각 문항을 읽고 '예(YES)' 또는 '아니오(NO)'로 대답하게 되어 있다.

　　MMPI는 4개의 타당도 척도와 10개의 임상척도로 구분된다. 500개가 넘는 문항들 중 중복되는 문항들이 포함되어 있는데 내용이 똑같은 문항도 10문항 이상 포함되어 있다. 이 반복 문항들은 응시자가 얼마나 일관성 있게 검사에 임했는지를 판단하는 지표로 사용된다.

구분	척도명	약자	주요 내용
타당도 척도 (바른 태도로 임했는지, 신뢰할 수 있는 결론인지 등을 판단)	무응답 척도 (Can not say)	?	응답하지 않은 문제와 복수로 답한 문제들의 총합으로 빠진 문제를 최소한으로 줄이는 것이 중요하다.
	허구 척도 (Lie)	L	자신을 좋은 사람으로 보이게 하려고 고의적으로 정직하지 못한 답을 판단하는 척도이다. 허구 척도가 높으면 장점까지 인정받지 못하는 결과가 발생한다.
	신뢰 척도 (Frequency)	F	검사 문제에 빗나간 답을 한 경향을 평가하는 척도로 정상적인 집단의 10% 이하의 응답을 기준으로 일반적인 경향과 다른 정도를 측정한다.
	교정 척도 (Defensiveness)	K	정신적 장애가 있음에도 다른 척도에서 정상적인 면을 보이는 사람을 구별하는 척도로, 허구 척도보다 높은 고차원으로 거짓 응답을 하는 경향이 나타난다.
임상척도 (정상적 행동과 그렇지 않은 행동의 종류를 구분하는 척도로, 척도마다 다른 기준으로 점수가 매겨짐)	건강염려증 (Hypochondriasis)	Hs	신체에 대한 지나친 집착이나 신경질적 혹은 병적 불안을 측정하는 척도로, 이러한 건강염려증이 타인에게 어떤 영향을 미치는지도 측정한다.
	우울증 (Depression)	D	슬픔·비관 정도를 측정하는 척도로, 타인과의 관계 또는 본인 상태에 대한 주관적 감정을 나타낸다.
	히스테리 (Hysteria)	Hy	갈등을 부정하는 정도를 측정하는 척도로, 신체 증상을 호소하는 경우와 적대감을 부인하며 우회적인 방식으로 드러내는 경우 등이 있다.
	반사회성 (Psychopathic Deviate)	Pd	가정 및 사회에 대한 불신과 불만을 측정하는 척도로, 비도덕적 혹은 반사회적 성향 등을 판단한다.
	남성-여성특성 (Masculinity-Feminity)	Mf	남녀가 보이는 흥미와 취향, 적극성과 수동성 등을 측정하는 척도로, 성에 따른 유연한 사고와 융통성 등을 평가한다.

편집증 (Paranoia)	Pa	과대망상, 피해망상, 의심 등 편집증에 대한 정도를 측정하는 척도로 열등감, 비사교적 행동, 타인에 대한 불만과 같은 내용을 질문한다.
강박증 (Psychasthenia)	Pt	과대 근심, 강박관념, 죄책감, 공포, 불안감, 정리정돈 등을 측정하는 척도로 만성 불안 등을 측정한다.
정신분열증 (Schizophrenia)	Sc	정신적 혼란을 측정하는 척도로 자폐적 성향이나 타인과의 감정 교류, 충동 억제불능, 성적 관심, 사회적 고립 등을 평가한다.
경조증 (Hypomania)	Ma	정신적 에너지를 측정하는 척도로 생각의 다양성 및 과장성, 행동의 불안정성, 흥분성 등을 나타낸다.
사회적 내향성 (Social introversion)	Si	대인관계 기피, 사회적 접촉 회피, 비사회성 등의 요인을 측정하는 척도로 외향성 및 내향성을 구분한다.

❷ 캘리포니아 성격검사(CPI)

CPI(California Psychological Inventory)는 캘리포니아 대학의 연구팀이 개발한 인성검사로 MMPI와 함께 세계에서 가장 널리 사용되고 있는 인성검사 툴이다. CPI는 다양한 인성 요인을 통해 지원자가 답변한 응답 왜곡 가능성, 조직 역량 등을 측정한다. MMPI가 주로 정서적 측면을 진단하는 특징을 보인다면, CPI는 정상적인 사람의 심리적 특성을 주로 진단한다.

CPI는 약 480개 문항으로 구성되어 있으며 다음과 같은 18개의 척도로 구분된다.

구분	척도명	주요 내용
제1군 척도 (대인관계 적절성 측정)	지배성(Do)	리더십, 통솔력, 대인관계에서의 주도권을 측정한다.
	지위능력성(Cs)	내부에 잠재되어 있는 내적 포부, 자기 확신 등을 측정한다.
	사교성(Sy)	참여 기질이 활발한 사람과 그렇지 않은 사람을 구분한다.
	사회적 자발성(Sp)	사회 안에서의 안정감, 자발성, 사교성 등을 측정한다.
	자기 수용성(Sa)	개인적 가치관, 자기 확신, 자기 수용력 등을 측정한다.
	행복감(Wb)	생활의 만족감, 행복감을 측정하며, 긍정적인 사람으로 보이고자 거짓 응답하는 사람을 구분하는 용도로도 사용된다.
제2군 척도 (성격과 사회화, 책임감 측정)	책임감(Re)	법과 질서에 대한 양심, 책임감, 신뢰성 등을 측정한다.
	사회성(So)	가치 내면화 정도, 사회 이탈 행동 가능성 등을 측정한다.
	자기 통제성(Sc)	자기조절, 자기통제의 적절성, 충동 억제력 등을 측정한다.
	관용성(To)	사회적 신념, 편견과 고정관념 등에 대한 태도를 측정한다.
	호감성(Gi)	타인이 자신을 어떻게 보는지에 대한 민감도를 측정하며, 좋은 사람으로 보이고자 거짓 응답하는 사람을 구분한다.
	임의성(Cm)	사회에 보수적 태도를 보이고 생각 없이 적당히 응답한 사람을 판단하는 타당성 척도로도 사용된다.

제3군 척도 (인지적, 학업적 특성 측정)	순응적 성취(Ac)	성취동기, 내면의 인식, 조직 내 성취 욕구 등을 측정한다.
	독립적 성취(Ai)	독립적 사고, 창의성, 자기실현을 위한 능력 등을 측정한다.
	지적 효율성(Le)	지적 능률, 지능과 연관이 있는 성격 특성 등을 측정한다.
제4군 척도 (제1~3군과 무관한 척도의 혼합)	심리적 예민성(Py)	타인의 감정 및 경험에 대해 공감하는 정도를 측정한다.
	융통성(Fx)	개인적 사고와 사회적 행동에 대한 유연성을 측정한다.
	여향성(Fe)	남녀 비교에 따른 흥미의 남향성 및 여향성을 측정한다.

❸ SHL 직업성격검사(OPQ)

OPQ(Occupational Personality Questionnaire)는 세계적으로 많은 외국 기업에서 널리 사용하는 CEB사의 SHL 직무능력검사에 포함된 직업성격검사이다. 4개의 질문이 한 세트로 되어 있고 총 68세트 정도 출제되고 있다. 4개의 질문 안에서 '자기에게 가장 잘 맞는 것'과 '자기에게 가장 맞지 않는 것'을 1개씩 골라 '예', '아니오'로 체크하는 방식이다. 단순하게 모든 척도가 높다고 좋은 것은 아니며, 척도가 낮은 편이 좋은 경우도 있다.

기업에 따라 척도의 평가 기준은 다르다. 희망하는 기업의 특성을 연구하고, 채용 기준을 예측하는 것이 중요하다.

척도	내용	질문 예
설득력	사람을 설득하는 것을 좋아하는 경향	– 새로운 것을 사람에게 권하는 것을 잘한다. – 교섭하는 것에 걱정이 없다. – 기획하고 판매하는 것에 자신이 있다.
지도력	사람을 지도하는 것을 좋아하는 경향	– 사람을 다루는 것을 잘한다. – 팀을 아우르는 것을 잘한다. – 사람에게 지시하는 것을 잘한다.
독자성	다른 사람의 영향을 받지 않고, 스스로 생각해서 행동하는 것을 좋아하는 경향	– 모든 것을 자신의 생각대로 하는 편이다. – 주변의 평가는 신경 쓰지 않는다. – 유혹에 강한 편이다.
외향성	외향적이고 사교적인 것을 좋아하는 경향	– 다른 사람의 주목을 끄는 것을 좋아한다. – 사람들이 모인 곳에서 중심이 되는 편이다. – 담소를 나눌 때 주변을 즐겁게 해 준다.
우호성	친구가 많고 대세의 사람이 되는 것을 좋아하는 경향	– 친구와 함께 있는 것을 좋아한다. – 무엇이라도 얘기할 수 있는 친구가 많다. – 친구와 함께 무언가를 하는 것이 많다.
사회성	세상 물정에 밝고 사람 앞에서도 낯을 가리지 않는 성격	– 자신감이 있고 유쾌하게 발표할 수 있다. – 공적인 곳에서 인사하는 것을 잘한다. – 사람들 앞에서 발표하는 것이 어렵지 않다.

겸손성	사람에 대해서 겸손하게 행동하고 누구라도 똑같이 사귀는 경향	- 자신의 성과를 그다지 내세우지 않는다. - 절제를 잘하는 편이다. - 사회적인 지위에 무관심하다.
협의성	사람들에게 의견을 물으면서 일을 진행하는 경향	- 사람들의 의견을 구하며 일하는 편이다. - 타인의 의견을 묻고 일을 진행시킨다. - 친구와 상담해서 계획을 세운다.
돌봄	측은해 하는 마음이 있고, 사람을 돌봐 주는 것을 좋아하는 경향	- 개인적인 상담에 친절하게 답해 준다. - 다른 사람의 상담을 진행하는 경우가 많다. - 후배의 어려움을 돌보는 것을 좋아한다.
구체적인 사물에 대한 관심	물건을 고치거나 만드는 것을 좋아하는 경향	- 고장 난 물건을 수리하는 것이 재미있다. - 상태가 안 좋은 기계도 잘 사용한다. - 말하기보다는 행동하기를 좋아한다.
데이터에 대한 관심	데이터를 정리해서 생각하는 것을 좋아하는 경향	- 통계 등의 데이터를 분석하는 것을 좋아한다. - 표를 만들거나 정리하는 것을 좋아한다. - 숫자를 다루는 것을 좋아한다.
미적가치에 대한 관심	미적인 것이나 예술적인 것을 좋아하는 경향	- 디자인 감각이 뛰어나다. - 미술이나 음악을 좋아한다. - 미적인 감각에 자신이 있다.
인간에 대한 관심	사람의 행동에 대한 동기나 배경을 분석하는 것을 좋아하는 경향	- 다른 사람을 분석하는 편이다. - 타인의 행동을 보면 동기를 알 수 있다. - 다른 사람의 행동을 잘 관찰한다.
정통성	이미 있는 가치관을 소중히 하고, 익숙한 방법으로 사물을 행하는 방법을 좋아하는 경향	- 실적이 보장되는 확실한 방법을 취한다. - 낡은 가치관을 존중하는 편이다. - 보수적인 편이다.
변화 지향	변화를 추구하고 변화를 받아들이는 것을 좋아하는 경향	- 새로운 것을 하는 것을 좋아한다. - 해외여행을 좋아한다. - 경험이 없더라도 시도해 보는 것을 좋아한다.
개념성	지식에 대한 욕구가 있고 논리적으로 생각하는 것을 좋아하는 경향	- 개념적인 사고가 가능하다. - 분석적인 사고를 좋아한다. - 순서를 만들고 단계에 따라 생각한다.
창조성	새로운 분야에 대한 공부를 하는 것을 좋아하는 경향	- 새로운 것을 추구한다. - 독창성이 있다. - 신선한 아이디어를 낸다.
계획성	앞을 생각해서 사물을 예상하고, 계획적으로 실행하는 것을 좋아하는 경향	- 과거를 돌이켜보며 계획을 세운다. - 앞날을 예상하며 행동한다. - 실수를 돌아보며 대책을 강구하는 편이다.

치밀함	정확한 순서를 세워서 진행하는 것을 좋아하는 경향	– 사소한 실수는 거의 하지 않는다. – 정확하게 요구되는 것을 좋아한다. – 사소한 것에도 주의하는 편이다.
꼼꼼함	어떤 일이든 마지막까지 꼼꼼하게 마무리 짓는 경향	– 맡은 일을 마지막까지 해결한다. – 마감 시한은 반드시 지킨다. – 시작한 일은 중간에 그만두지 않는다.
여유	평소에 릴랙스하고, 스트레스에 강한 경향	– 감정의 회복이 빠르다. – 분별없이 함부로 행동하지 않는다. – 스트레스에 잘 대처한다.
근심 · 걱정	어떤 일이 잘 진행되지 않으면 불안을 느끼고, 중요한 약속이나 일의 앞에는 긴장하는 경향	– 예정대로 잘되지 않으면 근심 · 걱정이 많다. – 신경 쓰이는 일이 있으면 불안하다. – 중요한 만남 전에는 기분이 편하지 않다.
호방함	사람들이 자신을 어떻게 생각하는지를 신경 쓰지 않는 경향	– 사람들이 자신을 어떻게 생각하는지 그다지 신경 쓰지 않는다. – 상처받아도 동요하지 않고 아무렇지 않은 태도를 취한다. – 사람들의 비판을 신경 쓰지 않는다.
억제	감정을 표현하지 않는 경향	– 쉽게 감정적으로 되지 않는다. – 분노를 억누른다. – 격분하지 않는다.
낙관적	사물을 낙관적으로 보는 경향	– 낙관적으로 생각하고 일을 진행시킨다. – 문제가 일어나도 낙관적으로 생각한다.
비판적	비판적으로 사물을 생각하고, 이론 · 문장 등의 오류에 신경 쓰는 경향	– 이론의 모순을 찾아낸다. – 계획이 갖춰지지 않음이 신경 쓰인다. – 누구도 신경 쓰지 않는 오류를 찾아낸다.
행동력	운동을 좋아하고, 민첩하게 행동하는 경향	– 동작이 날렵하다. – 여가를 활동적으로 보낸다. – 몸을 움직이는 것을 좋아한다.
경쟁성	지는 것을 싫어하는 경향	– 승부를 겨루게 되면 지는 것을 싫어한다. – 상대를 이기는 것을 좋아한다. – 싸워 보지 않고 포기하는 것을 싫어한다.
출세 지향	출세하는 것을 중요하게 생각하고, 야심적인 목표를 향해 노력하는 경향	– 출세 지향적인 성격이다. – 어려운 목표도 달성할 수 있다. – 실력으로 평가받는 사회가 좋다.
결단력	빠르게 판단하는 경향	– 답을 빠르게 찾아낸다. – 문제에 대한 빠른 상황 파악이 가능하다. – 위험을 감수하고도 결단을 내리는 편이다.

🖋4 인성검사 합격 전략

❶ 포장하지 않은 솔직한 답변

'다른 사람을 힘들게 한 적이 한 번도 없다', '물건을 훔치고 싶다고 생각해 본 적이 없다'

이 질문에 당신은 '그렇다', '아니다' 중 무엇을 선택할 것인가? 채용기업이 인성검사를 실시하는 가장 큰 이유는 '이 사람이 어떤 성향을 가진 사람인가'를 효율적으로 파악하기 위해서이다.

인성검사는 도덕적 가치가 빼어나게 높은 사람을 판별하려는 것도 아니고, 성인군자를 가려내기 위함도 아니다. 인간의 보편적 성향과 상식적 사고를 고려할 때, 도덕적 질문에 지나치게 겸손한 답변을 체크하면 오히려 솔직하지 못한 것으로 간주되거나 인성을 제대로 판단하지 못해 무효 처리가 되기도 한다. 자신의 성격을 포장하여 작위적인 답변을 하지 않도록 솔직하게 임하는 것이 예기치 않은 결과를 피하는 첫 번째 전략이 된다.

❷ 필터링 함정을 피하고 일관성 유지

앞서 강조한 솔직함은 일관성과 연결된다. 인성검사를 구성하는 많은 척도는 여러 형태의 문장 속에 동일한 요소를 적용해 반복되기도 한다. 예컨대 '나는 매우 활동적인 사람이다'와 '나는 운동을 매우 좋아한다'라는 질문에 '그렇다'고 체크한 사람이 '휴일에는 집에서 조용히 쉬며 독서하는 것이 좋다'에도 '그렇다'고 체크한다면 일관성이 없다고 평가될 수 있다.

그러나 일관성 있는 답변에만 매달리면 '이 사람이 같은 답변만 체크하기 위해 이 부분만 신경 썼구나'하는 필터링 함정에 빠질 수도 있다. 비슷하게 보이는 문장이 무조건 같은 내용이라고 판단하여 똑같이 답하는 것도 주의해야 한다. 일관성보다 중요한 것은 솔직함이다. 솔직함이 전제되지 않은 일관성은 허위 척도 필터링에서 드러나게 되어 있다. 유사한 질문의 응답이 터무니없이 다르거나 양극단에 치우치지 않는 정도라면 약간의 차이는 크게 문제되지 않는다. 중요한 것은 솔직함과 일관성이 하나의 연장선에 있다는 점을 명심하자.

❸ 지원한 직무와 연관성을 고려

다양한 분야의 많은 계열사와 큰 조직을 통솔하는 대기업은 여러 사람이 조직적으로 움직이는 만큼 각 직무에 걸맞은 능력을 갖춘 인재가 필요하다. 그래서 기업은 매년 신규채용으로 입사한 신입사원들의 젊은 패기와 참신한 능력을 성장 동력으로 활용한다.

기업은 사교성 있고 활달한 사람만을 원하지 않는다. 해당 직군과 직무에 따라 필요로 하는 사원의 능력과 개성이 다르기 때문에, 지원자가 희망하는 계열사나 부서의 직무가 무엇인지 제대로 파악하여 자신의 성향과 맞는지에 대한 고민은 반드시 필요하다. 같은 질문이라도 기업이 원하는 인재상이나 부서의 직무에 따라 판단 척도가 달라질 수 있다.

❹ 평상심 유지와 컨디션 관리

역시 솔직함과 연결된 내용이다. 한 질문에 대해 오래 고민하고 신경 쓰면 불필요한 생각이 개입될 소지가 크다. 이는 직관을 떠나 이성적 판단에 따라 포장할 위험이 높아진다는 뜻이기도 하다. 오래 생각하지 말고 자신의 평상시 생각과 감정대로 답하는 것이 중요하며, 가능한 한 건너뛰지 말고 모든 질문에 답하도록 한다. 300~400개 정도의 문항을 출제하는 기업이 많기 때문에, 끝까지 집중하여 임하는 것이 중요하다.

특히 적성검사와 같은 날 실시하는 경우, 적성검사를 마친 후 연이어 보기 때문에 신체적·정신적으로 피로한 상태에서 자세가 흐트러질 수도 있다. 따라서 컨디션을 유지하면서 문항당 7~10초 이상 쓰지 않도록 하고, 문항 수가 많을 때는 답안지에 바로 바로 표기하도록 한다.

02 인성검사 유형 연습

📧 인성검사 유형

- **TYPE A** : 예 / 아니오 선택 유형
- **TYPE B** : 문항군 개별 항목 선택 유형
- **TYPE C** : 둘 중 가장 가까운 문항 선택 유형
- **TYPE D** : 개별 항목 선택 후 가장 가깝다 / 가장 멀다 선택 유형
- **TYPE E** : 상황 선택 유형

📧 TYPE A 예 / 아니오 선택 유형

| 01~24 | 제시된 항목이 자신의 성향에 해당된다고 생각하면 '예', 해당되지 않는다면 '아니오'를 선택하는 유형이다. 비슷한 문항이 반복되기 때문에 일관성을 유지해야 한다.

※ 질문에 해당된다고 생각하면 '예', 해당되지 않는다면 '아니오'를 선택하시오.

번호	질문	예 / 아니오	
		YES	NO
1	나는 수줍음을 많이 타는 편이다.		
2	한 가지 일에 집중하기 힘들다.		
3	나는 개인적 사정으로 타인에게 피해를 주는 사람을 이해할 수 없다.		
4	요즘 같은 세상에서는 누구든 믿을 수 없다.		
5	나는 새로운 집단에서 친구를 쉽게 사귀는 편이다.		
6	곤경을 모면하기 위해 꾀병을 부린 적이 있다.		
7	나는 자주 무력감을 느낀다.		
8	일단 화가 나면 냉정을 잃는다.		
9	나는 다른 사람을 챙기는 태도가 몸에 배여 있다.		
10	나는 내가 하고 싶은 일은 꼭 해야 한다.		
11	나는 부지런하다는 말을 자주 듣는다.		
12	나는 사람들에게 잘 보이기 위해 마음에 없는 거짓말을 한다.		
13	내가 인정받기 위해서 규칙을 위반한 행위를 한 적이 있다.		
14	모르는 사람과 있을 때 내가 먼저 말을 거는 일은 거의 없다.		
15	나는 몸이 좋지 않더라도 내 일에 최선을 다 한다.		

16	남이 나에게 친절을 베풀면 내게 숨겨신 이유가 무엇인지 생각해 본다.		
17	나는 난처한 상황에 처하면 다른 사람에게 먼저 말을 건다.		
18	나는 감정을 표현하는 것이 자연스럽다.		
19	숭요한 일은 먼서 한다.		
20	나는 새로운 방식을 좋아한다.		
21	나는 다른 사람들의 눈에 띄지 않게 조용히 살고 싶다.		
22	나는 누군가 내 의견을 반박하면 물러서지 않고 논쟁을 벌인다.		
23	나는 할 말은 반드시 하는 사람이다.		
24	나는 주어진 일에 최선을 다해 완수하려고 한다.		

🙂 TYPE B 문항군 개별 항목 선택 유형

| 01~23 | 제시된 항목에 대해 자신의 성향에 따라 '① 매우 그렇지 않다 ~ ⑤ 매우 그렇다' 가운데 해당하는 것을 선택한다. 문항 수가 많고 답변하기 어려운 항목이 있기 때문에 자신의 가치관이나 신념을 바탕으로 개별 항목을 선택한다.

※ 제시된 항목을 읽고 본인에게 해당되는 부분을 선택하시오.

① 매우 그렇지 않다　　② 그렇지 않다　　③ 보통이다　　④ 그렇다　　⑤ 매우 그렇다

01. 항상 사람들에게 정직하고 솔직하다.　　　① ② ③ ④ ⑤

02. 여러 사람들이 어울리는 장소는 매우 불편하다.　　　① ② ③ ④ ⑤

03. 내가 한 행동에 대해 절대 후회하지 않는다.　　　① ② ③ ④ ⑤

04. 사소한 절차를 어기더라도 일을 빨리 진행하는 것이 우선이다.　　　① ② ③ ④ ⑤

05. 어차피 누군가가 해야 할 일이라면 내가 먼저 한다.　　　① ② ③ ④ ⑤

06. 정해진 원칙과 계획대로만 일을 진행해야 실수를 하지 않는다.　　　① ② ③ ④ ⑤

07. 언제나 모두의 이익을 생각하면서 일한다.　　　① ② ③ ④ ⑤

08. 누구와도 어렵지 않게 어울릴 수 있다. ① ② ③ ④ ⑤

09. 비록 나와 관계없는 사람일지라도 도움을 요청하면 도와준다. ① ② ③ ④ ⑤

10. "악법도 법이다."라는 말을 이해할 수 없다. ① ② ③ ④ ⑤

11. 누군가가 나를 조종하는 것 같다. ① ② ③ ④ ⑤

12. 제품별로 선호하는 브랜드가 있다. ① ② ③ ④ ⑤

13. 내 주위 사람들은 나의 감정을 잘 알아채지 못한다. ① ② ③ ④ ⑤

14. 항상 다니는 익숙한 길을 선호한다. ① ② ③ ④ ⑤

15. 갈등은 부정적인 결과를 초래하기 때문에 피하는 것이 좋다. ① ② ③ ④ ⑤

16. 문제 해결을 위해서 기발한 아이디어를 제공하는 편이다. ① ② ③ ④ ⑤

17. 실패가 예상되는 일은 시작하지 않는다. ① ② ③ ④ ⑤

18. 조직의 문화는 따라야 한다고 생각한다. ① ② ③ ④ ⑤

19. 조직은 개인의 성장을 위해 물질적인 보상을 아낌없이 해 주어야 한다. ① ② ③ ④ ⑤

20. 요즘에는 무슨 일이든 결정을 잘 내리지 못한다. ① ② ③ ④ ⑤

21. 다른 사람들이 내 이야기를 하고 있는 것을 느낀다. ① ② ③ ④ ⑤

22. 나는 돈보다는 시간이 중요하다. ① ② ③ ④ ⑤

23. 다른 사람이 잘못하는 것을 보면 지적하는 편이다. ① ② ③ ④ ⑤

1회 2회 3회 4회 5회 6회 7회 8회 9회 인성검사 면접가이드

TYPE C 둘 중 가장 가까운 문항 선택 유형

| 01~15 | 제시된 2개의 문항을 읽고 자신에게 해당된다고 생각하는 것을 선택하는 유형이다.

※ 제시된 항목을 읽고 본인에게 해당되는 것을 선택하시오.

01. ① 의견을 자주 표현하는 편이다.
    ② 주로 남의 의견을 듣는 편이다.

①	②

02. ① 정해진 틀이 있는 환경에서 주어진 과제를 수행하는 일을 좋아한다.
    ② 새로운 아이디어를 활용하여 변화를 추구하는 일을 하고 싶다.

①	②

03. ① 실제적인 정보를 수집하고 이를 체계적으로 적용하는 일을 하고 싶다.
    ② 새로운 아이디어를 활용하여 변화를 추구하는 일을 하고 싶다.

①	②

04. ① 계획을 세울 때 세부일정까지 구체적으로 짜는 편이다.
    ② 계획을 세울 때 상황에 맞게 대처할 수 있는 여지를 두고 짜는 편이다.

①	②

05. ① 한 가지 일에 몰두한다.
    ② 멀티태스킹이 가능하다.

①	②

06. ① 외향적인 성격이라는 말을 듣는다.
    ② 내향적인 성격이라는 말을 듣는다.

①	②

07. ① 일을 선택할 때는 인간관계를 중시한다.
    ② 일을 선택할 때는 일의 보람을 중시한다.

①	②

08. ① 사람들은 나에 대해 합리적이고 이성적인 사람이라고 말한다.
    ② 사람들은 나에 대해 감정이 풍부하고 정에 약한 사람이라고 말한다.

①	②

09. ① 신속한 의사결정을 선호하는 편이다.
    ② 시간이 걸려도 여러 가지 면을 고려한 의사결정을 선호하는 편이다.

①	②

10. ① 인성보다는 능력이 중요하다.
    ② 능력보다는 인성이 중요하다.

①	②

11. ① SNS 활동을 즐겨한다.
    ② SNS는 인생의 낭비라고 생각한다.

①	②

12. ① 미래를 위해 돈을 모아야 한다고 생각한다.
    ② 현재를 즐기기 위해 나에게 투자해야 한다고 생각한다.

①	②

13. ① 인류의 과학 발전을 위해 동물 실험은 필요하다.
    ② 인류를 위한 동물 실험은 없어져야 한다.

①	②

14. ① 외계인이 있다고 생각한다.
    ② 외계인은 상상의 허구라고 생각한다.

①	②

15. ① 능력이 있는 선배를 보고 자극을 느낀다.
    ② 능력이 있는 후배를 보고 자극을 느낀다.

①	②

🙂 TYPE D 개별 항목 선택 후 가장 가깝다 / 가장 멀다 선택 유형

| 01~10 | 4개 내외의 문항군으로 구성된 항목에서 자신이 동의하는 정도에 따라 '매우 그렇지 않다 ~ 매우 그렇다' 중 해당하는 것을 선택한 후, 자신과 가장 가까운 것과 가장 먼 것을 해나씩 선택하는 유형이다.

※ 제시된 항목에 대해 각각 '매우 그렇지 않다 ~ 매우 그렇다' 중 선택한 후, 네 항목 중 자신과 가장 가까운 것을 하나, 가장 먼 것을 하나 선택한다.

01.　1.1　내 분야에서 전문성에 관한 한 동급 최강이라고 생각한다.
　　　1.2　규칙적으로 운동을 하는 편이다.
　　　1.3　나는 사람들을 연결시켜 주거나 연결해 달라는 부탁을 주변에서 많이 받는 편이다.
　　　1.4　다른 사람들이 생각하기에 관련 없어 보이는 것을 통합하여 새로운 아이디어를 낸다.

L 가장 멀다 / M 가장 가깝다
1 (매우 그렇지 않다) / 5 (매우 그렇다)

	L	M	1	2	3	4	5
1.1	○	○	○	○	○	○	○
1.2	○	○	○	○	○	○	○
1.3	○	○	○	○	○	○	○
1.4	○	○	○	○	○	○	○

02.　2.1　모임을 주선하게 되는 경우가 자주 있다.
　　　2.2　나는 학창시절부터 리더역할을 많이 해 왔다.
　　　2.3　새로운 아이디어를 낸다.
　　　2.4　변화를 즐기는 편이다.

L 가장 멀다 / M 가장 가깝다
1 (매우 그렇지 않다) / 5 (매우 그렇다)

	L	M	1	2	3	4	5
2.1	○	○	○	○	○	○	○
2.2	○	○	○	○	○	○	○
2.3	○	○	○	○	○	○	○
2.4	○	○	○	○	○	○	○

03.　3.1　혼자서 생활해도 밥은 잘 챙겨먹고 생활리듬이 많이 깨지 않는 편이다.
　　　3.2　다른 나라의 음식을 시도해 보는 것이 즐겁다.
　　　3.3　나 스스로에 대해서 높은 기준을 제시하는 편이다.
　　　3.4　"왜?"라는 질문을 자주 한다.

L 가장 멀다 / M 가장 가깝다
1 (매우 그렇지 않다) / 5 (매우 그렇다)

	L	M	1	2	3	4	5
3.1	○	○	○	○	○	○	○
3.2	○	○	○	○	○	○	○
3.3	○	○	○	○	○	○	○
3.4	○	○	○	○	○	○	○

04.　4.1　대화를 주도한다.
　　　4.2　하루에 1~2시간 이상 자기 계발을 위해 시간을 투자한다.
　　　4.3　나 스스로에 대해서 높은 기준을 세우고 시도해 보는 것을 즐긴다.
　　　4.4　나와 다른 분야에 종사하는 사람들을 만나도 쉽게 공통점을 찾을 수 있다.

L 가장 멀다 / M 가장 가깝다
1 (매우 그렇지 않다) / 5 (매우 그렇다)

	L	M	1	2	3	4	5
4.1	○	○	○	○	○	○	○
4.2	○	○	○	○	○	○	○
4.3	○	○	○	○	○	○	○
4.4	○	○	○	○	○	○	○

05. 5.1 자신감 넘친다는 평가를 주변으로부터 듣는다.

    5.2 다른 사람들의 눈에는 상관없어 보일지라도 내가 보기에 관련이 있으면 활용해서 할 수 있는 일에 대해서 생각해 본다.

    5.3 다른 문화권 중 내가 잘 적응할 수 있다고 생각하는 곳이 있다.

    5.4 한 달 동안 사용한 돈이 얼마인지 파악할 수 있다.

L 가장 멀다 / M 가장 가깝다
1 (매우 그렇지 않다) / 5 (매우 그렇다)

	L	M	1	2	3	4	5
5.1	○	○	○	○	○	○	○
5.2	○	○	○	○	○	○	○
5.3	○	○	○	○	○	○	○
5.4	○	○	○	○	○	○	○

06. 6.1 내 분야의 최신 동향 혹은 이론을 알고 있으며, 항상 업데이트하려고 노력한다.

    6.2 나는 설득을 잘하는 사람이다.

    6.3 현상에 대한 새로운 해석을 알게 되는 것이 즐겁다.

    6.4 새로운 기회를 만들기 위해서 다방면으로 노력을 기울인다.

L 가장 멀다 / M 가장 가깝다
1 (매우 그렇지 않다) / 5 (매우 그렇다)

	L	M	1	2	3	4	5
6.1	○	○	○	○	○	○	○
6.2	○	○	○	○	○	○	○
6.3	○	○	○	○	○	○	○
6.4	○	○	○	○	○	○	○

07. 7.1 한 달 동안 필요한 돈이 얼마인지 파악하고 있다.

    7.2 업무나 전공 공부에 꼭 필요한 분야가 아니더라도 호기심이 생기면 일정 정도의 시간을 투자하여 탐색해 본다.

    7.3 어디가서든 친구들 중에서 내가 제일 적응을 잘하는 편이다.

    7.4 대개 어떤 모임이든 나가다 보면 중심 멤버가 돼 있는 경우가 많다.

L 가장 멀다 / M 가장 가깝다
1 (매우 그렇지 않다) / 5 (매우 그렇다)

	L	M	1	2	3	4	5
7.1	○	○	○	○	○	○	○
7.2	○	○	○	○	○	○	○
7.3	○	○	○	○	○	○	○
7.4	○	○	○	○	○	○	○

08. 8.1 어떤 모임에 가서도 관심사가 맞는 사람들을 금방 찾아낼 수 있다.

    8.2 잘 모르는 것이 있으면 전문서적을 뒤져서라도 알아내야 직성이 풀린다.

    8.3 나와 함께 일하는 사람들을 적재적소에서 잘 이용한다.

    8.4 상대방의 욕구를 중요하게 생각하며 그에 맞추어 주려고 한다.

L 가장 멀다 / M 가장 가깝다
1 (매우 그렇지 않다) / 5 (매우 그렇다)

	L	M	1	2	3	4	5
8.1	○	○	○	○	○	○	○
8.2	○	○	○	○	○	○	○
8.3	○	○	○	○	○	○	○
8.4	○	○	○	○	○	○	○

09. 9.1 극복하지 못할 장애물은 없다고 생각한다.

    9.2 생활패턴이 규칙적인 편이다.

    9.3 어디에 떨어트려 놓아도 죽진 않을 것 같다는 소리를 자주 듣는다.

    9.4 내 분야의 전문가가 되기 위한 구체적인 계획을 가지고 있다.

L 가장 멀다 / M 가장 가깝다
1 (매우 그렇지 않다) / 5 (매우 그렇다)

	L	M	1	2	3	4	5
9.1	○	○	○	○	○	○	○
9.2	○	○	○	○	○	○	○
9.3	○	○	○	○	○	○	○
9.4	○	○	○	○	○	○	○

10. 10.1 누구보다 앞장서서 일하는 편이다.

    10.2 내가 무엇을 하면 처져 있을 때 기분이 전환되는지 잘 알고 있다.

    10.3 일어날 일에 대해서 미리 예상하고 준비하는 편이다.

    10.4 동문회에 나가는 것이 즐겁다.

L 가장 멀다 / M 가장 가깝다
1 (매우 그렇지 않다) / 5 (매우 그렇다)

	L	M	1	2	3	4	5
10.1	○	○	○	○	○	○	○
10.2	○	○	○	○	○	○	○
10.3	○	○	○	○	○	○	○
10.4	○	○	○	○	○	○	○

1회 2회 3회 4회 5회 6회 7회 8회 9회 인성검사 면접가이드

🙂 TYPE E 상황 선택 유형

| 01~06 | 회사 생활에서 당면하는 각각의 상황을 읽고 그 행동에 대한 대부분 사람들의 공감 정도를 생각하여 '① 전혀 그렇지 않다, ② 별로 그렇지 않다, ③ 보통이다, ④ 약간 그렇다, ⑤ 거의 그렇다, ⑥ 매우 그렇다' 중 하나를 선택하는 문항과 일상 및 업무 중에 마주할 수 있는 상황과 함께 선택지에서 본인이 어떤 선택을 할 것인지 고르는 유형이 있다.

※ 제시된 항목을 읽고 본인에게 해당되는 부분을 선택하시오.

01. D 대리는 아직 입사 1년이 되지 않은 후임 Y 사원과 프로젝트 A, B를 하나씩 나눠 맡으라는 지시를 받았다. A 프로젝트는 난이도가 높고 임원들까지 각별히 관심을 갖고 있어 상당히 부담스러운 반면, B 프로젝트는 신입이라도 그럭저럭 진행할 만큼 무난하다. D 대리가 A 프로젝트를 맡으면 이로 인한 업무 스트레스와 실패 시 남을 오점이 우려되며, 반대로 D 대리가 B 프로젝트를 맡으면 아직 업무에 미숙한 Y 사원의 A 프로젝트 실패가 확실시된다. 당신이 D 대리라면 어떻게 하겠는가?

   ① Y 사원보다는 내가 업무에 능숙하므로 어렵더라도 A 프로젝트를 선택한다.
   ② Y 사원에게는 미안한 일이지만 나의 회사생활이 더 중요하므로 B 프로젝트를 선택한다.
   ③ 먼저 선택할 권한을 Y 사원에게 넘긴다.
   ④ 상사에게 자신과 Y 사원이 담당할 프로젝트를 각각 지정해 달라고 한다.

02. 당신은 평소 가고 싶던 부서에 발령을 받아 반드시 지방에 내려가야 하는 상황이다. 그런데 배우자는 자녀의 교육을 위해서는 지방 생활이 도움이 되지 않는다며 이사를 완강히 거부하고 있다. 어떻게 하겠는가?

   ① 가정과 자녀의 교육을 위해서 부서 발령과 이사를 포기한다.
   ② 혼자 지방에 내려가 따로 지낸다.
   ③ 부인에게 새로운 부서 발령과 지방 생활의 이점을 설득한다.
   ④ 부인의 설득은 나중으로 미루고 이사를 추진한다.

03. Z 회사의 직원인 P는 평소처럼 W 상사가 재미없는 농담을 해서 그냥 한 귀로 흘려듣고 있었다. 그런데 P를 꼭 찍어 "왜 안 웃어?"라고 W 상사가 묻는다. 이때 당신이 P라면 어떻게 하겠는가?

   ① 일단 큰 소리로 웃는다.
   ② 재미없었다는 생각이 드러나지 않게 다른 핑계를 댄다.
   ③ 웃음까지 강요하는 것은 부당하다고 말한다.
   ④ 더 재미있는 농담을 건네며 넘어간다.

04. K는 창의적인 기획안을 제출하였으나, 상사는 기존의 방식대로 일을 처리하자고 한다. 당신이 K라면 어떻게 하겠는가?

① 상사의 지시대로 한다.
② 더 높은 상사에게 기획안을 제출한다.
③ 동료들과 상의하여 기획안을 제출한다.
④ 창의적인 기획안을 실행했을 때의 장단점을 제출한다.

05. 함 사원의 부서는 상반기 성과가 좋아 회사로부터 추가 수당과 함께 휴가도 얻었다. 그런데 함 사원은 우연히 같은 부서 상사인 이 부장이 회사 규칙에 반하는 영업방식을 통해 부당한 업무성과를 내고 있으며, 이로 인해 함 사원의 부서가 이익을 얻고 있음을 알게 되었다. 이 사실을 알리면 추가 수당과 휴가의 반납은 물론 부서 사람들과의 관계도 완전히 틀어질 것이다.

전혀 그렇지 않다	별로 그렇지 않다	보통 이다	약간 그렇다	거의 그렇다	매우 그렇다

05-1 당신이 함 사원이라면 이 사실을 묵인할 것인가?

①	②	③	④	⑤	⑥

05-2 당신이 함 사원이라면 이 부장의 행동이 업계 관행인지 알아볼 것인가?

①	②	③	④	⑤	⑥

06. 이 팀장은 새로운 기획안을 진행하기 위해 팀원들로부터 세부적인 아이디어를 모았다. 이를 구체적으로 진행하려면 인력 보충이 필요한 상황이다. 이 팀장은 이번 프로젝트에 확실한 성과를 내야 하고, 충원할 수 있는 인력으로는 경력 사원 P와 신입사원 A가 있다.

전혀 그렇지 않다	별로 그렇지 않다	보통 이다	약간 그렇다	거의 그렇다	매우 그렇다

06-1 당신이 이 팀장이라면 경력사원과 함께 일할 것인가?

①	②	③	④	⑤	⑥

06-2 당신이 이 팀장이라면 신입사원과 함께 일할 것인가?

①	②	③	④	⑤	⑥

울산광역시교육청 교육공무직원

면접이란? 지원자가 보유한 직무 관련 능력 및 직무적합도와 더불어 인품, 언행 등을 직접 만나 평가하는 것을 말한다.

파트 **3** **면접가이드**

면접의 이해

※ 능력 중심 채용에서는 타당도가 높은 구조화 면접을 적용한다.

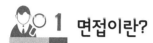 1 면접이란?

일을 하는 데 필요한 능력(직무역량, 직무지식, 인재상 등)을 지원자가 보유하고 있는지를 다양한 면접기법을 활용하여 확인하는 절차이다. 자신의 환경, 성취, 관심사, 경험 등에 대해 이야기하여 본인이 적합하다는 것을 보여 줄 기회를 제공하고, 면접관은 평가에 필요한 정보를 수집하고 평가하는 것이다.

- 지원자의 태도, 적성, 능력에 대한 정보를 심층적으로 파악하기 위한 선발 방법
- 선발의 최종 의사결정에 주로 사용되는 선발 방법
- 전 세계적으로 선발에서 가장 많이 사용되는 핵심적이고 중요한 방법

2 면접의 특징

서류전형이나 인적성검사에서 드러나지 않는 것들을 볼 수 있는 기회를 제공한다.

- 직무수행과 관련된 다양한 지원자 행동에 대한 관찰이 가능하다.
- 면접관이 알고자 하는 정보를 심층적으로 파악할 수 있다.
- 서류상으로 미비한 사항과 의심스러운 부분을 확인할 수 있다.
- 커뮤니케이션, 대인관계행동 등 행동·언어적 정보도 얻을 수 있다.

3 면접의 평가요소

❶ 인재적합도

해당 기관이나 기업별 인재상에 대한 인성 평가

❷ 조직적합도

조직에 대한 이해와 관련 상황에 대한 평가

❸ 직무적합도

직무에 대한 지식과 기술, 태도에 대한 평가

4 면접의 유형

구조화된 정도에 따른 분류

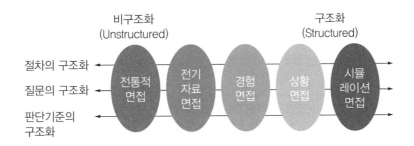

비구조화 (Unstructured) / 구조화 (Structured)

절차의 구조화 ← / 질문의 구조화 / 판단기준의 구조화 ←

전통적 면접 · 전기 자료 면접 · 경험 면접 · 상황 면접 · 시뮬레이션 면접

❶ 구조화 면접(Structured Interview)

사전에 계획을 세워 질문의 내용과 방법, 지원자의 답변 유형에 따른 추가 질문과 그에 대한 평가역량이 정해져 있는 면접 방식(표준화 면접)

- 표준화된 질문이나 평가요소가 면접 전 확정되며, 지원자는 편성된 조나 면접관에 영향을 받지 않고 동일한 질문과 시간을 부여받을 수 있음.
- 조직 또는 직무별로 주요하게 도출된 역량을 기반으로 평가요소가 구성되어, 조직 또는 직무에서 필요한 역량을 가진 지원자를 선발할 수 있음.
- 표준화된 형식을 사용하는 특성 때문에 비구조화 면접에 비해 신뢰성과 타당성, 객관성이 높음.

❷ 비구조화 면접(Unstructured Interview)

면접 계획을 세울 때 면접 목적만 명시하고 내용이나 방법은 면접관에게 전적으로 일임하는 방식(비표준화 면접)

- 표준화된 질문이나 평가요소 없이 면접이 진행되며, 편성된 조나 면접관에 따라 지원자에게 주어지는 질문이나 시간이 다름.
- 면접관의 주관적인 판단에 따라 평가가 이루어져 평가 오류가 빈번히 일어남.
- 상황 대처나 언변이 뛰어난 지원자에게 유리한 면접이 될 수 있음.

02 구조화 면접 기법

 1 경험면접(Behavioral Event Interview)

면접 프로세스

안내	지원자는 입실 후, 면접관을 통해 인사말과 면접에 대한 간단한 안내를 받음.

▼

질문	지원자는 면접관에게 평가요소(직업기초능력, 직무수행능력 등)와 관련된 주요 질문을 받게 되며, 질문에서 의도하는 평가요소를 고려하여 응답할 수 있도록 함.

▼

세부질문	• 지원자가 응답한 내용을 토대로 해당 평가기준들을 충족시키는지 파악하기 위한 세부질문이 이루어짐. • 구체적인 행동·생각 등에 대해 응답할수록 높은 점수를 얻을 수 있음.

• 방식

　해당 역량의 발휘가 요구되는 일반적인 상황을 제시하고, 그러한 상황에서 어떻게 행동했었는지(과거 경험)를 이야기하도록 함.

• 판단기준

　해당 역량의 수준, 경험 자체의 구체성, 진실성 등

• 특징

　추상적인 생각이나 의견 제시가 아닌 과거 경험 및 행동 중심의 질의가 이루어지므로 지원자는 사전에 본인의 과거 경험 및 사례를 정리하여 면접에 대비할 수 있음.

• 예시

지원분야		지원자		면접관		(인)
경영자원관리 조직이 보유한 인적자원을 효율적으로 활용하여, 조직 내 유·무형 자산 및 재무자원을 효율적으로 관리한다.						
주질문						
A. 어떤 과제를 처리할 때 기존에 팀이 사용했던 방식의 문제점을 찾아내 이를 보완하여 과제를 더욱 효율적으로 처리했던 경험에 대해 이야기해 주시기 바랍니다.						
세부질문						
[상황 및 과제] 사례와 관련해 당시 상황에 대해 이야기해 주시기 바랍니다. [역할] 당시 지원자께서 맡았던 역할은 무엇이었습니까? [행동] 사례와 관련해 구성원들의 설득을 이끌어 내기 위해 어떤 노력을 하였습니까? [결과] 결과는 어땠습니까?						

기대행동	평점
업무진행에 있어 한정된 자원을 효율적으로 활용한다.	① - ② - ③ - ④ - ⑤
구성원들의 능력과 성향을 파악해 효율적으로 업무를 배분한다.	① - ② - ③ - ④ - ⑤
효과적 인적/물적 자원관리를 통해 맡은 일을 무리 없이 잘 마무리한다.	① - ② - ③ - ④ - ⑤

척도해설

1 : 행동증거가 거의 드러나지 않음	2 : 행동증거가 미약하게 드러남	3 : 행동증거가 어느 정도 드러남	4 : 행동증거가 명확하게 드러남	5 : 뛰어난 수준의 행동증거가 드러남

관찰기록 :

총평 :

※ 실제 적용되는 평가지는 기업/기관마다 다름.

2 상황면접(Situational Interview)

면접 프로세스

안내 — 지원자는 입실 후, 면접관을 통해 인사말과 면접에 대한 간단한 안내를 받음.

질문
- 지원자는 상황질문지를 검토하거나 면접관을 통해 상황 및 질문을 제공받음.
- 면접관의 질문이나 질문지의 의도를 파악하여 응답할 수 있도록 함.

세부질문
- 지원자가 응답한 내용을 토대로 해당 평가기준들을 충족시키는지 파악하기 위한 세부질문이 이루어짐.
- 구체적인 행동·생각 등에 대해 응답할수록 높은 점수를 얻을 수 있음.

- **방식**
  직무 수행 시 접할 수 있는 상황들을 제시하고, 그러한 상황에서 어떻게 행동할 것인지(행동의도)를 이야기하도록 함.

- **판단기준**
  해당 상황에 맞는 해당 역량의 구체적 행동지표

- **특징**
  지원자의 가치관, 태도, 사고방식 등의 요소를 평가하는 데 용이함.

• 예시

지원분야		지원자		면접관	(인)

유관부시협업
타 부서의 업무협조요청 등에 적극적으로 협력하고 갈등 상황이 발생하지 않도록 이해관계를 조율하며 관련 부서의 협업을 효과적으로 이끌어 낸다.

주질문
당신은 생산관리팀의 팀원으로, 2개월 뒤에 제품 A를 출시하기 위해 생산팀의 생산 계획을 수립한 상황입니다. 그러나 원가가 곧 실적으로 이어지는 구매팀에서는 최대한 원가를 줄여 전반적 단가를 낮추려고 원가절감을 위한 제안을 하였으나, 연구개발팀에서는 구매팀이 제안한 방식으로 제품을 생산할 경우 대부분이 구매팀의 실적으로 산정될 것이므로 제대로 확인도 해 보지 않은 채 적합하지 않은 방식이라고 판단하고 있습니다. 당신은 어떻게 하겠습니까?

세부질문
[상황 및 과제] 이 상황의 핵심적인 이슈는 무엇이라고 생각합니까?
[역할] 당신의 역할을 더 잘 수행하기 위해서는 어떤 점을 고려해야 하겠습니까? 왜 그렇게 생각합니까?
[행동] 당면한 과제를 해결하기 위해서 구체적으로 어떤 조치를 취하겠습니까? 그 이유는 무엇입니까?
[결과] 그 결과는 어떻게 될 것이라고 생각합니까? 그 이유는 무엇입니까?

척도해설

1 : 행동증거가 거의 드러나지 않음	2 : 행동증거가 미약하게 드러남	3 : 행동증거가 어느 정도 드러남	4 : 행동증거가 명확하게 드러남	5 : 뛰어난 수준의 행동증거가 드러남
관찰기록 :				
총평 :				

※ 실제 적용되는 평가지는 기업/기관마다 다름.

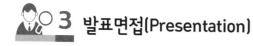

3 발표면접(Presentation)

면접 프로세스

안내
• 입실 후 지원자는 면접관으로부터 인사말과 발표면접에 대해 간략히 안내받음.
• 면접 전 지원자는 과제 검토 및 발표 준비시간을 가짐.

∨

발표
• 지원자들이 과제 주제와 관련하여 정해진 시간 동안 발표를 실시함.
• 면접관은 발표내용 중 평가요소와 관련해 나타난 가점 및 감점요소들을 평가하게 됨.

∨

질문응답
• 발표 종료 후 면접관은 정해진 시간 동안 지원자의 발표내용과 관련해 구체적인 내용을 확인하기 위한 질문을 함.
• 지원자는 면접관의 질문의도를 정확히 파악하여 적절히 응답할 수 있도록 함.
• 응답 시 명확하고 자신있게 전달할 수 있도록 함.

- 방식
  지원자가 특정 주제와 관련된 자료(신문기사, 그래프 등)를 검토하고, 그에 대한 자신의 생각을 면접관 앞에서 발표하며 추가 질의응답이 이루어짐.

- 판단기준
  지원자의 사고력, 논리력, 문제해결능력 등

- 특징
  과제를 부여한 후, 지원자들이 과제를 수행하는 과정과 결과를 관찰·평가함. 과제수행의 결과뿐 아니라 과제수행 과정에서의 행동을 모두 평가함.

4 토론면접(Group Discussion)

면접 프로세스

| 안내 | • 입실 후, 지원자들은 면접관으로부터 토론 면접의 전반적인 과정에 대해 안내받음.
• 지원자는 정해진 자리에 착석함. |

▽

| 토론 | • 지원자들이 과제 주제와 관련하여 정해진 시간 동안 토론을 실시함(시간은 기관별 상이).
• 지원자들은 면접 전 과제 검토 및 토론 준비시간을 가짐.
• 토론이 진행되는 동안, 지원자들은 다른 토론자들의 발언을 경청하여 적절히 본인의 의사를 전달할 수 있도록 함. 더불어 적극적인 태도로 토론면접에 임하는 것도 중요함. |

▽

| 마무리
(5분 이내) | • 면접 종료 전, 지원자들은 토론을 통해 도출한 결론에 대해 첨언하고 적절히 마무리 지음.
• 본인의 의견을 전달하는 것과 동시에 다른 토론자를 배려하는 모습도 중요함. |

- 방식
  상호갈등적 요소를 가진 과제 또는 공통의 과제를 해결하는 내용의 토론 과제(신문기사, 그래프 등)를 제시하고, 그 과정에서 개인 간의 상호작용 행동을 관찰함.

- 판단기준
  팀워크, 갈등 조정, 의사소통능력 등

- 특징
  면접에서 최종안을 도출하는 것도 중요하나 주장의 옳고 그름이 아닌 결론을 도출하는 과정과 말하는 자세 등도 중요함.

5 역할연기면접(Role Play Interview)

- 방식

  기업 내 발생 가능한 상황에서 부딪히게 되는 문제와 역할을 가상적으로 설정하여 특정 역할을 맡은 사람과 상호작용하고 문제를 해결해 나가도록 함.

- 판단기준

  대처능력, 대인관계능력, 의사소통능력 등

- 특징

  실제 상황과 유사한 가상 상황에서 지원자의 성격이나 대처 행동 등을 관찰할 수 있음.

 6 집단면접(Group Activity)

- 방식

  지원자들이 팀(집단)으로 협력하여 정해진 시간 안에 활동 또는 게임을 하며 면접관들은 지원자들의 행동을 관찰함.

- 판단기준

  대인관계능력, 팀워크, 창의성 등

- 특징

  기존 면접보다 오랜 시간 관찰을 하여 지원자들의 평소 습관이나 행동들을 관찰하려는 데 목적이 있음.

면접 최신 기출 주제

👨‍💼🔍 1 면접 빈출키워드

- 직무별 업무내용
- 특정 상황에서의 교육방법
- 개인정보법
- 전화 응대법

- 업무자세 / 마음가짐
- 교사, 동료와의 갈등 해결 방법
- 업무 처리 방법
- 해당 교육청의 교육목표

- 교육공무직원의 의무
- 민원 대처방법
- 업무분장
- 공문서

👨‍💼🔍 2 울산광역시교육청 교육공무직원 최신 면접 기출

🖥 2021년

유치원 방과후과정 전담사	1. 울산광역시교육청의 교육방향을 말하고, 이것을 유치원 방과후과정반에 어떻게 적용시켜 운영할 것인지 말해 보시오.
	2. 본인의 업무를 하기 위해서는 어떤 능력이 필요할 것 같은가? 이를 접목시킨 적이 있다면 사례를 들어 보시오.
	3. 교사들과의 마찰 시 어떻게 행동할 것인가?
	4. 전담사에게 제일 중요한 것이 무엇이라고 생각하는가?
	5. 본인의 업무 외 다른 일을 시켰을 때 어떻게 할 것인지 말해 보시오.
	6. 본인의 장단점이 무엇이라고 생각하는가?

🖥 2020년

사서	1. (경력이 없는 경우) 학교도서관에서는 혼자서 근무해야 하는데 어떻게 할 계획인가?
	2. 생각하지 못한 상황이 닥치면 어떻게 대처할 것인가?
	3. 독서율 증진을 위해 어떤 프로그램을 진행할 계획인가?
	4. 교직원과 트러블이 생기면 어떻게 대처할 것인가?

2019년

교육업무사	1. 개인정보보호 방법에는 무엇이 있는가?
	2. 자신의 강점은 무엇인가?
	3. 동료와의 갈등 상황을 어떻게 해결할 것인가?
	4. 민원인 또는 손님이 와서 차나 과일을 준비해 달라고 요청할 시 어떻게 대응할 것인가?
돌봄전담사	1. 지원동기를 말해 보시오.
	2. 일반적인 근무시간이 9~17시 또는 10~18시인데, 만약 학교에서 11~19시로 근무해 달라고 한다면 어떻게 하겠는가? 만약 자신은 근무시간 변경에 동의하는데 다른 직원들은 동의할 수 없다고 반대하여 근무시간 때문에 마찰이 생긴다면 어떻게 대처하겠는가?
	3. 잠시 화장실을 다녀오는 동안 아이가 다친 상황을 보지 못했다면 어떻게 대처하겠는가? 학부모가 이에 강한 불만을 가지고 따지러 왔다면 어떻게 하겠는가?
	4. 교실 cctv 설치에 대한 생각을 말해 보시오.
	5. 동료 직원들 간 또는 다른 부서 직원이나 상사와의 갈등이 일어났다면 어떻게 해결하겠는가? 선생님들과 갈등이 있을 때는 어떻게 대처하겠는가?
	6. 돌봄전담사의 역할에 대해 말해 보시오.

3 그 외 지역 교육공무직원 최신 면접 기출

2021년

광주

특수교육 실무사	1. 즐거운 직장 문화를 만들기 위해 무엇을 할 수 있는지 3가지를 말해 보시오.
	2. 여러 부서가 존재하고 각 부서 간 갈등이 많은데, 이를 어떻게 해결할 수 있을지 말해보시오.
	3. 뇌병변을 앓고 있는 아이가 갑작스런 발작 시에 어떻게 대처할 것인가?
초등 돌봄전담사	1. 학교는 학생들의 안전교육이 중요하다. 안전교육 중 안전하게 귀가조치를 하기 위한 방법 3가지를 말해 보시오.
	2. 귀가시간을 지키지 않는 학부모가 있다면 어떻게 할 것인가?
	3. 저출산과 관련지어 돌봄교실의 역할은 무엇이라고 생각하는가?
과학실무사	1. 교사들을 지원하는 행정업무에 대해 어떻게 생각하는가?
	2. 과학실무사가 가져야 하는 자세 3가지에 대해 말해 보시오.
	3. 과학중점학교에 대해 어떻게 생각하는가?

경기

특수교육 지도사	1. 그간의 경력 및 학력이 특수교육지도사에 발휘될 수 있는 점을 말해 보시오.
	2. 교실에서 중복 장애, 복합적인 장애를 가진 학생들을 만났을 경우, 어떻게 지도할 것인가?
	3. 향후 인생의 계획을 말해 보시오.
	4. 다른 교사와 문제가 있을 때 어떻게 대처할 것인지 말해 보시오.
	5. 꼬집거나 소리 지르는 문제 아동에 대한 행동 대처와 대소변 실수 시 지원 방법에 대해 말해 보시오.
	6. 기억나는 특수아동이 있다면?
	7. 학부모의 상담요청이 빈번할 경우 어떻게 대처할 것인가?
	8. 원하지 않는 동네 유치원, 초등, 중등, 고등학교 발령 시 어떻게 할 것인가?
	9. 보육교사와 특수교육지도사의 업무 차이점에 대해 아는 대로 말해 보시오.
초등 돌봄전담사	1. 근무 중 다른 좋은 조건을 가진 자리가 난다면 갈 것인가?
	2. 다른 돌봄교사와 전담관리자 선생님과 의견 차이가 있어 갈등이 생길 경우, 어떻게 대처할 것인가?
	3. 돌봄교실에서 두 아이가 다툼을 하다가 다치게 된다면 어떻게 대처할 것인가?
	4. 자신의 성격의 장점을 말해 보시오.
	5. 컴퓨터 사용 능력은 어느 정도 되는가?

서울

교무행정 지원사	1. 동료가 한 달간 출근을 못하게 되었을 때 어떻게 할 것인가?
	2. 5년마다 전보 시, 이전 학교에서 하지 않은 일을 전보를 간 학교에서 하라고 한다면 어떻게 할 것인가?
	3. 나로 인해 민원이 발생하여 학부모가 학교로 연락을 했을 경우, 어떻게 할 것인가?
특수교육 실무사	1. 나의 실수로 민원이 들어온다면 어떻게 해결할 것인가?
	2. 자폐 학생이 다른 학생에게 폭력을 행한다면 어떻게 대처할 것인가?
	3. 장특법에 나타나는 여러 장애에 대해 아는 대로 말해 보시오.

충북

특수교육 실무사	1. 자기계발을 하기 위해 어떤 노력을 했는가? 그리고 앞으로의 일을 하면서 필요한 자기계발이 있다면 어떻게 할 것인가?
	2. A 실무원이 아이의 보는 것을 노와주고 있다. 이때의 문제점과 당신이라면 어떻게 할 것인가?

경남

	1. 기후, 환경 문제를 해결하기 위해 학교에서 할 수 있는 것은 무엇인가?
	2. 몸이 안 좋아 병원을 예약했는데 갑자기 교감선생님이 업무를 시키신다면 어떻게 할 것인가?
	3. 성인지감수성이란 무엇이며, 교내에서 성추행 상황을 목격한다면 어떻게 할 것인가?
	4. 아이톡톡에 대해 아는 대로 말해 보시오.
교무행정원	5. 교육행정지원팀의 목적과 의의는?
	6. 공문서 취급 방법 4가지 이상을 말해 보시오.
	7. 학부모 민원에 대응하는 4가지 방법을 말해 보시오.
	8. 경남교육청에서 시행하고 있는 기후위기 대응운동에 대해 아는 대로 말해 보시오.
	9. 경남교육청의 정책방향 5가지 중 소통과 공감에 대해 말해 보시오.
	1. 교육감이 올해 발표한 5대 교육정책은 무엇인가?
돌봄전담사	2. 올해 돌봄교실 운영추진 목표와 과제를 말해 보시오.
	3. 여성가족부와 보건복지부에서 운영하는 각각의 돌봄교실 유형을 말해 보시오.
	1. 편식하는 아동의 지원 방법은?
특수교육 실무사	2. 특수실무원 역할 중 교수활동지원 4가지를 말해 보시오.
	3. 학교에서 직원들이 할 수 있는 코로나 예방(방역) 방법에 대해 4가지 이상 말해 보시오.

충남

	1. 교무행정사에게 필요한 자질에 대해 아는 대로 말해 보시오.
	2. 교무행정사가 하는 일에 대해 말해 보시오.
교무행정사	3. 어린 교사와 마찰이 생길 경우 어떻게 대처할 것인가?
	4. 학교에서 과중한 업무를 시킨다면 어떻게 할 것인가?
	5. 본인이 갖고 있는 자격증과 이를 업무에 어떻게 활용할 것인가?
	6. 정해진 절차와는 다르게 업무를 처리하라고 할 경우 어떻게 할 것인가?

세종

돌봄전담사	1. 김영란법의 목적과 상한가를 예로 들어 설명하라.
	2. 돌봄간식 수요조사 후, 학생들에게 나가기 전까지의 5단계는 무엇인가?
	3. 2월에 해야 할 일 4가지 이상을 말해 보시오.
	4. 합격 후 역량 강화를 위해 해야 할 일은 무엇인가?
	5. 교장선생님의 부당한 지시에 대해 어떻게 대처할 것인가?
	6. 살면서 크게 싸운 일이 있었을 텐데 어떻게 대처하였는가?

2020년

세종

초등 돌봄전담사	1. 학교나 직장에서 의견 차이를 극복했던 경험과 방법에 대해 말해 보시오.
	2. 초등돌봄전담사의 직무에 대해 설명하고 내실화 방안에 대해 말해 보시오.
	3. 초등돌봄전담사로서 가져야 할 자세 및 자질을 말해 보시오.
	4. 코로나 바이러스와 관련하여 등교 찬반 입장과 그 이유를 설명해 보시오.
	5. 민원 응대방법에 대해 말해 보시오.
교육실무사	1. 교직원과 학생의 긍정적 관계를 유지하는 방법을 4가지 말해 보시오.
	2. 비협조적이었던 직원이 업무협조 요청 시 어떻게 대처할지 말해 보시오.
	3. 자신의 강점과 관련해서 자기계발을 어떻게 할지 말해 보시오.
	4. 봉사활동의 필요성을 4가지 말해 보시오.
	5. 화재 시 대처방법을 4가지 말해 보시오.
특수교육 실무사	1. 교직원으로서 학생과 교사가 조화롭게 융합하는 방법을 4가지 말해 보시오.
	2. 뇌전증 발작 시 대처방법을 4가지 말해 보시오.
	3. 자신의 장점과 그와 관련해 앞으로 어떻게 발전해 나갈지 말해 보시오.
	4. 관계가 좋지 않은 직원이 일을 부탁하면 어떻게 대처할지 말해 보시오.
	5. 특수교육실무사가 하는 일을 4가지 말해 보시오.

경남

돌봄전담사	1. 퇴근을 준비하고 있는데 업무가 생긴다면 어떻게 대처할 것인가?
	2. 돌봄전담사의 주요 역할은 무엇인가?
	3. 교육공무직의 덕목을 말해 보시오.
사무행정원	1. 경남교육청의 슬로건을 말해 보시오.
	2. 사무행정원의 업무는 무엇인가?
	3. 공무직이 갖추어야 할 자세와 그중 무엇을 가장 중요하게 생각하는지 말해 보시오.
	4. 민원 전화를 받는 법을 말해 보시오.
특수교육 실무사	1. 교육공무직으로서의 자질과 덕목을 말해 보시오.
	2. 특수아동의 개인욕구를 어떻게 지원할 것인지 말해 보시오.
	3. 특수교육실무사의 역할과 그와 관련된 자신의 장점을 말해 보시오.
특수교육 실무원	1. 경남교육청이 밀고 있는 교육정책을 말해 보시오.
	2. 상사나 동료와의 갈등 시 대처방법을 말해 보시오.
	3. 특수교육실무원이 하는 일은 무엇인가?
	4. 민원 발생 시 대처방법을 말해 보시오.

경북

조리원	1. 이물질 관련 컴플레인에 대한 대처방안을 말해 보시오.
	2. 약품 사용 시 유의사항을 3가지 이상 말해 보시오.
	3. 조리원의 기본 자세를 말해 보시오.
	4. 식중독 예방 방법 3가지를 말해 보시오.
	5. 학생들의 잘못된 식습관 2가지와, 맛있는 반찬만 배식해 달라고 했을 경우 대처 방법을 말해 보시오.
특수교육 실무사	1. 통합교육이 일반학생과 장애학생에게 주는 장점을 2가지씩 말해 보시오.
	2. 장애학생과 일반학생 간 학교폭력이 발생하였을 때 중재방법을 4가지 말해 보시오.
	3. 문제행동의 유형별(관심끌기, 회피, 자기자극) 중재방법을 1가지씩 말해 보시오.

대전

조리원	1. 동료가 자신의 일을 도와달라고 하면 어떻게 행동할 것인가?
	2. 학부모나 학생이 급식 조리방법에 대해 민원을 제기한다면 어떻게 대처하겠는가?
	3. 올바른 손 씻기 방법과 알코올 손 소독 방법에 대해 설명해 보시오.

인천

특수교육 실무사	1. 특수교육실무사의 역할은 무엇인가?
	2. 코로나 바이러스와 관련된 나만의 특화된 학생 지도방법은 무엇인가?
	3. (경력이 많은 경우) 신입 특수교사와 학생지도에 있어 갈등상황을 겪는다면 어떻게 해결할 것인가?
교무행정사	1. 동료가 교통사고가 나서 1달은 입원, 2달은 통원치료를 하는데 대체직 채용이 어려워서 업무가 과중된다면 어떻게 대처하겠는가?
	2. 전입생이 많은 경우 교무실과 행정실에서 전입생을 어떻게 지원할 것인가?
	3. 어려운 업무인 교과서 업무를 A 학교에서 5년 동안 맡았고, 5년 후 전보된 B 학교에서도 교과서 업무를 맡게 되었다면 어떻게 할 것인가?

충남

교무행정사	1. 교무행정사가 하는 일과 교무행정사가 필요한 이유는 무엇인가?
	2. 교무행정사에게 협업이 필요한 업무는 무엇이 있는가? 협업을 위한 자세를 3가지 말해 보시오.
	3. 동료와의 갈등 시 대처방법을 말해 보시오.
조리실무사	1. 중요하고 급한 업무와 상사의 지시 중 어떤 것을 먼저 하겠는가?
	2. 동료와의 불화나 갈등 발생 시 어떻게 대처할 것인가?
	3. 업무 중에 손을 씻어야 하는 경우를 5가지 이상 말해 보시오

경기

특수교육 실무사	1. 특수교육실무사가 하는 역할을 말해 보시오.
	2. 본인의 교육에 대해 학부모가 불만을 가진다면 어떻게 대처하겠는가?
	3. 특수아동이 문제 행동(폭력성이나 성 문제 등)을 보이면 어떻게 대처하겠는가?

🗨 2019년

충남

교무행정사	1. 교육과정 개정으로 인한 5대 교육과제를 말해 보시오.
	2. 교무행정사가 하는 업무를 말해 보시오.
	3. 악성 민원인에 대처하는 방법을 말해 보시오.
	4. 퇴근 후 자녀를 데리러 가야 하는데 할 일이 남았거나 새로운 일이 주어졌다면 어떻게 하겠는가?
	5. 업무 수행에 불만을 가진 민원인이나 학부모가 찾아와서 따진다면 어떻게 대처할 것인가?
	6. 교무행정사로서 자신만의 강점과 단점에 대해 말해 보시오. 단점을 극복하기 위해 노력한 점은 무엇인가? 장점을 학교에서 활용할 수 있는 방안은 무엇인가?
	7. 교육공무직으로서 중요한 자세 3가지를 말해 보시오.
교무행정사	8. 적극적 행정은 무엇이며, 자신이 생각하는 적극적 행정에 대해 말해 보시오.
	9. 교무행정사의 역할에 대해 말해 보시오.
	10. 악성 민원인에 대처하는 방법을 말해 보시오.
	11. 직장 상사가 부당한 명령을 내렸을 때 대처방법을 말해 보시오.
돌봄전담사	1. 교육공무직을 지원한 동기와 내가 잘할 수 있는 특기는?
	2. 돌봄전담사로서 어떤 마음가짐으로 일할 것인가?
	3. 최근에 읽은 책의 제목과 느낀점을 말해 보시오.

부산

돌봄전담사	1. 지원동기를 말해 보시오.
	2. 학부모와의 갈등 발생 시 대처방법에 대해 말해 보시오.
	3. 돌봄전담사의 역할 5가지를 말해 보시오.
	4. 급·간식 준비 시 주의할 점 4가지를 말해 보시오.
	5. 돌봄교실에서 신경 써야 할 안전교육 3가지와 안전상 문제가 생겼을 경우 대처방안을 말해 보시오.
	6. 돌봄교실 환경구성을 어떻게 할 것인지 3가지 방안을 말해 보시오.

세종

공통질문	1. 교직원 및 학생과 긍정적인 관계를 유지하는 방법을 4가지 말해 보시오.
	2. 비협조적이었던 직원이 업무 협조 요청 시 어떻게 대처할 것인가?
	3. 자신의 강점과 관련하여 자기계발을 어떻게 할 것인가?
교무행정사	1. 봉사활동의 필요성을 4가지 말해 보시오.
	2. 화재 시 대처방법을 4가지 말해 보시오.
특수교육 실무사	1. 뇌전증 발작 시 대처방법을 4가지 말해 보시오.
	2. 특수교육실무사가 하는 일을 4가지 말해 보시오.

대전

특수교육 실무사	1. 특수교육실무사로 채용될 경우 어떤 자세로 일하겠는가?
	2. 지적장애아의 학습특성을 3가지 말해 보시오.
	3. 본인이 채용되면 교육청이 갖는 이점을 3가지 말해 보시오.
	4. 교육공무직원으로 갖춰야 할 자질을 말해 보시오.
	5. 특수교육실무사의 역할을 말해 보시오.
	6. 동료와의 갈등 발생 시 대처방법을 말해 보시오.

경북

조리실무사	1. 손 씻는 순서를 말해 보시오.
	2. 식중독 예방방법 3가지와 보존식에 대해 말해 보시오.
	3. 다른 조리원과 갈등 발생 시 대처방법을 말해 보시오.
	4. 경상북도교육청의 역점과제와 교육지표를 말해 보시오.
	5. 개인위생방법을 3가지 이상 말해 보시오.

서울

에듀케어	1. 에듀케어 교사로서 학급 교사와의 갈등에 어떻게 대응할 것인가?
	2. 사소한 민원으로 치부하여 커진 민원에 어떻게 대응할 것인기?
	3. 놀이 중심 교육과정을 적용한 방과후과정을 어떻게 진행할지 설명해 보시오.
교육실무사	1. 교장선생님께서 학연, 혈연과 관련된 부당한 지시를 한다면 어떻게 할 것인가?
	2. 담당자가 없어서 본인이 민원인을 대응했는데 민원인이 그것을 다시 민원으로 가져왔을 경우 어떻게 대처할 것인가?
	3. 코로나 바이러스와 관련된 학부모의 민원에 대해 어떻게 대응할 것인가?

4 그 외 면접 기출

- 자신이 급하게 처리해야 할 일을 하고 있는데 상사가 부당한 일을 시키면 어떻게 하겠는가? 거절을 했는데도 계속 시키면 어떻게 하겠는가?

- 교장선생님이 퇴근시간 이후에 새로운 일을 시키면 어떻게 하겠는가?

- 교장선생님이 시키신 일을 처리하는 중에 3학년 선생님이 전화해서 일을 부탁한다면 어떻게 대처하겠는가?

- 여러 선생님들이 동시에 일을 주었을 때 처리하는 순서에 대해 말해 보시오.

- 학교 근무 시 정말 하기 싫은 일을 시키면 어떻게 할 것인가?

- 동료들과 화합하고 갈등이 일어나지 않으려면 어떤 자세가 필요한가?

- 채용 후 근무 시 전문성을 키우기 위해 자기계발을 어떻게 하겠는가?

- 결혼하게 될 사람이 직장을 그만두라고 한다면?

- 지금까지 살면서 가장 힘들었던 순간과 그 순간을 극복한 사례를 말해 보시오.

- 사무부장이 타당하지 않은 일을 시키면 어떻게 하겠는가?

- 동료가 다른 학교로 전보를 가기 싫어하고 나는 거리가 멀어 갈 수 없는 상황이라면 어떻게 하겠는가?

- 행정실무사가 하는 업무는 무엇인지 말해 보시오. 자존심이 상하거나 교사에게 상대적인 박탈감을 느낄 수 있는데 잘 적응할 수 있겠는가?

- 살아오면서 좋은 성과를 낸 협업 경험이나 자원봉사활동 경험이 있다면 말해 보시오.

- 학교 발전을 위해 자신이 할 수 있는 것을 3가지 말해 보시오.

- 돌봄교실에서 아이들을 지도할 때 기존 프로그램과 다르게 자신만의 프로그램을 시도해 보고 싶은 것이 있다면?

- 돌봄교실에서 급식이나 간식 준비 시 유의사항 및 고려사항에 대해 말해 보시오.

- 돌봄교실에서 신경 써야 할 안전교육을 3가지 이상 말하고, 안전사고 시 대처방안에 대해 설명하시오.

- 학부모로부터 3학년 ○○○ 학생에게 방과후 수업이 끝나면 이모 집으로 가라고 전해 달라는 전화가 온다면 어떻게 할 것인가?

- 현재 학교에 없는 방과후 프로그램을 학부모가 만들어 달라고 요청하는 경우 어떻게 하겠는가?

- 2020년 개정되는 교육과정은 놀이와 쉼 중심으로 이루어지는데 이를 어떻게 운영해야 하는가?

- 아이가 다쳤을 때 어떻게 처리해야 하는지 의식이 있을 때와 없을 때를 구분하여 말해 보시오.

- 산만한 아이가 다른 아이들의 학습을 방해한다면 어떻게 해결할 것인가? 힘들게 하는 학생이 있다면 어떻게 대처하겠는가?

- 공문서에 대해 말해 보시오. 학교업무나 공문서 처리방법이나 유의사항은 무엇이 있는가?

- 사서가 되면 하고 싶은 일은 무엇이며, 독서율 증진을 위해 어떤 프로그램을 하고 싶은가?

- 전화 응대 방법에 대해 말해 보시오.

- 상급 근무부서에서 근무 중 전화가 오면 어떻게 받을 것인지 절차를 설명해 보시오.

- 민원인이 전화해서 자신의 업무와 상관없는 내용을 물어보면 어떻게 응대할 것인가?

- 고성이나 폭언 민원인을 상대하는 방법에 대해 말해 보시오.

- 다음 질문이 부정청탁 금품수수에 해당하는지 여부를 말해 보시오.
    - 퇴직한 교사가 선물을 받는 것
    - 교사가 5만 원 이하의 선물을 받는 것
    - 교직원 배우자의 금품수수
    - 기간제교사의 금품수수

- ○○교육청 교육공무직원 관리규정에 나오는 교육공무직의 8가지 의무 중 4가지 이상을 말해 보시오.

- ○○교육청의 교육비전, 교육지표, 교육정책을 말해 보시오.

공기업 NCS · 대기업 인적성

응용수리만점 위드 류준상

기초에서 완성까지

– 응용수리 모든 유형을 경험하다 –

교육공무직원 소양평가

기출예상문제_연습용

감독관
확인란

성명표기란

수험생 유의사항

※ 답안은 반드시 컴퓨터용 수성사인펜으로 보기와 같이 바르게 표기해야 합니다.
〈보기〉 ① ② ③ ④ ⑤
※ 성명표기란 위 칸에는 성명을 한글로 쓰고 아래 칸에는 성명을 정확하게 ● 표기하십시오.
(단, 성과 이름은 붙여 씁니다)
※ 수험번호 표기란 위 칸에는 아라비아 숫자로 쓰고 아래 칸에는 숫자와 일치하게 ● 표기하십시오.
※ 출생월일은 반드시 본인 주민등록번호의 생년을 제외한 월 두 자리, 일 두 자리를 표기하십시오.
(예) 1994년 1월 12일 → 0112

(주민등록 앞자리 생년제외) 월일

수험번호

문번	답란	문번	답란	문번	답란
1	① ② ③ ④	16	① ② ③ ④	31	① ② ③ ④
2	① ② ③ ④	17	① ② ③ ④	32	① ② ③ ④
3	① ② ③ ④	18	① ② ③ ④	33	① ② ③ ④
4	① ② ③ ④	19	① ② ③ ④	34	① ② ③ ④
5	① ② ③ ④	20	① ② ③ ④	35	① ② ③ ④
6	① ② ③ ④	21	① ② ③ ④	36	① ② ③ ④
7	① ② ③ ④	22	① ② ③ ④	37	① ② ③ ④
8	① ② ③ ④	23	① ② ③ ④	38	① ② ③ ④
9	① ② ③ ④	24	① ② ③ ④	39	① ② ③ ④
10	① ② ③ ④	25	① ② ③ ④	40	① ② ③ ④
11	① ② ③ ④	26	① ② ③ ④	41	① ② ③ ④
12	① ② ③ ④	27	① ② ③ ④	42	① ② ③ ④
13	① ② ③ ④	28	① ② ③ ④	43	① ② ③ ④
14	① ② ③ ④	29	① ② ③ ④	44	① ② ③ ④
15	① ② ③ ④	30	① ② ③ ④	45	① ② ③ ④

교육공무직원 소양평가

기출예상문제_연습용

직무능력검사

문번	답란	문번	답란	문번	답란
1	① ② ③ ④	16	① ② ③ ④	31	① ② ③ ④
2	① ② ③ ④	17	① ② ③ ④	32	① ② ③ ④
3	① ② ③ ④	18	① ② ③ ④	33	① ② ③ ④
4	① ② ③ ④	19	① ② ③ ④	34	① ② ③ ④
5	① ② ③ ④	20	① ② ③ ④	35	① ② ③ ④
6	① ② ③ ④	21	① ② ③ ④	36	① ② ③ ④
7	① ② ③ ④	22	① ② ③ ④	37	① ② ③ ④
8	① ② ③ ④	23	① ② ③ ④	38	① ② ③ ④
9	① ② ③ ④	24	① ② ③ ④	39	① ② ③ ④
10	① ② ③ ④	25	① ② ③ ④	40	① ② ③ ④
11	① ② ③ ④	26	① ② ③ ④	41	① ② ③ ④
12	① ② ③ ④	27	① ② ③ ④	42	① ② ③ ④
13	① ② ③ ④	28	① ② ③ ④	43	① ② ③ ④
14	① ② ③ ④	29	① ② ③ ④	44	① ② ③ ④
15	① ② ③ ④	30	① ② ③ ④	45	① ② ③ ④

감독관 확인란

성명표기란

수험번호

(주민등록 앞자리 생년제외) 월일

수험생 유의사항

※ 답안은 반드시 컴퓨터용 수성사인펜으로 보기와 같이 바르게 표기해야 합니다.
〈보기〉 ① ② ③ ❹ ⑤

※ 성명표기란 위 칸에는 성명을 한글로 쓰고 아래 칸에는 성명을 정확하게 ● 표기하십시오.
(단, 성과 이름은 붙여 씁니다)

※ 수험번호 표기란 위 칸에는 아라비아 숫자로 쓰고 아래 칸에는 숫자와 일치하게 ● 표기하십시오.

※ 출생월일은 반드시 본인 주민등록번호의 생년을 제외한 월 두 자리, 일 두 자리를 표기하십시오.
(예) 1994년 1월 12일 → 0112

직무능력검사

문번	답란				문번	답란				문번	답란			
1	①	②	③	④	16	①	②	③	④	31	①	②	③	④
2	①	②	③	④	17	①	②	③	④	32	①	②	③	④
3	①	②	③	④	18	①	②	③	④	33	①	②	③	④
4	①	②	③	④	19	①	②	③	④	34	①	②	③	④
5	①	②	③	④	20	①	②	③	④	35	①	②	③	④
6	①	②	③	④	21	①	②	③	④	36	①	②	③	④
7	①	②	③	④	22	①	②	③	④	37	①	②	③	④
8	①	②	③	④	23	①	②	③	④	38	①	②	③	④
9	①	②	③	④	24	①	②	③	④	39	①	②	③	④
10	①	②	③	④	25	①	②	③	④	40	①	②	③	④
11	①	②	③	④	26	①	②	③	④	41	①	②	③	④
12	①	②	③	④	27	①	②	③	④	42	①	②	③	④
13	①	②	③	④	28	①	②	③	④	43	①	②	③	④
14	①	②	③	④	29	①	②	③	④	44	①	②	③	④
15	①	②	③	④	30	①	②	③	④	45	①	②	③	④

교육공무직원 소양평가

기출예상문제_연습용

직무능력검사

수험번호

성명표기란

(주민등록 앞자리 생년제외)월일

수험생 유의사항

※ 답안은 반드시 컴퓨터용 수성사인펜으로 보기와 같이 바르게 표기해야 합니다.
　〈보기〉 ① ② ③ ❹ ⑤
※ 성명표기란 위 칸에는 성명을 한글로 쓰고 아래 칸에는 성명을 정확하게 ● 표기하십시오.
　(단, 성과 이름은 붙여 씁니다)
※ 수험번호 표기란 위 칸에는 아래와 숫자로 쓰고 아래 칸에는 숫자와 일치하게 ● 표기하십
　시오.
※ 출생월일은 반드시 본인 주민등록번호의 생년을 제외한 월 두 자리, 일 두 자리를 표기하십시오.
　오. 〈예〉 1994년 1월 12일 → 0112

문번	답란	문번	답란	문번	답란	문번	답란
1	① ② ③ ④	16	① ② ③ ④	31	① ② ③ ④		
2	① ② ③ ④	17	① ② ③ ④	32	① ② ③ ④		
3	① ② ③ ④	18	① ② ③ ④	33	① ② ③ ④		
4	① ② ③ ④	19	① ② ③ ④	34	① ② ③ ④		
5	① ② ③ ④	20	① ② ③ ④	35	① ② ③ ④		
6	① ② ③ ④	21	① ② ③ ④	36	① ② ③ ④		
7	① ② ③ ④	22	① ② ③ ④	37	① ② ③ ④		
8	① ② ③ ④	23	① ② ③ ④	38	① ② ③ ④		
9	① ② ③ ④	24	① ② ③ ④	39	① ② ③ ④		
10	① ② ③ ④	25	① ② ③ ④	40	① ② ③ ④		
11	① ② ③ ④	26	① ② ③ ④	41	① ② ③ ④		
12	① ② ③ ④	27	① ② ③ ④	42	① ② ③ ④		
13	① ② ③ ④	28	① ② ③ ④	43	① ② ③ ④		
14	① ② ③ ④	29	① ② ③ ④	44	① ② ③ ④		
15	① ② ③ ④	30	① ② ③ ④	45	① ② ③ ④		

기출예상문제_ 요답용

성명표기란

수험번호

(주민등록 앞자리 생년제외) 월일

수험생 유의사항

직무능력검사

문번	답란	문번	답란	문번	답란
1	① ② ③ ④	16	① ② ③ ④	31	① ② ③ ④
2	① ② ③ ④	17	① ② ③ ④	32	① ② ③ ④
3	① ② ③ ④	18	① ② ③ ④	33	① ② ③ ④
4	① ② ③ ④	19	① ② ③ ④	34	① ② ③ ④
5	① ② ③ ④	20	① ② ③ ④	35	① ② ③ ④
6	① ② ③ ④	21	① ② ③ ④	36	① ② ③ ④
7	① ② ③ ④	22	① ② ③ ④	37	① ② ③ ④
8	① ② ③ ④	23	① ② ③ ④	38	① ② ③ ④
9	① ② ③ ④	24	① ② ③ ④	39	① ② ③ ④
10	① ② ③ ④	25	① ② ③ ④	40	① ② ③ ④
11	① ② ③ ④	26	① ② ③ ④	41	① ② ③ ④
12	① ② ③ ④	27	① ② ③ ④	42	① ② ③ ④
13	① ② ③ ④	28	① ② ③ ④	43	① ② ③ ④
14	① ② ③ ④	29	① ② ③ ④	44	① ② ③ ④
15	① ② ③ ④	30	① ② ③ ④	45	① ② ③ ④

교육공무직원 소양평가

기출예상문제_연습용

직무능력검사

성명표기란

수험번호

(주민등록 앞자리 생년제외) 월일

문번	답란	문번	답란	문번	답란
1	① ② ③ ④	16	① ② ③ ④	31	① ② ③ ④
2	① ② ③ ④	17	① ② ③ ④	32	① ② ③ ④
3	① ② ③ ④	18	① ② ③ ④	33	① ② ③ ④
4	① ② ③ ④	19	① ② ③ ④	34	① ② ③ ④
5	① ② ③ ④	20	① ② ③ ④	35	① ② ③ ④
6	① ② ③ ④	21	① ② ③ ④	36	① ② ③ ④
7	① ② ③ ④	22	① ② ③ ④	37	① ② ③ ④
8	① ② ③ ④	23	① ② ③ ④	38	① ② ③ ④
9	① ② ③ ④	24	① ② ③ ④	39	① ② ③ ④
10	① ② ③ ④	25	① ② ③ ④	40	① ② ③ ④
11	① ② ③ ④	26	① ② ③ ④	41	① ② ③ ④
12	① ② ③ ④	27	① ② ③ ④	42	① ② ③ ④
13	① ② ③ ④	28	① ② ③ ④	43	① ② ③ ④
14	① ② ③ ④	29	① ② ③ ④	44	① ② ③ ④
15	① ② ③ ④	30	① ② ③ ④	45	① ② ③ ④

기출예상문제_요답용

감독관
확인란

직무능력검사

성명표기란

수험번호

수험생 유의사항

문번	답란				문번	답란				문번	답란			
1	①	②	③	④	16	①	②	③	④	31	①	②	③	④
2	①	②	③	④	17	①	②	③	④	32	①	②	③	④
3	①	②	③	④	18	①	②	③	④	33	①	②	③	④
4	①	②	③	④	19	①	②	③	④	34	①	②	③	④
5	①	②	③	④	20	①	②	③	④	35	①	②	③	④
6	①	②	③	④	21	①	②	③	④	36	①	②	③	④
7	①	②	③	④	22	①	②	③	④	37	①	②	③	④
8	①	②	③	④	23	①	②	③	④	38	①	②	③	④
9	①	②	③	④	24	①	②	③	④	39	①	②	③	④
10	①	②	③	④	25	①	②	③	④	40	①	②	③	④
11	①	②	③	④	26	①	②	③	④	41	①	②	③	④
12	①	②	③	④	27	①	②	③	④	42	①	②	③	④
13	①	②	③	④	28	①	②	③	④	43	①	②	③	④
14	①	②	③	④	29	①	②	③	④	44	①	②	③	④
15	①	②	③	④	30	①	②	③	④	45	①	②	③	④

교육공무직원 소양평가

기출예상문제_연습용

감독관 확인란

수험번호

성명표기란

문번	답란	문번	답란	문번	답란
1	① ② ③ ④	16	① ② ③ ④	31	① ② ③ ④
2	① ② ③ ④	17	① ② ③ ④	32	① ② ③ ④
3	① ② ③ ④	18	① ② ③ ④	33	① ② ③ ④
4	① ② ③ ④	19	① ② ③ ④	34	① ② ③ ④
5	① ② ③ ④	20	① ② ③ ④	35	① ② ③ ④
6	① ② ③ ④	21	① ② ③ ④	36	① ② ③ ④
7	① ② ③ ④	22	① ② ③ ④	37	① ② ③ ④
8	① ② ③ ④	23	① ② ③ ④	38	① ② ③ ④
9	① ② ③ ④	24	① ② ③ ④	39	① ② ③ ④
10	① ② ③ ④	25	① ② ③ ④	40	① ② ③ ④
11	① ② ③ ④	26	① ② ③ ④	41	① ② ③ ④
12	① ② ③ ④	27	① ② ③ ④	42	① ② ③ ④
13	① ② ③ ④	28	① ② ③ ④	43	① ② ③ ④
14	① ② ③ ④	29	① ② ③ ④	44	① ② ③ ④
15	① ② ③ ④	30	① ② ③ ④	45	① ② ③ ④

(주민등록 앞자리 생년제외) 월일

수험생 유의사항

※ 답안은 반드시 컴퓨터용 수성사인펜으로 보기와 같이 바르게 표기해야 합니다.
   〈보기〉 ① ② ③ ❹ ⑤

※ 성명표기란 위 칸에는 성명을 한글로 쓰고 아래 칸에는 성명을 정확하게 ● 표기하십시오.
   (단, 성과 이름은 붙여 씁니다)

※ 수험번호 표기란 위 칸에는 아라비아 숫자로 쓰고 아래 칸에는 숫자와 일치하게 ● 표기하십시오.

※ 출생월일은 반드시 본인 주민등록번호의 생년을 제외한 월 두 자리, 일 두 자리를 표기하십시오.
   오 〈예〉 1994년 1월 12일 → 0112

(주)고시넷

고용보건복지_NCS

SOC_NCS

금융_NCS

저마다의 일생에는,

특히 그 일생이 동터 오르는 여명기에는

모든 것을 결정짓는 한 순간이 있다.

그 순간을 다시 찾아내는 것은 어렵다.

그것은 다른 수많은 순간들의 퇴적 속에

깊이 묻혀있다.

- 장 그르니에, 섬 LES ILES

2022
최신판

고시넷

기출예상 실전모의고사 문제집

울산광역시교육청

교육공무직원

소양평가

[직무능력검사 + 인성검사 + 면접]
언어논리력/수리력/공간지각력/문제해결력/관찰탐구력

정답과 해설

gosinet
(주)고시넷

신개념 통합·선택 전공 수험서
직무수행능력평가

경제 · 경영 신이론과 최신기출
꼭 나오는 문제와 이론 빈출테마 ──────

■676쪽   ■정가_30,000원

| 경제학 **한원용** 교수 |

고시넷 경제학 대표 강사

- 고려대학교 정경대학 경제학과 학사
- 고려대학교 대학원 경제학과 석사
- 고려대학교 대학원 경제학과 박사과정
- 고려대, 연세대, 숙명여대, 서울여대, 숙명여대, 서울여대, 성균관대, 한국외국어대, 성신여대, 카톨릭대, 중앙대_경제학 강의

■752쪽   ■정가_30,000원

| 경영학 **김경진** 교수 |

고시넷 공기업 경영학 대표 강사

- 서울대학교 경영학과 경영학 석사, 재무관리 전공
- Texas Tech University, Master of Economics
- Washington University in St.Louis MBA
- 금융투자분석사, 재무위험관리사, 투자자산운용사, CFA 특강 교수

2022
최신판

고시넷
기출예상 문제집 실전모의고사

울산광역시교육청

교육공무직원

소양평가

[직무능력검사 + 인성검사 + 면접]
언어논리력/수리력/공간지각력/문제해결력/관찰탐구력

정답과 해설

gosinet
(주)고시넷

1회 기출예상문제
무제 18쪽

01 ④	02 ④	03 ②	04 ①	05 ④
06 ②	07 ④	08 ①	09 ①	10 ②
11 ③	12 ④	13 ①	14 ③	15 ④
16 ①	17 ③	18 ①	19 ②	20 ②
21 ①	22 ②	23 ②	24 ③	25 ①
26 ④	27 ③	28 ②	29 ④	30 ③
31 ④	32 ①	33 ②	34 ①	35 ③
36 ③	37 ①	38 ③	39 ④	40 ①
41 ①	42 ④	43 ③	44 ④	45 ②

01 언어논리력 글의 흐름에 맞게 문단 배열하기

| 정답 | ④

| 해설 | 우선 (나)에서 Z세대의 특징을 설명하며 글의 중심 소재인 '하이퍼텍스트'를 언급한다. 이어 (가)에서는 '하이퍼텍스트'에 대해 정의하며 구체적으로 설명하고 있다. 다음으로 (라)가 이어져 하이퍼텍스트와 일반적인 문서의 차이를 제시하고 있으며, 마지막으로 (다)에서는 하이퍼텍스트가 등장함에 따라 생길 변화에 대해 설명하고 있다. 따라서 글의 순서는 (나)-(가)-(라)-(다)가 적절하다.

02 언어논리력 맞춤법에 맞게 쓰기

| 정답 | ④

| 해설 | '묘사되다'는 '어떤 대상이나 사물, 현상 따위가 언어로 서술되거나 그림으로 그려져 표현되다'의 의미를 가지는 동사로 '묘사되+어'로 활용될 때는 '묘사돼'로 축약해 쓸 수 있다.

| 오답풀이 |

① 우주에 존재하는 모든 물체 즉 항성, 행성, 위성, 혜성, 성단, 성운, 성간 물질, 인공위성 따위를 통틀어 뜻하는 단어는 '천체'로 써야 한다.

② 황금과 같이 광택이 나는 누런빛을 뜻하는 단어는 '금빛'으로 써야 한다.

③ 산의 비탈이 끝나는 아랫부분을 뜻하는 단어는 '산기슭'으로 써야 한다.

03 언어논리력 올바르게 띄어쓰기

| 정답 | ②

| 해설 | '-ㄹ수록'은 앞 절 일의 어떤 정도가 그렇게 더하여 가는 것이, 뒤 절 일의 어떤 정도가 더하거나 덜하게 되는 조건이 됨을 나타내는 연결어미이므로 붙여 써야 한다.

| 오답풀이 |

① '-치고'는 '그 전체가 예외 없이'의 뜻을 나타내는 보조사이므로 앞 단어와 붙여 쓴다.

③ '안 되다'의 '안'은 부사 '아니'의 준말이므로 띄어 쓴다.

④ '안되다'는 '근심이나 병 따위로 얼굴이 많이 상하다'는 뜻의 형용사로 붙여 쓴다.

04 언어논리력 올바르게 발음하기

| 정답 | ①

| 해설 | '밟-'은 자음 앞에서 [밥]으로 발음한다. 따라서 밟지[밥 : 찌]로 발음해야 한다.

05 언어논리력 글의 내용을 바탕으로 추론하기

| 정답 | ④

| 해설 | 단체 승차권은 20인 이상의 1단체가 1매를 구매하는 것이므로 15인의 단체는 단체 승차권을 구매할 수 없다.

| 오답풀이 |

① 보호자 동반에 대한 규정은 알 수 없다.

② 매주 월요일은 프로그램을 운영하지 않지만 그 이유가 임진왜란 역사관 휴관 때문인지는 알 수 없다.

③ 1회 탐방 소요시간은 알 수 없다.

06 언어논리력 단어의 의미 파악하기

| 정답 | ②

| 해설 | ②의 '의사'는 일정한 자격을 가지고 병을 고치는 것을 직업으로 하는 사람을 의미하며, ①, ③, ④의 '의사'는 무엇을 하고자 하는 생각을 의미한다.

07 언어논리력 단어를 유추하여 끝말잇기 하기

| 정답 | ④

| 해설 | 법을 어기는 것을 의미하는 단어는 '불법'이고, 병을 낫게 하는 것을 의미하는 단어는 '치료'이다. 따라서 끝말잇기 규칙에 따라 빈칸에는 법으로 나라를 다스린다는 의미의 '법치'가 들어가야 한다.

08 언어논리력 글의 주제 찾기

| 정답 | ①

| 해설 | 인류가 가지고 있었던 탐욕이라는 본능이 저장을 통하여 비로소 발현되기 시작하였고, 이를 통해 약탈과 경쟁이 시작된 것이라는 내용을 담고 있다. 따라서 글의 내용을 포괄하는 핵심적인 주제는 저장의 시작을 통하여 인류의 탐욕 추구가 본격적으로 시작되었다는 것이다.

09 언어논리력 글의 중심내용 찾기

| 정답 | ①

| 해설 | 괴테의 일화와 마지막 문장의 '일정한 주제의식이나 문제의식을 가지고 독서를 할 때, 보다 창조적이고 주체적인 독서 행위가 성립될 것이다.'를 통해 이 글이 목적이나 문제의식을 가지고 하는 독서의 효율성에 관한 내용임을 알 수 있다.

10 언어논리력 알맞은 사자성어 찾기

| 정답 | ②

| 해설 | 다기망양(多岐亡羊)은 갈림길이 많아 잃어버린 양을 찾지 못한다는 뜻으로, 계획이나 방침이 너무나 많아 도리어 어찌할 바를 모른다는 말이다.

| 오답풀이 |

① 곡학아세(曲學阿世) : 바른길에서 벗어난 학문으로 세상 사람에게 아첨함을 의미한다.

③ 입신양명(立身揚名) : 출세하여 이름을 세상에 떨침을 의미한다.

④ 읍참마속(泣斬馬謖) : 큰 목적을 위하여 자기가 아끼는 사람을 버림을 이르는 말이다.

11 수리력 단위 변환하기

| 정답 | ③

| 해설 | 1cm＝10mm, 1m＝100cm이므로 $250+325=575$ (cm)이다.

12 수리력 수 추리하기

| 정답 | ④

| 해설 | 삼각형 안의 숫자는 위 꼭짓점 숫자와 왼쪽 꼭짓점 숫자를 곱한 후 오른쪽 꼭짓점 숫자를 더한 값이다.

• $4\times8+6=38$

• $2\times9+4=22$

• $4\times4+8=(\ ?\ )$

따라서 '?'에 들어갈 숫자는 $4\times4+8=24$이다.

13 수리력 비율을 활용하여 금액 계산하기

| 정답 | ①

| 해설 | A가 가진 돈을 x원이라 하고, A와 B가 가진 돈을 비례식으로 나타내면 다음과 같다.

$5:4=x:2,000$

$4x=10,000$

$x=2,500$(원)

1회 2회 3회 4회 5회 6회 7회 8회 9회

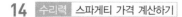
14 수리력 스파게티 가격 계산하기

| 정답 | ③

| 해설 | 세트 가격은 각 메뉴의 가격을 합한 금액에서 10%를 할인한 값이라고 하였으므로 스파게티의 원래 가격을 x 원으로 놓으면 다음과 같은 식이 성립한다.

$(8,800+16,000+x) \times 0.9 = 32,400$

$\therefore x = (32,400 \div 0.9) - 16,000 - 8,800 = 11,200$

따라서 스파게티의 원래 가격은 11,200원이다.

15 수리력 인터넷 사용시간 계산하기

| 정답 | ④

| 해설 | 인터넷 사용량을 x 분이라 하면 다음과 같은 식이 성립한다.

$10,000 + 10 \times x = 5,000 + 20 \times x$

$20x - 10x = 10,000 - 5,000 \qquad \therefore x = 500$

따라서 한 달에 500분을 사용해야 두 통신사의 요금이 같아진다.

16 수리력 가격 비교하여 업체 선정하기

| 정답 | ①

| 해설 | • A 업체에서 살 경우 : 46대를 사면 4대를 무료로 받아 50대가 되고, 46대의 가격이 4,600,000원이므로 200,000원을 할인받는다.

　$(100,000 \times 46) - (50,000 \times 4) = 4,400,000$(원)

• B 업체에서 살 경우 : 45대를 사면 5대를 무료로 받아 50대가 된다.

　$100,000 \times 45 = 4,500,000$(원)

따라서 A 업체에서 사는 것이 100,000원 더 저렴하다.

17 수리력 확률 계산하기

| 정답 | ③

| 해설 | A 지역에 비가 올 확률이 0.7이므로 A 지역에 비가 오지 않을 확률은 0.3이다. 또한 A와 B 지역 모두 비가 올 확률이 0.4라고 하였으므로 B 지역에 비가 올 확률을 x 라

하면 $0.7 \times x = 0.4$이다. $x = \dfrac{4}{7}$이며 따라서 B 지역에 비가 오지 않을 확률은 $\dfrac{3}{7}$이다.

18 수리력 변동 추이 이해하기

| 정답 | ③

| 해설 | 34 ~ 36개국의 회원국 중에서 매년 27위 이하이므로 상위권이라 볼 수 없다.

| 오답풀이 |

① CPI 순위가 가장 낮은 해는 52위의 2017년이고, OECD 순위가 가장 낮은 해는 30위의 2019년이다.

②, ④ 청렴도가 가장 높은 해는 2020년으로 59.0점이고, 2013년도의 청렴도 점수는 56.0점이므로 점수의 차이는 3.0점이다.

19 수리력 추가 자료 파악하기

| 정답 | ②

| 해설 | 〈보고서〉에서 '자동차 등록대수의 지역별 순위를 보면 2020년에 서울이 약 23만 9천 대로 전년에 이어 1위를 차지했으며'라고 하였는데 제시된 자료에서는 전년도의 지역별 자동차 등록대수가 나타나지 않았으므로 추가로 필요한 자료는 'ㄴ. 2019년 지역별 자동차 등록대수'이다.

| 오답풀이 |

ㄱ. '지역별 자동차 1대당 인구수×자동차 등록대수'로 알 수 있다.

ㄷ. 2020년 지역별 자동차 등록대수를 모두 더해 알 수 있다.

20 수리력 자료를 그래프로 변환하기

| 정답 | ③

| 해설 | 1인 가구 거주지를 나타내는 그래프에서 주택 외의 수치와 다세대 주택의 수치가 주어진 자료의 내용과 다르게 표시되어 있다.

21 공간지각력 일치하는 입체도형 찾기

| 정답 | ①

| 해설 | ①은 제시된 입체도형을 반시계방향으로 90° 회전한 후 화살표 방향에서 바라본 모습이다.

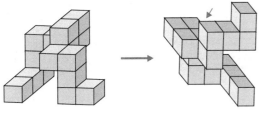

| 오답풀이 |

다른 입체도형은 점선 표시된 블록이 추가되고 동그라미 친 블록이 제거되어야 한다.

②
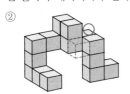

③
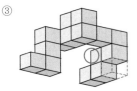

④
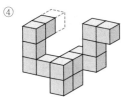

22 공간지각력 두 면만 보이는 블록 찾기

| 정답 | ②

| 해설 | 두 면만 보이는 블록을 색칠하면 다음과 같다.

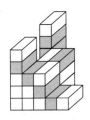

23 공간지각력 동일한 도형 찾기

| 정답 | ②

| 해설 | ②는 제시된 도형을 180° 회전한 모양이다.

| 오답풀이 |

나머지 도형은 동그라미 친 부분이 다르다.

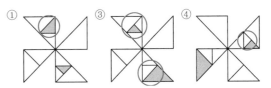

24 공간지각력 블록 개수 세기

| 정답 | ③

| 해설 |

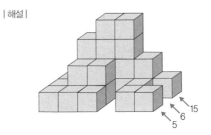

가장 뒷줄에 위치한 블록의 개수는 15개, 중간에 위치한 블록의 개수는 6개, 가장 앞줄에 위치한 블록의 개수는 5개이므로 총 26개이다.

25 공간지각력 조각 배열하기

| 정답 | ①

| 해설 | 그림의 조각을 (가)–(다)–(나)–(라) 순으로 배열하면 다음과 같은 그림이 완성된다.

26 공간지각력 지도 파악하기

| 정답 | ③

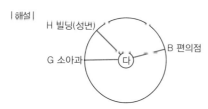

27 공간지각력 제시된 도형 합치기

| 정답 | ③

| 해설 | ③은 동그라미 친 부분이 잘못되었으며, 다음과 같이 수정되어야 한다.

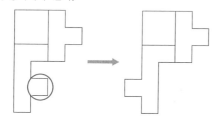

28 공간지각력 주사위 눈의 수 파악하기

| 정답 | ③

| 해설 | 마주보는 면의 눈의 수를 합한 값이 항상 7이므로 보이지 않는 면의 눈의 수도 알 수 있다.

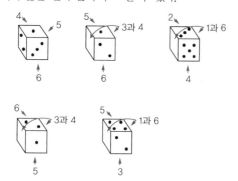

서로 접하고 있는 면의 눈의 수를 보면 맨 오른쪽 주사위의 경우 1 또는 6이므로 이들의 합을 구하면 27 또는 32이다. 따라서 ③이 정답이다.

29 공간지각력 펼친 모양 찾기

| 정답 | ④

| 해설 | 접었던 선을 축으로 하여 역순으로 펼치면 다음과 같다.

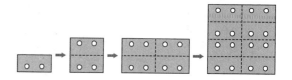

30 공간지각력 전개도 파악하기

| 정답 | ④

| 해설 | 전개도는 모서리에 기호를 붙여 생각하면 보기 쉽다. 전개도를 접을 때 서로 만나게 되는 모서리를 표시하면 다음과 같다.

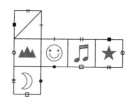

각 선택지의 3개의 면에 들어가는 도형 중 구분하기 쉬운 도형을 골라 그것을 중심으로 인접면의 도형의 모양과 방향을 파악한다.

④의 경우 오른쪽 면인 ★ 을 중심으로 살펴보면 바로 왼쪽 면의 방향이 잘못되었음을 알 수 있다.

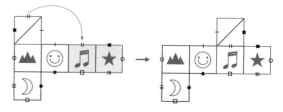

즉, [♩★] → [♩★]로 되어야 한다. 왼쪽 면이 ♩일 경우에는 ♩☺이 되어야 한다.

31 문제해결력 진위 추론하기

| 정답 | ④

| 해설 | A ~ E의 진술을 살펴보면 A와 B가 상반된 진술을 하고 있으므로 A와 B 중 거짓을 말하는 사람이 반드시 있게 된다. A와 B의 각 진술을 참과 거짓으로 구분하면 다음과 같은 두 가지 결론을 얻을 수 있다.

• A가 거짓인 경우 : 1 ~ 5층 → C, D, B, E, A

• B가 거짓인 경우 : 1 ~ 5층 → B, D, C, E, A

따라서 누구의 진술이 거짓이냐에 관계없이 D는 항상 2층에서 내린다.

32 문제해결력 명제 판단하기

| 정답 | ①

| 해설 | A의 대우 명제는 '운동을 싫어하는 사람은 게으르다'이며, B 명제와 A의 대우 명제를 삼단논법으로 정리하면 '긍정적이지 않은 사람은 게으르다'는 명제가 참임을 알 수 있다.

33 문제해결력 명제 판단하기

| 정답 | ②

| 해설 |

축구 좋 → 유산소 열	대우	유산소 열× → 축구 좋×
야구 좋 → 유산소 열	⇔	유산소 열× → 야구 좋×

첫 문장의 대우는 '유산소 운동을 열심히 하지 않는 사람은 축구를 좋아하지 않는다'이고, 그 다음 문장의 대우는 '유산소 운동을 열심히 하지 않는 사람은 야구를 좋아하지 않는다'이다. 따라서 유산소 운동을 열심히 하지 않는 사람은 축구도 야구도 좋아하지 않음을 알 수 있다.

34 문제해결력 조건에 맞게 리그 구성하기

| 정답 | ①

| 해설 | 조건을 보면 E와 F는 다른 리그이고, C와 A 또는 C와 B는 같은 리그이다. 따라서 ACE-BDF, ACF-BDE, BCE-ADF, BCF-ADE의 네 가지 경우로 리그를 나눌 수 있다.

35 문제해결력 진위 추론하기

| 정답 | ③

| 해설 | E 사원을 기준으로 살펴보면 D 대리와 F 사원은 서로 같은 지역을 담당해야 하고, A 부장과 B 과장은 서로 다른 지역을 담당해야 하므로, E 사원은 A 부장 또는 B 과장과 같은 지역을 담당해야 한다. 또한 E 사원은 중남미 지역을 담당할 수 없으므로 미주 지역 또는 아시아 지역을 담당해야 하는데, C 대리가 아시아 지역을 담당해야 한다고 하였으므로 E 사원은 미주 지역을, D 대리와 F 사원은 중남미 지역을 담당하게 된다. 그리고 A 부장과 B 과장은 각각 미주 또는 아시아 지역을 나눠서 담당하게 된다. 이를 표로 나타내면 다음과 같다.

중남미 지역	미주 지역	아시아 지역
D 대리	A 부장 or B 과장	C 대리
F 사원	E 사원	A 부장 or B 과장

따라서 A 부장과 E 사원은 같은 지역을 담당할 수도, 아닐 수도 있으므로 ③은 항상 참이라고 볼 수 없다.

36 문제해결력 논리적 오류 파악하기

| 정답 | ③

| 해설 | 제시된 문장에는 논리적 오류가 나타나 있지 않다.

| 오답풀이 |

① 의도하지 않은 결과에 대해 의도가 있다고 판단하는 의도 확대의 오류를 범하고 있다.

② 전건을 부정하여 후건을 부정하는 것으로 결론을 도출하는 전건 부정의 오류를 범하고 있다.

④ 어떤 대상의 기원이 갖는 특성을 그 대상도 그대로 지니고 있다고 여기는 발생학적 오류를 범하고 있다.

37 문제해결력 명제 판단하기

| 정답 | ①

| 해설 | 각 명제를 'p : 떡볶이를 좋아한다.', 'q : 화통하다.', 'r : 닭강정을 좋아한다.'라고 할 때 사실을 정리하면 다음과 같다.

• p → q   • q → ~r   • p → ~r

A. 'p→~r'이 사실이므로 이 명제의 대우 명제인 'r→~p'도 사실임을 알 수 있다.

B. '~r→q'는 'q→~r' 명제의 역에 해당하므로 참·거짓을 알 수 없다.

따라서 A만 항상 옳다.

---

38 문제해결력 시계 각도 계산하기

| 정답 | ③

| 해설 | 12시 정각을 기준으로 한 분침의 각도에서 시침의 각도를 빼면 된다.

1) 20분 동안 분침이 움직인 각도
  • 1분 동안 분침이 움직이는 각도 : $360° \div 60 = 6°$
  ∴ 20분 동안 분침이 움직인 각도는 $6° \times 20 = 120°$이다.

2) 1시간 20분 동안 시침이 움직인 각도
  • 1시간 동안 시침이 움직이는 각도 : $360° \div 12 = 30°$
  • 1분 동안 시침이 움직이는 각도 : $30° \div 60 = 0.5°$
  ∴ 1시간 20분 동안 시침이 움직인 각도는 $30° + 0.5° \times 20 = 40°$이다.

따라서 두 바늘이 이루는 각 중 작은 각의 크기는 $120° - 40° = 80°$이다.

---

39 문제해결력 진위 추론하기

| 정답 | ④

| 해설 | 우선 E는 B의 진술이 참이라고 했으므로 B와 E는 같은 내용을 진술한 것이 된다. 용의자 중 두 사람만이 거짓을 말한다는 조건에 따라 B, E의 진술이 거짓일 경우와 참일 경우로 나누어 살펴본다.

• B, E의 진술이 거짓일 경우 : B, E의 진술이 거짓이라면 A, C, D의 진술은 참이 된다. 그런데 종로에 있었다는 A의 진술과 A와 B가 인천에 있었다는 C의 진술은 서로 엇갈리므로, 거짓말을 하고 있는 사람이 두 사람뿐이라는 조건과 상충한다.

• B, E의 진술이 참일 경우 : B, E의 진술이 참이라면 B, E의 진술과 다르게 C와 단둘이 있었다는 D의 진술은 거짓이 되며, 남은 A와 C 중 한 명이 거짓을 말하고 있는 것이 된다.

만약 A가 거짓말을 했다면 C의 진술은 참이 되어 A는 B와 인천에 있었던 것이 되므로 범인은 D가 된다. 만약 C가 거짓말을 했다면 A의 진술은 참이 되며, B의 진술에 따라 사건 시각에 A, B, C는 종로에 함께 있었던 것이 되어 이 경우 또한 범인은 D가 된다.

따라서 거짓말을 한 사람은 A와 D 또는 C와 D이고 그림을 훔친 범인은 D이다.

---

40 문제해결력 위치 추론하기

| 정답 | ①

| 해설 | 원형 테이블에서 기준이 되는 한 명의 위치를 임의로 배치한 후 다른 조건을 적용해 보면서 해결한다.

일단 네 번째 조건에 따라 마주 보고 앉는 사원 A와 부장의 자리를 정한다. 첫 번째 조건에 따라 대리는 사원 A와 나란히 앉는데, 대리가 사원 A의 오른쪽에 앉을 경우 과장이 대리의 왼쪽 옆자리에 앉아 있다는 세 번째 조건과 어긋나므로 대리는 사원 A의 왼쪽 옆자리에 앉고, 그 옆에 과장이 앉는다. 마지막으로 두 번째 조건에 의해 사원 B의 왼쪽 옆자리는 비어 있어야 하므로 사원 B는 부장의 왼쪽 옆자리에 앉게 된다. 이를 그림으로 정리하면 다음과 같다.

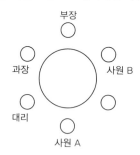

따라서 부장의 오른쪽 옆자리에 앉은 사람은 과장이다.

---

41 관찰탐구력 심장박동 조절 이해하기

| 정답 | ①

| 해설 | ② 심박동 조절의 중추는 연수이다.

③, ④ 교감신경에 의해 아드레날린이 분비되면 심박동은 빨라지고, 부교감신경에 의해 아세틸콜린이 분비되면 심박동은 느려진다.

42 관찰탐구력 브루셀라병 이해하기

| 정답 | ④

| 해설 | 브루셀라병은 제2종 법정가축감염병으로 인축 공통 감염병이다. 가축으로부터 사람에게 전파되나 사람과 사람 간에는 전염되지 않는다.

| 오답풀이 |

① 구제역 : 가축의 제1종 바이러스성 법정감염병으로 전염성이 매우 강하다. 발굽이 둘로 갈라진 소·돼지와 같은 동물이 감염되는 질병으로 입이나 발굽 주변에 물집이 생기고 침을 심하게 흘리는 증상을 보인다.

② 살모넬라 : 식중독의 원인이 되기도 하고 티푸스성 질환을 일으키는 균이다.

③ 가금콜레라 : 제2종 법정가축감염병으로 야생조류, 닭 등이 감염되어 급성 패혈증 증상을 보인다.

43 관찰탐구력 화학 반응 원리 이해하기

| 정답 | ③

| 해설 | A. 중화 반응 : ㉡, ㉣
B. 산화−환원 반응 : ㉠, ㉢, ㉤

44 관찰탐구력 태양의 일주운동 이해하기

| 정답 | ①

| 해설 | 하지 때에는 태양의 남중 고도가 가장 높아 북동쪽에서 일출해서 북서쪽으로 일몰한다.

| 오답풀이 |

②, ④ 지표가 받는 태양 복사 에너지량은 태양의 고도가 가장 높은 A일 때 가장 많고, 태양 고도가 가장 낮은 C일 때 가장 적다.

③ B는 정동 쪽에서 일출하여 정서 쪽으로 지는 춘·추분 때의 일주운동 경로이다.

45 관찰탐구력 혈구 이해하기

| 정답 | ②

| 해설 | ㉠ 백혈구에는 핵이 있으나, 적혈구와 혈소판에는 핵이 없다.

㉢ 혈구 중 적혈구의 수가 가장 많다.

2회 기출예상문제

문제 42쪽

01	④	02	④	03	②	04	①	05	④
06	①	07	③	08	④	09	①	10	②
11	④	12	④	13	③	14	②	15	③
16	④	17	③	18	①	19	②	20	③
21	③	22	①	23	③	24	②	25	①
26	③	27	①	28	①	29	②	30	④
31	④	32	③	33	①	34	④	35	④
36	④	37	④	38	③	39	④	40	①
41	④	42	④	43	②	44	③	45	①

01 언어논리력 표준발음법 이해하기

| 정답 | ④

| 해설 | '잃고'를 발음할 때에는 '잃-'의 겹자음 중 'ㅎ'이 연음되면서 'ㄱ'과 축약되어 'ㅋ'이 되므로 [일코]로 발음해야 한다.

02 언어논리력 단어 뜻 구별하기

| 정답 | ④

| 해설 | 제시된 단어의 뜻은 다음과 같다.
• 모사(模寫) : 사물을 형체 그대로 그림. 또는 그런 그림
• 묘사(描寫) : 어떤 대상이나 사물, 현상 따위를 언어로 서술하거나 그림을 그려서 표현함.
• 참조(參照) : 참고로 비교하고 대조하여 봄.
• 참고(參考) : 살펴서 도움이 될 만한 재료로 삼음.

03 언어논리력 외래어표기법 이해하기

| 정답 | ②

| 해설 | 일정한 목표를 달성하기 위하여 일시적으로 팀을 이루어 함께 작업하는 일을 뜻하는 collaboration[kəlæbəˈreɪʃn]은 컬래버레이션으로 표기하는 것이 옳다.

04 언어논리력 글의 흐름에 맞게 문단 배열하기

| 정답 | ①

| 해설 | 먼저 글의 중심내용과 관련된 '악어의 법칙'에 대해 설명하고 있는 (가)가 오고, 이를 일상생활에 대입해 포기할 줄 아는 것이 '악어의 법칙'의 요점임을 다시 설명한 (라)가 이어진다. 그러나 '악어의 법칙'과는 달리 포기는 곧 끝이라는 생각에 포기를 두려워하는 사람이 많이 있음을 언급한 (다)가 다음에 오고, 포기는 무조건 끝이 아닌 더 많은 것을 얻기 위한 길이기도 함을 얘기하고 있는 (나)가 마지막에 온다. 따라서 적절한 순서는 (가)-(라)-(다)-(나)이다.

05 언어논리력 세부 내용 이해하기

| 정답 | ④

| 해설 | 제시된 글은 무작정 포기를 많이 하는 사람이 현명한 것이 아니라 어쩔 수 없는 결정적인 순간에 과감하게 포기할 줄 아는 사람이 지혜롭다는 점을 설명하고 있다.

06 언어논리력 글의 중심내용 찾기

| 정답 | ①

| 해설 | 지문의 전체적인 내용을 살펴보면 문학 작품은 언어에 큰 영향을 미치는데, 이러한 문학 작품은 작가에 의해 산출되므로 언어에 대한 작가의 책임이 막중함을 강조하고 있다.

07 언어논리력 세부 내용 이해하기

| 정답 | ③

| 해설 | 마지막 문장에서 글쓴이가 다른 나라 사람들이 골뱅이를 보면 우리가 @을 골뱅이라고 부르는 이유를 받아들일 것이라고 했을 뿐, 현재 동의한다는 설명은 잘못되었다.

08 언어논리력 문맥에 맞는 어휘 고르기

| 정답 | ④

| 해설 | '강조(强調)'는 '어떤 부분을 특별히 강하게 주장하거나 두드러지게 함'이라는 의미이다.

| 오답풀이 |

① 강세(強勢) : 강한 세력이나 기세

② 모색(摸索) : 일이나 사건 따위를 해결할 수 있는 방법이나 실마리를 더듬어 찾음.

③ 약조(弱調) : 여린 음조

09 언어논리력 문맥에 맞는 어휘 고르기

| 정답 | ①

| 해설 | 제시된 문장은 모두 어떤 일이나 방향을 바라고 원한다는 의미가 담겨 있으므로 유의어 관계인 '염원, 소망, 바람'이 모두 적절하게 어울린다. 그러나 몹시 사랑하거나 끌리어 떨어지지 아니하는 마음을 뜻하는 '애착'은 제시된 문장에 쓰이기에 적절하지 않다.

| 오답풀이 |

② 염원(念願) : 마음에 간절히 생각하고 기원함.

③ 소망(所望) : 어떤 일을 바람. 또는 그 바라는 것

④ 바람 : 어떤 일이 이루어지기를 기다리는 간절한 마음

10 언어논리력 올바르게 띄어쓰기

| 정답 | ②

| 해설 | '들릴 만큼'의 '만큼'은 앞의 내용에 상당한 수량이나 정도임을 나타내는 의존명사로 앞말과 띄어 써야 한다.

| 오답풀이 |

① 앞말인 '너'가 체언이므로 조사로 쓰여 앞말과 붙여 써야 한다.

11 수리력 수 추리하기

| 정답 | ④

| 해설 |

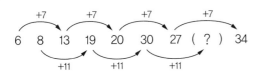

따라서 '?'에 들어갈 숫자는 $30+11=41$이다.

12 수리력 방정식 활용하기

| 정답 | ④

| 해설 | 맞힌 문제를 x개, 틀린 문제를 $(20-x)$개라고 하면 다음과 같은 식을 세울 수 있다.

$5x-5(20-x)=60$

$10x-100=60$

$\therefore x=16$

따라서 맞힌 문제는 16개이다.

13 수리력 총 인원 구하기

| 정답 | ③

| 해설 | 남성의 70%가 14명이므로 A 팀에 속한 총 남성의 수(x)는 다음과 같이 구할 수 있다.

$x \times \dfrac{70}{100} = 14$

$\therefore x=20$

따라서 남성이 20명이므로 A 팀의 총 인원은 $12+20=32$(명)이다.

14 수리력 벤다이어그램 활용하기

| 정답 | ②

| 해설 | 야구와 농구를 모두 좋아하는 사람을 x명이라 하면 벤다이어그램은 다음과 같다.

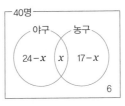

$40=(24-x)+(17-x)+x+6$

$40=24+17+6-x$

$x=7$

따라서 농구만 좋아하는 학생은 $17-7=10$(명)이다.

15 수리력 거리·속력·시간 활용하기

|정답| ③

|해설| 두 사람 사이의 간격은 1시간에 $100-85=15$(km)

벌어진다. 20분은 $\frac{20}{60}=\frac{1}{3}$(시간)이므로 20분 후 두 사람

은 $15 \times \frac{1}{3}=5$(km) 벌어진다.

16 수리력 경우의 수 계산하기

|정답| ④

|해설| 다섯 가지 색을 사용할 수 있으나 영역은 세 개이므로 색을 나누는 방법은 다음과 같다.

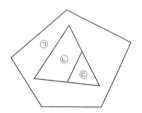

㉠ : 노란색, 보라색, 빨간색, 검정색, 회색의 다섯 가지

㉡ : ㉠ 이외의 네 가지 색

㉢ : ㉠, ㉡ 이외의 세 가지 색

따라서 $5 \times 4 \times 3=60$(가지)이다.

17 수리력 박스 단가 계산하기

|정답| ③

|해설| 흰색 A4 용지 한 박스의 단가를 x원이라 하면, 컬러 A4 용지 한 박스의 단가는 $2x$원이므로 다음 식이 성립한다.

$(50 \times x)+(10 \times 2x)-5,000=1,675,000$

$70x=1,680,000$

$\therefore x=24,000$

따라서 흰색 A4 용지 한 박스의 단가는 24,000원이다.

18 수리력 그래프 해석하기

|정답| ①

|해설| 3ha 이상의 농가 비중은 2000 ~ 2015년 동안 6.3 → 7.2 → 8.6 → 9.4로 계속 증가하다가 2020년에 9.0으로 감소하였다.

|오답풀이|

② 0.5 ~ 3ha 미만 농가 비중은 64.8 → 61.0 → 55.4 → 50.5 → 46.3으로 계속 감소하였다.

③ 0.5 ~ 3ha 미만 농가의 수치가 항상 가장 큰 것을 그래프를 통해 확인할 수 있다.

④ 0.5ha 미만 농가의 비중은 28.9 → 31.8 → 36.0 → 40.1 → 44.7로 꾸준히 증가하였다.

19 수리력 그래프 해석하기

|정답| ②

|해설| 불법체류 외국인의 수가 20X4년에 최고치를 기록한 것은 사실이지만, 처음으로 등록 외국인 수보다 많아진 것은 20X3년이다.

|오답풀이|

• A : 등록 외국인 수는 꾸준히 증가하고 있지만 변수가 발생하면 감소할 수도 있다.

• C : 20X5년도에 불법체류 외국인의 수가 급격히 감소하면서 등록 외국인의 수가 급격히 늘어났으므로 서로 관련이 있을 것이라 예상할 수 있다.

• D : 20X6년 이후 큰 증가 없이 유지되고 있으므로 옳다.

20 수리력 자료를 바탕으로 보고서 작성하기

|정답| ③

|해설| 건설업이 전년(20X0년)에 이어 재해자 수가 가장 많음을 확인하기 위해 20X0년 산업별 재해 현황(ㄷ)이 필요하며, 재해율을 계산하기 위해서는 20X1년 산업별 전체 근로자 수(ㄱ)가 필요하다.

21 공간지각력 동일한 그림 찾기

|정답| ③

|해설| ③은 제시된 그림을 180° 회전한 모양이다.

| 오답풀이 |

나머지 그림은 동그라미 친 부분이 다르다.

① ② ④

22 공간지각력 조각 배열하기

| 정답 | ①

| 해설 | 제시된 그림 조각을 (나)−(다)−(가)−(라) 순으로 배열하면 다음과 같다.

23 공간지각력 블록 개수 세기

| 정답 | ③

| 해설 | 가장 뒷줄에 위치한 블록의 개수는 15개, 뒤에서 두 번째 줄에 위치한 블록의 개수는 6개, 뒤에서 세 번째 줄에 위치한 블록의 개수는 2개, 가장 앞줄에 위치한 블록의 개수는 1개이므로, 총 24개이다.

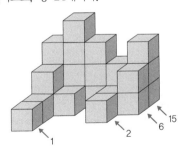

24 공간지각력 보이지 않는 블록의 개수 세기

| 정답 | ②

| 해설 | 가장 뒷줄에 위치한 블록의 개수는 12개, 뒤에서 두 번째 줄에 위치한 블록의 개수는 9개, 가장 앞줄에 위치한 블록의 개수는 8개이므로, 총 29개이다. 이 전체의 블록 개수에서 한 면이라도 보이는 블록의 개수를 표시하면 다음과 같다.

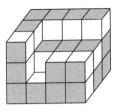

따라서 한 면도 보이지 않는 블록은 29−19=10(개)이다.

25 공간지각력 전개도를 접어 주사위 만들기

| 정답 | ①

| 해설 | 전개도를 접었을 때 서로 맞닿는 모서리를 같은 도형으로 표시하면 다음과 같다.

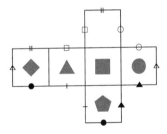

따라서 화살표 방향에서 바라본 면은 ①이다.

26 공간지각력 주사위의 보이지 않는 면 추론하기

| 정답 | ③

| 해설 | 3개의 주사위를 각각 전개도로 펼치면 다음과 같다.

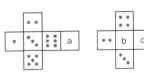

일단 주사위의 서로 마주 보는 면에 그려진 눈의 합은 7이므로 첫 번째 전개도에서 3과 마주 보고 있는 a의 눈은 4이다. 두 번째 전개도에서 2와 마주 보고 있는 b의 눈은 5가 되므로 서로 마주 보고 있는 b와 ㉠의 눈은 각각 1 또는 6

이 된다. 세 번째 전개도에서 서로 마주 보고 있는 ⓓ와 ⓔ의 눈은 각각 2 또는 5가 된다. 3개의 주사위는 모두 동일하다고 하였으므로, 첫 번째 주사위를 기준으로 두 번째 주사위를 비교하면 다음과 같다.

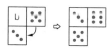

따라서 b의 눈은 6, ㉠의 눈은 1이다. 첫 번째 주사위를 기준으로 세 번째 주사위를 비교하면 다음과 같다.

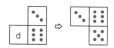

따라서 d의 눈은 5, ㉡의 눈은 2이다.
따라서 주사위끼리 접하여 보이지 않는 면에 그려진 눈의 합은 4+6+5+5=20이다.

27 공간지각력 투상도와 일치하는 입체도형 찾기

| 정답 | ①

| 해설 | 정면도→평면도→우측면도 순으로 확인할 때 블록 개수와 위치가 모두 일치하는 입체도형은 ①이다.

| 오답풀이 |

② 평면도가 일치하지 않는다.

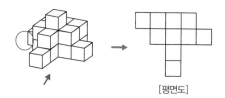

[평면도]

③ 정면도가 일치하지 않는다.

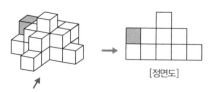

[정면도]

④ 우측면도가 일치하지 않는다.

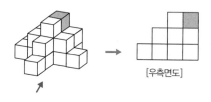

[우측면도]

28 공간시지각력 펼친 모양 찾기

| 정답 | ①

| 해설 | 접은 선을 축으로 하여 역순으로 펼치면 다음과 같다.

29 공간지각력 동일한 입체도형 찾기

| 정답 | ②

| 해설 | ②는 제시된 도형을 화살표 방향에서 바라본 모습이다.

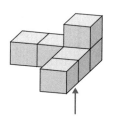

| 오답풀이 |

다른 입체도형은 점선 표시된 블록이 추가되거나 동그라미 친 블록이 제거되어야 한다.

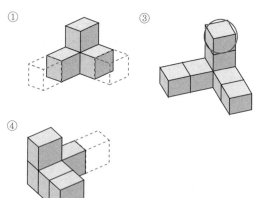

30 공간지각력 지도 파악하기

| 정답 | ④

| 해설 | ㉣에서 세 위치를 나타내면 다음과 같다.

31 문제해결력 명제 판단하기

| 정답 | ④

| 해설 | 각 명제를 'p : 축구를 잘한다.', 'q : 감기에 걸린
다.', 'r : 휴지를 아껴 쓴다.'라고 할 때 문장을 정리하면 다
음과 같다.

- p → ~q
- ~q → r
- 나는 → p

따라서 삼단논법에 의해 '나는 → p → ~q → r'이 성립하므
로 '나는 휴지를 아껴 쓴다'가 참임을 알 수 있다.

32 문제해결력 명제 판단하기

| 정답 | ③

| 해설 | 각 명제를 'p : 쇼핑을 좋아한다.', 'q : 구두가 많
다.', 'r : 신용카드가 많다.'라고 할 때 [사실]을 정리하면
다음과 같다.

- p → r
- q → p
- ~q → ~r

A. '~q → ~r'이 사실이므로 이 명제의 대우 명제인 'r →
q' 또한 사실이다. 'p → r' 명제와 삼단논법에 의해 'p
→ q'가 항상 참임을 알 수 있다.

B. 'p → r'이 사실이므로 이 명제의 대우 명제인 '~r →
~p'도 사실이며, 'q → p'가 사실이므로 이 명제의 대우
명제인 '~p → ~q'도 사실이 된다. 두 명제의 삼단논법
에 의해 '~r → ~q'가 항상 참임을 알 수 있다.

따라서 A, B 모두 항상 옳은 설명이다.

33 문제해결력 논리적 오류 파악하기

| 정답 | ①

| 해설 | 몇 억대를 횡령한 상대방이 100만 원을 받은 자신의
잘못을 비리라고 말하는 것은 잘못되었다고 생각하고 있으
므로 이는 상대의 처한 상황이나 도덕성 문제 등을 이유

로 주장이 잘못되었다고 판단하는 피장파장의 오류에 해당
한다.

| 오답풀이 |

② 상대가 의도하지 않은 것을 강조하거나 허점을 비판하
여 자신의 주장을 내세울 때 생기는 오류이다.

③ 자신의 주장에 대한 근거로 권위 있는 특정 개인의 논점
을 제시할 때 생기는 오류이다.

④ 발화자의 말 자체가 아니라 그 말을 하는 발화자를 트집
잡아 그 사람의 주장을 비판할 때 생기는 오류이다.

34 문제해결력 논리적 오류 파악하기

| 정답 | ④

| 해설 | 제시된 지문과 ④는 어떤 사물이나 집단 전체의 특
성을 그 부분이나 구성요소도 똑같이 갖고 있다고 판단하
는 '분할의 오류'를 범하고 있다.

| 오답풀이 |

① 합성의 오류에 해당한다.

② 발생학적 오류에 해당한다.

③ 대중에 호소하는 오류에 해당한다.

35 문제해결력 진위를 판단하여 앉은 자리 추론하기

| 정답 | ④

| 해설 | 우선 예원이와 경희의 위치를 서로 모순되게 말한
철수와 영희 중 한 명이 거짓말을 하고 있으므로 두 가지
경우로 나누어 본다.

- 철수가 거짓말을 한다고 가정할 경우 : '철수 - 영희, 예원
 - 경희'가 되므로 영희가 맨 왼쪽에 앉아 있다는 예원이
의 발언도 거짓이 되어 1명만 거짓말을 했다는 조건에 어
긋난다. 따라서 철수는 사실을 말했다.

- 영희가 거짓말을 한다고 가정할 경우 : '정호 - 철수, 경희
 - 예원' 순이 되고 이때 나머지 4명의 발언 내용에 모순
이 생기지 않는다. 이를 바탕으로 다시 5명의 위치를 보
면 '영희 - 정호 - 철수 - 경희 - 예원'의 순서가 된다.

따라서 정호의 왼쪽에는 영희가 앉음을 알 수 있다.

36 문제해결력 상영되고 있는 영화 추론하기

| 정답 | ④

| 해설 | 영화 B가 2관에서 상영되고 영화 A와 C가 상영되는 관이 이웃해야 하므로 영화 D의 상영관은 1관이 된다. 남은 3관과 4관 중 4관에서는 영화 C를 상영하지 않으므로 영화 C는 3관에서, 남은 영화 A는 4관에서 상영된다.

1관	2관	3관	4관
영화 D	영화 B	영화 C	영화 A

37 문제해결력 빌딩의 위치관계 파악하기

| 정답 | ④

| 해설 | 첫 번째, 다섯 번째 조건으로 H B F D 또는 D F B H 순으로 위치해 있음을 알 수 있다. 이어 세 번째 조건을 추가하면

H B F D
길
○ ○ ○ C

또는

D F B H
길
C ○ ○ ○

이고, 두 번째, 여섯 번째 조건을 추가하면

H B F D
길
A E G C

또는

D F B H
길
C G E A

임을 알 수 있다. 이 중 네 번째 조건을 충족하는 것은

H B F D
길
A E G C

이다. 따라서 G사의 빌딩과 F사의 빌딩은 서로 마주 보고 서 있다.

38 문제해결력 벤다이어그램 활용하기

| 정답 | ③

| 해설 | 각 명제를 'p : 수영 강사이다.', 'q : 담배를 피운다.', 'r : 당구를 친다.'라고 할 때 〈보기〉를 벤다이어그램으로 정리하면 다음과 같다.

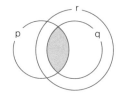

③은 색칠된 부분에 해당되므로 항상 옳다.

| 오답풀이 |

① 벤다이어그램을 참고하면 담배를 피우지 않는 수영 강사 중에는 당구를 치지 않는 사람도 있다.

② 벤다이어그램을 참고하면 당구를 치지 않는 수영 강사는 모두 담배를 피우지 않는다.

④ 벤다이어그램을 참고하면 당구를 친다고 해서 모두가 수영 강사인 것은 아니다.

39 문제해결력 명제 판단하기

| 정답 | ④

| 해설 | 각 명제를 'p : 사과를 좋아한다.', 'q : 귤을 좋아한다.', 'r : 딸기를 좋아한다.', 's : 바나나를 좋아한다.'라고 할 때 〈보기〉를 정리하면 다음과 같다.

• p→q   • ~r→~q   • s→r

'~r→~q'가 참이므로 이 명제의 대우 명제인 'q→r'도 참이다. 따라서 'p→q' 명제와 삼단논법에 의해 'p→r'도 참임을 알 수 있다.

| 오답풀이 |

① 'p→q' 명제의 역에 해당하므로 참인지는 알 수 없다.

②, ③ 주어진 명제로는 알 수 없다.

40 문제해결력 조건을 바탕으로 추론하기

| 정답 | ①

| 해설 | D의 활동 분야 중 하나는 개그맨인데, 개그맨인 사람은 가수 또는 MC가 아니라고 했으므로 D의 다른 활동 분야는 탤런트이다. 또한 가수는 총 3명이라 했으므로 D를 제외한 A, B, C는 모두 가수이다. MC인 사람은 한 명인데 B와 C는 활동 분야가 동일하므로 MC는 A가 된다. 그리고 탤런트 역시 총 3명이라 했으므로 B와 C의 다른 활동 분야는 탤런트가 된다. 이를 정리하면 다음과 같다.

A	B	C	D
가수, MC	가수, 탤런트	가수, 탤런트	개그맨, 탤런트

따라서 B의 활동 분야는 가수, 탤런트이다.

41 관찰탐구력 | 과학적 원리 이해하기

| 정답 | ④

| 해설 | ①, ②, ③은 원운동을 하는 물체가 중심 밖으로 나가려는 힘인 원심력과 관련한 현상들이다. 하지만 ④는 회전축을 중심으로 회전하는 물체가 계속해서 회전을 지속하려고 하는 성질의 크기를 나타내는 관성모멘트와 관련한 현상이다.

42 관찰탐구력 | 파동의 회절 이해하기

| 정답 | ④

| 해설 | 제시된 글은 파동의 회절에 대한 설명이다. ④는 파동의 굴절 때문에 나타나는 현상이다.

| 오답풀이 |

① AM 방송은 저주파로, 진동수가 적고 파장이 길다. 회절은 파장이 길고 틈이 좁을수록 잘 일어나게 되므로 산간 지방에는 FM 방송보다 AM 방송의 전파가 더 잘 전달되어 방송이 잘 들린다.

② 방 안에 있을 때 밖에서 난 소리를 잘 들을 수 있는 것은 창문과 문 틈으로 들어온 소리가 회절되어 방 안 전체에 퍼지기 때문이다.

③ 바닷가에서 방파제 안쪽까지 파도가 도달하는 것은 파동이 좁은 틈을 지날 때 장애물의 뒤쪽으로 퍼져 나가는 파동의 회절 때문에 나타나는 현상이다.

43 관찰탐구력 | 과학적 원리 이해하기

| 정답 | ②

| 해설 | 열을 빼앗기지 않으려는 성질에 의한 보온병의 단열 효과와 부도체 물질인 플라스틱을 손잡이로 사용한 것은 모두 낮은 열전도율을 이용한 것이다.

| 오답풀이 |

① 프라이팬은 금속으로 되어 있어 열전도율이 크므로 고기를 빨리 구울 수 있다.

③ 열용량이 큰 물체일수록 온도 변화에 많은 시간이 소모되는데, 물의 경우 비열이 액체와 고체 중 가장 크므로 뜨거운 물이 들어 있는 핫팩의 물은 잘 식지 않는다.

④ 불을 끄기 위하여 담요를 덮는 것은 산소를 차단하기 위해서이다.

44 관찰탐구력 | 생명 현상 이해하기

| 정답 | ③

| 해설 | (가) 적응과 진화의 예에 해당한다.

(나) 외부 환경에서 오는 자극에 대한 반응의 예이다.

(다) 생명을 유지하는 데 필요한 물질을 합성하는 물질 대사의 예이다.

45 관찰탐구력 | 생태피라미드 변화 이해하기

| 정답 | ①

| 해설 | 독수리의 천적 출현으로 독수리의 수가 줄어 토끼의 개체 수는 늘고 토끼의 포식으로 들풀이 줄었다고 볼 수 있다.

③회 기출예상문제

문제 64쪽

01	②	02	④	03	③	04	④	05	③
06	④	07	④	08	①	09	④	10	③
11	③	12	④	13	①	14	②	15	④
16	③	17	④	18	②	19	④	20	②
21	④	22	④	23	②	24	④	25	①
26	④	27	①	28	②	29	③	30	②
31	④	32	④	33	②	34	④	35	④
36	①	37	④	38	①	39	②	40	②
41	②	42	①	43	④	44	③	45	③

01 언어논리력 올바른 맞춤법 사용하기

| 정답 | ②

| 해설 | '-대'는 직접 경험한 사실이 아닌 남이 말한 내용을 간접적으로 전달할 때 쓰이고, '-데'는 직접 경험한 사실을 나중에 보고하듯이 말할 때 쓰인다. 김 사원이 지난주에 결혼했다는 소식을 남에게 듣고 오 팀장에게 전달하는 상황이므로 '했대요'라고 쓰는 것이 적절하다. 따라서 수정할 필요가 없다.

| 오답풀이 |

① '돼야'는 '되어야'의 준말이다.

③ '바라요'는 마음속으로 기대하다는 뜻의 '바라다'에 종결어미 '-아요'가 붙은 말이며, '바래요'는 볕이나 습기를 받아 색이 변한다는 뜻의 '바래다'에 종결어미 '-어요'가 붙은 말이다. 문맥상 '바라요'로 수정하는 것이 적절하다.

④ '금세'는 '지금 바로'라는 뜻으로 '금시에'의 준말이다.

02 언어논리력 문맥에 가까운 단어 고르기

| 정답 | ④

| 해설 | 밑줄 친 '보다'는 '앞날을 헤아려 내다보다. 넓고 먼 곳을 멀리 바라보다'의 의미로 사용되었으므로 '전망하다'와 문맥적으로 가장 유사하다.

| 오답풀이 |

① 관찰하다 : 사물이나 현상을 주의하여 자세히 살펴보다.

② 소망하다 : 어떤 일을 바라다.

③ 간주하다 : 상태, 모양, 성질 따위가 그와 같다고 보거나 그렇다고 여기다.

03 언어논리력 관용적 표현의 올바른 의미 고르기

| 정답 | ③

| 해설 | '얼굴이 두껍다'는 '뻔뻔하여 부끄러울 줄 모른다'는 의미의 관용적 표현이다.

04 언어논리력 올바르게 띄어쓰기

| 정답 | ④

| 해설 | '당(當)'을 수나 단위에 붙여 '마다'의 뜻으로 사용할 경우에는 접미사이므로 붙여 써야 한다. 따라서 '한 개당 얼마를 내야 하나요?'가 적절하다.

| 오답풀이 |

①, ② '안되다'는 '되다'의 부정으로 쓰인 경우가 아니면 붙여 쓴다.

③ '잘되다'에 대응하는 새로운 뜻을 나타내는 한 단어의 경우이므로 붙여 써야 한다.

05 언어논리력 단어의 잘못된 쓰임 고르기

| 정답 | ③

| 해설 | '겻불'은 '겨를 태우는 불로 불기운이 미미한 것'을 의미하며, 주어진 문장에는 '얻어 쬐는 불'이라는 뜻의 '곁불'이 들어가는 것이 적절하다.

| 오답풀이 |

① • 들리다 : 병이 걸리다. 귀신이나 넋 따위가 덮치다.
　• 들르다 : 지나는 길에 잠깐 들어가 머무르다.

② • 겨누다 : 한 물체의 길이나 넓이 따위를 대중이 될 만한 다른 물체와 견주어 헤아리다.
　• 겨루다 : 서로 버티어 승부를 다투다.

④ • 그을다 : 햇볕이나 불, 연기 따위를 오래 쬐어 검게 되다.
　• 그슬다 : 불에 겉만 약간 타게 하다.

06 언어논리력 글의 흐름에 맞게 문장 배열하기

| 정답 | ④

| 해설 | 먼저 세상에 존재하는 혐오스러운 소리가 많다며 소재를 제시하는 (다)가 오고, 그에 대한 구체적인 예시를 드는 (가)가 이어진다. 다음으로 이런 현상들에 대한 의문을 제시하는 (마)가 온 다음, 그 답으로 '고주파'를 제시하는 (라)가 온다. 마지막으로 그렇게 생각되는 이유를 (나)에서 언급한다. 따라서 글의 순서는 (다)−(가)−(마)−(라)−(나)가 적절하다.

07 언어논리력 다의어 파악하기

| 정답 | ④

| 해설 | 밑줄 친 ㉠의 문맥적 의미는 '한때의 허상'이다. 따라서 ④의 '신화'가 가장 유사한 의미로 사용되었다.

| 오답풀이 |

① 신비스러운 이야기를 의미한다.

②, ③ 절대적이고 획기적인 업적을 의미한다.

08 언어논리력 글의 중심내용 찾기

| 정답 | ①

| 해설 | 제시된 글은 언론사들이 정치적 지향을 강하게 드러낼수록 자신의 정치적 성향과 동일하다고 생각하는 구독자들이 더 많은 후원금을 내고 이를 통해 수입을 얻어 언론사를 운영할 수 있다고 하면서 대안언론이 정치성을 드러내는 이유에 대해 설명하고 있다.

09 언어논리력 세부 내용 이해하기

| 정답 | ④

| 해설 | 공유지의 비극은 1968년 미국의 생물학자 하딘이 처음 주장한 개념이지만, 제시된 글에서는 이에 대한 정보를 찾아볼 수 없다.

| 오답풀이 |

① 저자는 공유지의 비극 이론을 설명하면서 한정된 자원에 대한 자유로운 접근과 끝없는 욕망이 불러올 것을 경고하고 이에 대한 예방을 주장하고 있다.

② 저자는 공유지의 비극 이론을 환경, 정치, 경제, 인문학, 사회학 분야에 적용 가능하다고 하였다.

③ 공유지의 비극을 방지하려면 정부 차원의 해결책이 필요하다고 주장하고, 인센티브와 처벌 등의 제도적 장치를 제안하고 있다.

10 언어논리력 글의 내용 유추하기

| 정답 | ③

| 해설 | 제시된 글의 두 번째 문단에서 이순신 장군을 표상하거나 지시한다고 해서 반드시 이순신 장군의 모습과 유사하다고 할 수는 없다고 하였다. 즉, 나타내려는 대상의 모습과 유사하지 않더라도 그 대상을 표상할 수는 있다는 것이다. 따라서 유사성이 없다면 표상이 될 수 없다고 하는 ③은 적절하지 않다.

11 수리력 연속하는 세 짝수 구하기

| 정답 | ③

| 해설 | 가장 작은 수를 x라 하면 연속하는 세 짝수는 x, $(x+2)$, $(x+4)$이다.

$x+(x+2)+(x+4)=192$

$3x=186$

$\therefore x=62$

따라서 연속하는 세 짝수는 62, 64, 66이고, 이 중 가장 작은 수는 62이다.

12 수리력 비율을 이용하여 개수 구하기

| 정답 | ④

| 해설 | 화이트초콜릿의 개수를 x개, 다크초콜릿의 개수를 $(60-x)$개라고 정한 뒤 식을 세우면 다음과 같다.

$1:4=x:60-x$

$5x=60$

$x=12$

따라서 화이트초콜릿은 12개를 준비한다.

13 수리력 직사각형의 넓이 구하기

| 정답 | ①

| 해설 | 직사각형의 세로 길이를 x m라고 한다면 가로 길이는 $2x$ m이므로 다음과 같은 식이 성립한다.

$(2 \times x) + (2 \times 2x) = 3$

$2x + 4x = 3$

$\therefore x = 0.5$

즉 세로 길이는 0.5m, 가로 길이는 1m이므로 이 직사각형의 넓이는 $0.5 \times 1 = 0.5(\text{m}^2)$이다.

14 수리력 최대공약수 활용하기

| 정답 | ②

| 해설 | 최대한 많은 사원에게 똑같이 나누어 주어야 하므로 최대공약수를 구해야 한다.

$200 = 2 \times 2 \times 2 \times 5 \times 5$

$80 = 2 \times 2 \times 2 \times 2 \times 5$

두 수의 최대공약수는 $2 \times 2 \times 2 \times 5 = 40$이다.

따라서 음료수는 $200 \div 40 = 5$(캔), 떡은 $80 \div 40 = 2$(개)씩 나누어 주었을 때 똑같이 나누어 줄 수 있다.

| 별해 |

```
2) 200  80
×
2) 100  40
×
2)  50  20
×
5)  25  10
‖
40    5   2
```

15 수리력 소금의 양 계산하기

| 정답 | ④

| 해설 | 넣어야 할 소금의 양을 x g으로 놓고 식을 세우면 다음과 같다.

$\dfrac{x}{500 + x} \times 100 = 20$

$100x = 20(500 + x)$

$100x = 10,000 + 20x$

$80x = 10,000$

$\therefore x = 125(\text{g})$

16 수리력 과자 한 상자의 가격 구하기

| 정답 | ③

| 해설 | 참석하는 인원에 여분으로 5인분을 더 준비했으므로, 20인분에 총 75,000원이 지출되었다. 물품별 지출은 다음과 같다.

• 물 : $600 \times 20 = 12,000$(원)

• 음료수 : $1,400 \times 20 = 28,000$(원)

• 과일 : 17,000원

총 지출액에서 물품별 지출금액을 빼면 과자값은 18,000원이다. 과자는 한 상자에 10개가 들어 있고 1명에게 2개씩 배분되는데, 20인분을 준비해야 하므로 과자는 총 4상자가 필요하다. 따라서 과자 한 상자의 가격은 $18,000 \div 4 = 4,500$(원)이다

17 수리력 피타고라스의 정리 활용하기

| 정답 | ④

| 해설 |

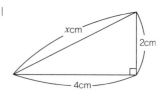

빗변의 길이를 x cm라 하면, 피타고라스의 정리에 의해 다음 식이 성립한다.

$x^2 = 2^2 + 4^2$

$x^2 = 20$

$\therefore x = \sqrt{20} = 2\sqrt{5}\ (\text{cm})$

18 수리력 자료 해석하기

| 정답 | ②

| 해설 | (다) 2008년 이후 가족 수는 2008년이 598가족으로 가장 많다.

| 오답풀이 |

(가) 2011년과 2020년에는 전년에 비해 전체 인원수가 증가하였다.

(나) 2020년에는 전체 인원 수와 가족 수 모두 증가하였다.

19 | 수리력 | 자료에 맞게 그래프 작성하기

| 정답 | ④

| 해설 | 고등학교 여학생의 흡연율은 2010 ~ 2019년까지 지속적으로 감소하다가 2020년에 증가하였다. 그러나 ④의 그래프는 2014년과 2016년에 다소 증가하는 등 2019년까지 지속적으로 감소하고 있지 않으므로 고등학교 여학생의 흡연율과는 다른 모습을 보이고 있다.

20 | 수리력 | 자료를 바탕으로 수치 계산하기

| 정답 | ②

| 해설 | 2010년 대비 2020년의 흡연율 증감률을 구하면 다음과 같다.

- 중학교 남학생 : $\dfrac{4.1-11.3}{11.3} \times 100 ≒ -63.7(\%)$

- 중학교 여학생 : $\dfrac{1.8-6.6}{6.6} \times 100 ≒ -72.7(\%)$

21 | 공간지각력 | 동일한 입체도형 찾기

| 정답 | ④

| 해설 | ④는 제시된 입체도형을 180° 회전한 모습이다.

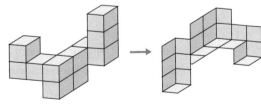

| 오답풀이 |

다른 입체도형은 점선 표시된 블록이 추가되고 동그라미 친 블록이 제거되어야 한다.

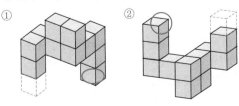

③

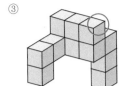

22 | 공간지각력 | 동일한 도형 찾기

| 정답 | ④

| 해설 | ④는 제시된 도형을 시계 방향으로 90° 회전한 모양이다.

| 오답풀이 |

나머지 도형은 동그라미 쳐져 있는 부분이 다르다.

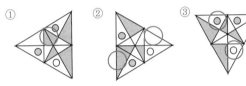

23 | 공간지각력 | 펼친 모양 찾기

| 정답 | ④

| 해설 | 접었던 선을 축으로 하여 역순으로 펼치면 다음과 같다.

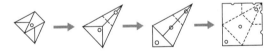

24 | 공간지각력 | 조각 배열하기

| 정답 | ④

| 해설 | 그림 조각을 (다)-(나)-(라)-(가) 순서대로 배열하면 다음과 같다.

25 공간지각력 제시된 도형 합치기

| 정답 | ①

| 해설 | ①은 동그라미 친 부분이 잘못되었다.

26 공간지각력 투상도로 입체도형 추론하기

| 정답 | ④

| 해설 | 3차원 공간에서 세 면에 비친 그림자를 보고 도형을 추리하는 문제이다. 각 선택지의 3차원 공간에서 세 면에 비친 그림자는 다음과 같다.

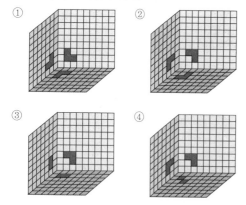

따라서 정답은 ④가 된다.

27 공간지각력 블록 개수 세기

| 정답 | ①

| 해설 | 가로로 누워 있는 블록 4개, 세로로 서 있는 블록 8개로 총 $4+8=12$(개)이다.

28 공간지각력 한 면만 보이는 블록 찾기

| 정답 | ②

| 해설 | 그림에서 한 면만 보이는 블록을 색칠하면 다음과 같다.

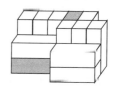

29 공간지각력 도형 개수 세기

| 정답 | ③

| 해설 | 삼각형 1개로 만들 수 있는 삼각형은 10개이고, 삼각형 4개로 만들 수 있는 삼각형은 2개이다. 따라서 그림에서 찾을 수 있는 크고 작은 삼각형은 모두 12개이다.

30 공간지각력 전개도로 입체도형 찾기

| 정답 | ②

| 해설 | 전개도를 접었을 때 서로 맞닿은 면을 화살표로 이으면 다음과 같다.

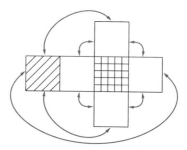

무늬가 있는 면과 맞닿아 있는 면은 모두 무늬가 없다. 즉, 무늬가 있는 두 면이 붙어 있는 경우는 없으므로 ①, ③은 답이 아니다. 또한 무늬가 없는 세 개의 면이 한 모서리에서 만나는 경우는 없으므로 ④ 역시 답이 될 수 없다. 따라서 나타날 수 있는 입체도형은 ②이다.

31 문제해결력 논리적 오류 파악하기

| 정답 | ③

| 해설 | 거짓원인의 오류는 어떤 사건의 원인이 아닌 것을 참된 원인으로 판단하는 데에서 생기는 오류이다. 자동차 사고의 원인이 개똥을 밟은 것이라고 생각하고 있으므로 거짓원인의 오류가 나타나고 있다.

| 오답풀이 |

① 성급한 일반화의 오류는 논쟁에서 가설을 설정하는 중간 단계를 거치지 않고 성급하게 제한된 증거를 가지고 바로 어떤 결론을 도출하는 오류이다.

② 자가당착의 오류는 논증의 전제끼리 모순이 되거나 전제와 결론이 모순 관계를 가지는 오류이다.

④ 순환논증의 오류는 어떤 주장을 함에 있어 그 주장의 근거를 그 주장을 사용하는 오류이다.

32 문제해결력 진위 추론하기

| 정답 | ④

| 해설 | B 사원과 D 사원의 발언이 서로 상충하므로 B 사원이 거짓을 말하는 경우와 D 사원이 거짓을 말하는 경우로 나누어 생각해 본다.

• B 사원이 거짓말을 하는 경우 : A 사원은 E 사원 바로 다음으로 휴가를 간다. C 사원은 D 사원보다 늦게 휴가를 가고, D 사원은 B, C 사원보다 늦게 휴가를 가므로 C 사원과 D 사원의 휴가 계획이 서로 상충한다.

• D 사원이 거짓말을 하는 경우 : A 사원은 E 사원 바로 다음으로 휴가를 간다. B 사원은 마지막으로 휴가를 가고, C 사원은 D 사원보다 늦게, E 사원은 가장 먼저 휴가를 가므로 'E-A-D-C-B' 순으로 휴가를 감을 알 수 있다.

따라서 거짓말을 한 사원은 D 사원이다.

33 문제해결력 명제 판단하기

| 정답 | ②

| 해설 | 제시된 명제를 정리하면 다음과 같다.

• 민형이가 보 → 채원이가 가위

• 노준이가 바위 → ~채원이가 가위

두 번째 명제와 첫 번째 명제의 대우의 삼단논법을 통해 '노준이가 바위 → ~채원이가 가위 → ~민형이가 보'가 성립한다. 따라서 노준이가 바위를 내면 민형이는 보를 내지 않는다.

| 오답풀이 |

① 두 번째 명제의 대우에 의해 채원이가 가위를 내면 노준이는 바위를 내지 않는다.

③ 첫 번째 명제와 두 번째 명제의 대우에 의해 민형이가 보를 내면 노준이는 바위를 내지 않는다.

④ 첫 번째 명제의 역에 해당하므로 항상 참이 되는 것은 아니다.

34 문제해결력 주어진 조건으로 추론하기

| 정답 | ④

| 해설 | 총무부 사원이 이공계 전공일 경우 기획부와 총무부 사원은 이공계 전공이고, 관리부와 영업부 사원은 인문계 전공이 된다. 국사를 가르치는 관리부 사원과 과학을 가르치는 총무부 사원은 한 과목만 가르친다. 기획부 사원은 이공계 전공이어서 과학과 한문을 함께 가르칠 수 있으나 국어를 가르치는 영업부 사원도 국어와 한문을 함께 가르칠 수도 있다. 따라서 기획부 사원이 과학과 한문을 가르친다고 단정할 수 없다.

35 문제해결력 주어진 조건으로 추론하기

| 정답 | ④

| 해설 | 국어는 인문계 전공자만 가르칠 수 있으므로 총무부 사원은 인문계 전공이 되고 네 번째 조건에 따라 영업부 사원은 이공계 전공임을 알 수 있다. 이를 바탕으로 사원들의 전공을 정리하면 이공계 전공은 기획부와 영업부 사원, 인문계 전공은 총무부와 관리부 사원이 된다. 총무부와 관리부 사원은 한 과목만 가르치고 과학은 이공계 전공인 기획부와 영업부 사원이 함께 가르치므로, 한 사람이 두 과목을 가르친다는 조건에 부합하려면 과학을 가르치는 둘 중 한 사람은 과학만, 다른 한 사람은 과학과 한문을 함께 가르쳐야 한다. 하지만 두 사람 중 누가 과학만 가르치는지에 대해서는 알 수 없다.

36 문제해결력 명제 판단하기

| 정답 | ①

| 해설 | 제시된 [전제]인 '맵고 짠 음식을 좋아하는 사람은 라면보다 칼국수를 더 좋아하지 않는다'의 대우 명제는 '라면보다 칼국수를 더 좋아하는 사람은 맵고 짠 음식을 좋아하지 않는다'가 된다. [결론]에서 '형진이는 맵고 짠 음식을

좋아하지 않는다'라고 하였으므로 삼단논법에 의해 빈칸에 들어갈 전제는 '형진이는 라면보다 칼국수를 더 좋아한다'가 적절하다.

보충 플러스+

두 번째 진세에서 q : 맵고 짠 음식을 좋아한다', '~r : 라면보다 칼국수를 더 좋아하지 않는다', 결론에서 'p : 형진이', '~q : 맵고 짠 음식을 좋아하지 않는다'가 된다.

$$
\begin{array}{c}
\left.\begin{array}{l}
p \to q \\
q \to r \\
\hline
p \to r
\end{array}\right]
\end{array}
\quad
\begin{array}{c}
? \to ? \\
q \to \sim r \\
\hline
p \to \sim r
\end{array}
\xrightarrow{\text{대우}}
\begin{array}{c}
? \to ? \\
r \to \sim q \\
\hline
p \to \sim q
\end{array}
$$

두 번째 전제의 대우와 삼단논법에 따라 추론해 보면 첫 번째 전제는 'p→r', 즉 '형진이는 라면보다 칼국수를 더 좋아한다'가 성립됨을 알 수 있다.

37 문제해결력 명제 판단하기

| 정답 | ④

| 해설 | 각 명제를 'p : 드라마 셜록 홈즈를 좋아한다.', 'q : 영화 반지의 제왕을 좋아한다.', 'r : 영화 스타트렉을 좋아한다.', 's : 영화 해리포터 시리즈를 좋아한다.'라고 할 때 정리하면 다음과 같다.

- $p \to \sim q$
- $\sim q \to \sim s$
- $q \to r$

(가) $\sim q \to \sim s$가 참이므로 이 명제의 대우 명제인 $s \to q$도 참이다. 지연이는 영화 해리포터 시리즈를 좋아하므로 영화 반지의 제왕도 좋아하며 $q \to r$ 명제에 의해 영화 스타트렉도 좋아함을 알 수 있다.

(나) $p \to \sim q$가 참이므로 이 명제의 대우 명제인 $q \to \sim p$도 참이다. $s \to q$가 참이므로 삼단논법에 의해 $s \to \sim p$도 참이 되며 지연이는 영화 해리포터 시리즈를 좋아하므로 드라마 셜록 홈즈를 좋아하지 않음을 알 수 있다.

(다) $r \to \sim p$가 참이 되기 위해서는 $q \to r$의 역인 $r \to q$가 참이어야 한다. 하지만 역의 참·거짓 여부는 알 수 없으므로 옳은 설명이 아니다.

따라서 옳은 설명은 (가), (나)이다.

38 문제해결력 조건에 맞는 위치 파악하기

| 정답 | ①

| 해설 | 근태기록 파일 - 출장보고서 파일 - 경비집행 내역서 파일 순으로 꽂혀 있는 상태에서 인사기록 파일을 출장보고서 파일보다 좌측에 꽂았다. 이는 근태기록 파일보다 우측일 수도 있고, 근태기록 파일보다 좌측일 수도 있다. 또한 퇴직금 정산 파일을 인사기록 파일보다 우측에 꽂았는데, 이는 출장보고서 파일보다 좌측일 수도, 경비집행 내역서 파일보다 좌측일 수도, 경비집행 내역서 파일보다 우측일 수도 있다. 따라서 맨 우측에 있는 서류가 경비집행 내역서 파일인지, 퇴직금 정산 파일인지 알 수 없다.

39 문제해결력 시침과 분침의 각도 구하기

| 정답 | ②

| 해설 | 12시 정각을 기준으로 한 분침의 각도에서 시침의 각도를 빼면 된다.

1) 44분 동안 분침이 움직인 각도
   - 1분 동안 분침이 움직이는 각도 : $360° \div 60 = 6°$
   ∴ 44분 동안 분침이 움직인 각도는 $6° \times 44 = 264°$이다.

2) 7시간 44분 동안 시침이 움직인 각도
   - 1시간 동안 시침이 움직이는 각도 : $360° \div 12 = 30°$
   - 1분 동안 시침이 움직이는 각도 : $30° \div 60 = 0.5°$
   ∴ 7시간 44분 동안 시침이 움직인 각도는 $30° \times 7 + 0.5° \times 44 = 232°$이다.

따라서 두 바늘이 이루는 각 중 작은 각의 크기는 $264° - 232° = 32°$이다.

40 문제해결력 비밀번호 추론하기

| 정답 | ②

| 해설 |
- 덕구 : 맨 처음 숫자는 2이고 마지막 숫자는 2보다 작은 홀수인 1이다. 숫자의 합이 20이어야 하므로 가운데 숫자는 합이 17이 되는 8과 9이다. 짝수, 홀수가 번갈아 사용되었으므로 덕구의 비밀번호는 2981이다.
- 만복 : 맨 처음 숫자는 3이므로 마지막 숫자는 3보다 작은 짝수인 2이다. 숫자의 합이 20이어야 하므로 가운데 수는 합이 15가 되는 8과 7, 6과 9인데 가운데 숫자는 연이어 있으므로 만복의 비밀번호는 3872이다.

41 관찰탐구력 뉴턴의 운동법칙 이해하기

| 정답 | ②

| 해설 | (가)와 (라)는 뉴턴의 운동 제1법칙(관성의 법칙), (나)는 제2법칙(가속도의 법칙), (다)는 제3법칙(작용 반작용의 법칙)에 해당한다. 따라서 (가) ~ (라)의 순으로 숫자를 합하면 1+2+3+1=7이다.

> **보충 플러스+**
>
> 뉴턴의 운동법칙
> 1. 관성의 법칙(제1법칙) : 어떤 물체에 외부로부터 아무런 힘이 작용하지 않으면, 물체의 운동 상태는 변하지 않는다.
> 2. 가속도의 법칙(제2법칙) : 물체에 힘이 작용할 때 생기는 가속도의 크기는 작용한 힘에 비례하고 물체의 질량에 반비례하며 그 방향은 힘의 방향과 같다.
> 3. 작용 반작용의 법칙(제3법칙) : 두 물체가 서로 힘을 미치고 있을 때 두 물체의 상호작용은 크기가 같고 방향은 반대이다.

42 관찰탐구력 혈구의 기능 이해하기

| 정답 | ①

| 해설 | 혈구는 혈액을 구성하고 혈장을 떠다니는 유형의 성분이며 혈구에는 적혈구, 백혈구, 혈소판이 있다. 혈구의 주요작용으로는 운반, 방어, 혈액응고작용 등이 있다.

43 관찰탐구력 풍선의 원리 이해하기

| 정답 | ④

| 해설 | 풍선에 공기를 불어 넣을수록 풍선 속 기체 분자의 수가 많아져서 기체 분자가 풍선 벽에 더 많이 충돌하게 되므로 풍선 벽에 가하는 힘이 커진다. 즉, 풍선 안쪽 벽에 작용하는 기체의 압력이 바깥쪽보다 커지기 때문에 풍선이 부풀어 오른다.

| 오답풀이 |

① 분자운동 중 '확산'이란 물질을 이루는 분자들이 스스로 움직여 액체나 기체 속으로 퍼져 나가는 현상이다.

② 가열·냉각 시 분자운동의 변화이다. 물질이 열에너지를 흡수하면 분자운동이 활발해지고, 방출하면 둔해진다.

③ 기체 분자들은 가볍고 촘촘하게 배열되어 있지만, 풍선이 부풀어 오르는 직접적인 원인은 아니다.

44 관찰탐구력 무기질의 기능 이해하기

| 정답 | ③

| 해설 | 기운이 없고 몸이 허약해지며 빈혈에 걸리기 쉬운 것은 철의 결핍 시 나타나는 현상이다.

45 관찰탐구력 행성의 공전운동 이해하기

| 정답 | ③

| 해설 | 행성은 태양의 만유인력 때문에 타원 궤도를 그리면서 공전한다. 그중에서 근일점에서 만유인력과 공전 속도 그리고 가속도가 최대가 된다.

> **보충 플러스+**
>
> 케플러의 제1법칙
>
>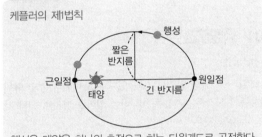
>
> 행성은 태양을 하나의 초점으로 하는 타원궤도로 공전한다.

4회 기출예상문제

문제 86쪽

01	①	02	④	03	③	04	①	05	②
06	③	07	①	08	③	09	②	10	②
11	③	12	④	13	③	14	②	15	③
16	④	17	②	18	①	19	④	20	②
21	③	22	②	23	①	24	②	25	③
26	③	27	②	28	③	29	②	30	②
31	③	32	②	33	②	34	②	35	①
36	④	37	④	38	①	39	②	40	④
41	③	42	②	43	②	44	④	45	④

01 언어논리력 다의어 파악하기

| 정답 | ①

| 해설 | 〈보기〉의 밑줄 친 '만들었다'는 노력이나 기술 따위를 들여 목적하는 사물을 이루다는 의미를 가지며 이와 가장 유사한 것은 ①이다.

| 오답풀이 |

②, ③ 새로운 상태를 이루어 냄의 의미로 쓰였다.

④ 규칙이나 법, 제도 따위를 정함의 의미로 쓰였다.

02 언어논리력 올바른 맞춤법 사용하기

| 정답 | ④

| 해설 | '걸맞다'와 '알맞다'는 모두 형용사이며 형용사는 관형사형 전성어미 '-는'이 결합할 수 없다. 형용사에는 관형사형 전성어미로 '-은'이 붙는다.

03 언어논리력 외래어표기법 파악하기

| 정답 | ③

| 해설 | setback[setbæk]은 '1.'에 따라 '셋백'이 적절한 표기이다.

04 언어논리력 올바르게 띄어쓰기

| 정답 | ①

| 해설 | '-그려'는 문장 끝에서 느낌이나 강조를 나타내는 문장 종결 보조사로 앞말과 붙여 써야 한다. 따라서 '그 집 사정이 참 딱하데그려.'로 쓰는 것이 적절하다.

| 오답풀이 |

② '-ㄹ뿐더러'는 어떤 일이 그것만으로 그치지 않고 나아가 다른 일이 더 있음을 나타내는 연결 어미로 앞말과 붙여 써야 한다.

③ '-ㄹ걸'은 구어체로 혼잣말에 쓰여, 그렇게 했으면 좋았을 것이나 하지 않은 어떤 일에 대해 가벼운 뉘우침이나 아쉬움을 나타내는 종결 어미로 앞말과 붙여 써야 한다.

④ '협조한다는 데'의 '데'는 '곳, 장소, 일, 경우' 등을 나타내는 의존명사로 앞말과 띄어 써야 한다.

05 언어논리력 단어 관계 파악하기

| 정답 | ②

| 해설 | ①, ③, ④에서 세 번째 단어는 사람이 첫 번째와 두 번째 단어를 이용해서 할 수 있는 행동이다. 즉, 옷감과 홍두깨(옷감을 감아 다듬이질할 때 쓰는 도구)로 다듬이질을 할 수 있고, 공책과 펜으로 필기를 할 수 있으며, 셔틀콕과 라켓을 가지고 배드민턴을 할 수 있다. 반면, ②의 연소는 사람의 힘 없이 나무와 불만 있어도 일어나는 현상이므로 다른 선택지와 관계가 같지 않다.

06 언어논리력 사전 순서 파악하기

| 정답 | ③

| 해설 | 각 의미에 해당하는 단어를 나열해 보면 ㉠은 방향, ㉡은 향기, ㉢은 기대, ㉣은 대결이다. 이들 중 사전에 가장 먼저 표기되는 단어는 '기대'이다.

07 언어논리력 글쓴이의 생각 파악하기

| 정답 | ①

| 해설 | 제시된 글에서는 글을 쓸 때 좀 더 멋있게 표현하고 싶은 생각에 이것저것 다 아는 체할 경우 결국 글의 핵심에

서 벗어나게 되고 형용사나 부사가 난무하여 글의 느끼해진다며, 글의 성패는 여기서 갈린다고 하였다. 따라서 필자는 글을 쓸 때는 멋있게 쓰려는 욕심을 버려야 함을 말하고 있다.

08 언어논리력 세부 내용 이해하기

|정답| ③

|해설| 매슬로의 욕구단계는 아래 단계의 기본적인 하위 욕구들이 채워져야 자아 성취와 같은 고차원적인 상위 욕구에 관심이 생긴다는 입장이다. 반면 진화 생물학적 관점은 인간의 본질적 욕구를 채우는 데 도움이 되기 때문에 자아 성취를 한다는 입장이다. 따라서 두 관점에서 인간의 본질에 대한 해석은 다르다.

09 언어논리력 흐름에 맞는 사자성어 고르기

|정답| ②

|해설| ㉠의 앞뒤 문맥을 고려할 때 쾌락을 뒷전에 두고 행복을 논하는 것은 이치에 맞지 않다는 의미가 완성되어야 한다. 따라서 '말이 조금도 사리에 맞지 아니하다'는 뜻의 '어불성설(語不成說)'이 들어가야 한다.

10 언어논리력 글의 주제 찾기

|정답| ②

|해설| 제시된 글은 언어 현실과 어문 규범과의 괴리를 줄이기 위한 방법으로 어문 규범을 없애고 언중의 자율에 맡기자는 주장과 어문 규범의 큰 틀만 유지하고 세부적인 것은 사전에 맡기자는 주장이 사회에 등장하고 있음을 설명하고 있다. 이를 통해 언어 현실과 어문 규범의 괴리를 해소하기 위한 방법을 모색하는 노력이 나타나고 있다는 글의 주제를 도출해 낼 수 있다.

11 수리력 단위 변환하기

|정답| ③

|해설| 1cc=0.001L이므로 4,200cc는 4,200×0.001=4.2(L)이다.

12 수리력 단위 변환하기

|정답| ④

|해설| 1t=1,000kg이므로 20,000,000kg은 $20,000,000 \div 1,000 = 20,000$(t)이다.

13 수리력 방정식을 활용하여 개수 구하기

|정답| ③

|해설| 정은이가 산 참외의 개수를 x개라 하면 오렌지의 개수는 $(10-x)$개이므로 다음과 같은 식이 성립한다.

$1,500x + 2,500(10-x) = 20,000$

$1,000x = 5,000$

$\therefore x = 5$

따라서 정은이가 산 참외의 개수는 5개이다.

14 수리력 연립방정식을 활용하여 점수 계산하기

|정답| ②

|해설| 영어 점수를 x점, 수학 점수를 y점, 국어 점수를 z점이라 하면 식은 다음과 같다.

$$\begin{cases} x + y = 82 \cdots\cdots ㉠ \\ x + z = 74 \cdots\cdots ㉡ \end{cases}$$

㉠−㉡을 하면 $y - z = 8$

따라서 수학과 국어의 점수 차는 8점이다.

15 수리력 거리·속력·시간의 비 활용하기

|정답| ③

|해설|

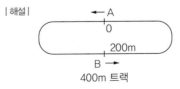

A가 출발한 지점을 0이라 하면, B가 출발한 지점은 A보다 200m 앞선 지점이다. B가 1,000m를 달렸을 때 A와 B는 같은 위치에 있으므로, A가 달린 거리는 1,200m가 된다.

'속력 = $\dfrac{거리}{시간}$'이고, A와 B가 달린 시간이 같으므로 A와 B

의 속력의 비는 거리 비와 같다.

∴ A가 달린 거리 : B가 달린 거리=1,200 : 1,000=6 : 5

16 수리력 일의 양 구하기

|정답| ④

|해설| 전체 프로젝트의 양이 1일 때, A의 1일 수행량은 $\frac{1}{10}$, B의 1일 수행량은 $\frac{1}{15}$이다.

따라서 A, B 둘이 함께 프로젝트 전체를 완료하는 데에는

$1 \div \left(\frac{1}{10} + \frac{1}{15} \right) = 1 \div \frac{3+2}{30} = \frac{30}{5} = 6$(일)이 걸린다.

17 수리력 총 금액 구하기

|정답| ②

|해설| 신발은 30% 할인된 가격인 30,000×0.7=21,000 (원)에 구입하였으므로 옷은 125,000−21,000=104,000 (원)에 구입한 것이다.

104,000원은 정가에 20% 할인된 가격이므로

$0.8x = 104,000$

$x = 130,000$(원)

따라서 할인 전 신발과 옷의 총 금액은 30,000+130,000 =160,000(원)이다.

18 수리력 확률 계산하기

|정답| ①

|해설| 육면체 주사위의 눈은 1, 2, 3, 4, 5, 6인데 이 중 2의 배수는 2, 4, 6이므로 2의 배수가 나올 확률은 $\frac{3}{6} = \frac{1}{2}$이다.

19 수리력 그래프 해석하기

|정답| ④

|해설| 20X8년의 기타종사자 종사자 수는 1년 전보다 12천 명 더 증가하였다.

|오답풀이|

① 네 개 유형의 종사자 지위 중 상용근로자 수가 월등히 많은 것을 알 수 있다.

② 173천 명이 증가하여 가장 많은 증가를 보이고 있다.

③ 상용근로자의 경우 종사자 수는 가장 많이 증가했으나 구성비는 오히려 0.2%p 감소하였다.

20 수리력 그래프 해석하기

|정답| ②

|해설| 2월 9일과 2월 11일 사이에 완치자는 3명에서 4명으로 1명이 늘어났는데 치료 중인 환자 수는 동일하므로 1명의 추가 확진자가 발생했음을 알 수 있다.

|오답풀이|

① 2월 12일에 치료 중인 환자 수는 21명, 누적 완치자 수는 7명이므로 2월 12일까지 총 28명의 환자가 발생했음을 알 수 있다.

21 공간지각력 다른 지도 찾기

|정답| ③

|해설| G 빌라가 생략되어 있다.

22 공간지각력 펼친 그림 찾기

|정답| ③

|해설| 접었던 선을 축으로 하여 역순으로 펼치면 다음과 같다.

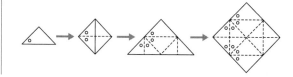

23 공간지각력 일치하는 입체도형 찾기

| 정답 | ①

| 해설 | 정면도 → 평면도 → 우측면도 순으로 확인해 보면
블록 개수와 위치가 모두 맞는 입체도형은 ①이다.

| 오답풀이 |

② 평면도가 일치하지 않는다.

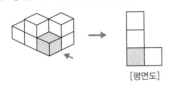

③ 정면도와 우측면도가 일치하지 않는다.

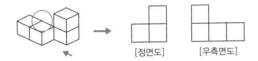

④ 정면도와 평면도가 일치하지 않는다.

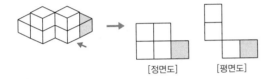

24 공간지각력 제시된 도형 합치기

| 정답 | ④

| 해설 | ④는 세 조각을 조합해 만들 수 없다.

| 오답풀이 |

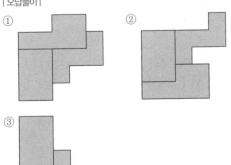

25 공간지각력 도형 회전하기

| 정답 | ③

| 해설 | 제시된 도형을 시계방향으로 270°, 즉 반시계방향
으로 90° 회전한 모양은 ③이다.

26 공간지각력 나타나 있지 않은 조각 찾기

| 정답 | ③

| 해설 |

27 공간지각력 동일한 그림 찾기

| 정답 | ②

| 해설 | 제시된 그림과 같은 것은 ②이다.

| 오답풀이 |

나머지 그림은 동그라미 친 부분이 다르다.

28 공간지각력 조각 배열하기

| 정답 | ③

| 해설 | 그림의 조각을 (라)-(다)-(나)-(가) 순으로 배열
하면 다음과 같은 그림이 완성된다.

29 공간지각력 블록 개수 세기

| 정답 | ④

| 해설 | 1층에 8개, 2층에 6개, 3층에 2개로 블록은 총 16개이다.

30 공간지각력 두 면만 칠해지는 블록 찾기

| 정답 | ②

| 해설 | 2개의 면이 칠해지는 블록은 다음 색칠된 면으로 5개이다.

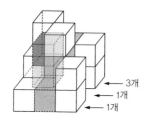

31 문제해결력 논리적 오류 파악하기

| 정답 | ③

| 해설 | 제시된 문장과 ③은 전체의 속성을 하위에 해당하는 부분도 동일하게 가진다고 추론하는 '분할의 오류'를 범하고 있다.

| 오답풀이 |

① 단순히 시간상으로 선후 관계에 있는 것을 인과 관계가 있는 것으로 추리하는 인과적 오류에 해당한다.

② 어떤 주장에 대해 타당한 근거를 제시하지 않고, 군중 심리나 열광하는 대중들에게 호소하거나 여러 사람들이 동의한다는 점을 내세워 자신의 주장에 대해 동의를 얻어내는 대중에 호소하는 오류에 해당한다.

④ 어떤 집합의 원소가 단 두 가지밖에 없다고 단정하는 흑백논리의 오류에 해당한다.

32 문제해결력 명제 판단하기

| 정답 | ①

| 해설 | 각 명제를 'p : 껌을 좋아한다.', 'q : 사탕을 좋아한다.', 'r : 초콜릿을 좋아한다.', 's : 감자칩을 좋아한다.'라

고 할 때 〈보기〉를 정리하면 다음과 같다.

• p → q
• ~r → ~q
• s → q

~r → ~q가 참이므로 이 명제의 대우 명제인 q → r도 참이다. 따라서 삼단논법에 의해 s → q → r이 성립하므로 '감자칩을 좋아하는 아이는 초콜릿도 좋아한다.'가 참임을 알 수 있다.

| 오답풀이 |

②, ③ 주어진 명제로는 알 수 없다.

④ 삼단논법에 의해 p → q → r이 성립하므로 껌을 좋아하는 아이는 초콜릿도 좋아함을 알 수 있다.

33 문제해결력 명제 판단하기

| 정답 | ②

| 해설 | '둥근 모양의 사탕은 딸기 맛이 난다'가 참이므로 대우 명제인 '딸기 맛이 아니면 둥근 모양의 사탕이 아니다'도 참이다. 세 번째 명제에 의해 '소연이가 산 사탕은 딸기 맛이 아님'을 알 수 있으므로 '소연이가 산 사탕은 둥근 모양이 아님' 역시 참이 된다. 이때 첫 번째 명제에서 '모든 사탕은 색이 빨갛거나 모양이 둥글다'고 하였으므로 '소연이가 산 사탕은 색이 빨갛다'가 참임을 알 수 있다.

34 문제해결력 불가능한 조합 구하기

| 정답 | ①

| 해설 | 2개의 조를 Ⅰ조와 Ⅱ조로 나누고 A와 E가 Ⅰ조라고 가정한다. 두 번째 조건에서 한 조마다 여자사원은 3명이라고 했고, Ⅰ조에는 A와 E가 있으므로 다섯 번째 조건에 의해 B와 F는 Ⅱ조이다. 네 번째, 여섯 번째 조건에 의해 병과 D는 Ⅰ조이며, 세 번째 조건에 의해 을은 Ⅱ조이다. 이를 표로 정리하면 다음과 같다.

Ⅰ조	A	E	병	D	정 or 갑
Ⅱ조	B	F	C	을	갑 or 정

따라서 을과 A는 같은 조가 될 수 없다.

35 문제해결력 경우의 수 구하기

| 정답 | ①

| 해설 | 〈조건〉을 정리하면 을, B, F가 같은 조에 있고 병, D가 같은 조에 있다. 정과 C가 다른 조라고 하였으므로 (을, 정, B, F), (병, D, C) 또는 (을, B, C, F), (병, 정, D)가 가능하다. 남은 신입사원은 갑, A, E이며 한 조에 남자사원 2명, 여자사원 3명씩 배치한다는 첫 번째 조건을 고려할 때 가능한 구성원의 조합은 다음과 같다.

- (을, 정, F, B, A), (병, 갑, D, C, E)
- (을, 정, F, B, E), (병, 갑, D, C, A)
- (을, 갑, F, B, C), (병, 정, D, E, A)

따라서 가능한 경우의 수는 총 3가지이다.

36 문제해결력 조건에 맞게 자리 배치하기

| 정답 | ④

| 해설 | 먼저 주어진 조건을 통해 쉽게 지정할 수 있는 자리부터 정리해 보면 조건 (가), (나), (다), (마)에 따라 3에는 부장이, 4에는 차장이 앉아야 함을 알 수 있다. 이어서 운전석인 1에는 스틱 면허를 가진 과장이나 대리만 앉을 수 있고, 조건 (바)에서 과장은 부장의 대각선 자리에 앉아야 한다고 하였으므로 과장의 자리는 2 또는 6이어야 한다. 그런데 사원 A와 사원 B는 같이 앉을 수 없다는 조건 (라)에 따라 과장이 2에 앉게 되면 사원 둘이 맨 뒷줄에 나란히 앉게 되므로 과장의 자리는 6이 된다. 따라서 1에는 대리, 2에는 사원 A 또는 사원 B, 3에는 부장, 4에는 차장, 5에는 사원 A 또는 사원 B, 6에는 과장이 앉는다.

37 문제해결력 명제 판단하기

| 정답 | ④

| 해설 | 각 명제를 'A : 상여금 선택', 'B : 진급 선택', 'C : 유급 휴가 선택', 'D : 연봉 인상 선택'이라고 할 때 제시된 세 번째 조건은 'B→~A'가 되고 네 번째 조건은 '~C→A', 마지막 조건은 'C→~D'가 된다.

세 번째 조건 'B→~A'와 네 번째 조건의 대우 '~A→C'를 통해 'B→C'를 추론할 수 있고, 이를 마지막 조건 'C→~D'에 대입하면 'B→~D'임을 알 수 있다. 따라서 'B→~D'의 대우인 'D→~B'도 참이므로 ④는 적절한 내용이다.

| 오답풀이 |

①, ③ 주어진 명제로는 알 수 없다.

② 삼단논법에 의해 'B→~D' 명제가 참임을 알 수 있다. 따라서 진급을 선택한 사람은 연봉 인상을 선택하지 않는다.

38 문제해결력 진위 추론하기

| 정답 | ①

| 해설 | 정을 기준으로 학생일 경우와 회사원일 경우를 나누어 생각하면 다음과 같다.

ⅰ) 정이 회사원이고 거짓말을 하는 경우
정의 발언을 통해 병은 학생이 된다. 병의 발언은 사실이므로 갑은 학생이다. 갑의 발언은 사실이므로 정도 학생이 되어 가정에 모순된다.

구분	갑	을	병	정
회사원				○
학생	○		○	○

ⅱ) 정이 학생이고 사실을 말하는 경우
정의 발언을 통해 병은 회사원이 된다. 병의 발언은 거짓이므로 갑도 회사원이 된다. 갑의 발언은 갑 자신이 회사원이므로 거짓이 되고, 가정에 모순되지 않는다. 남은 을은 학생이고 사실을 말하고 있으므로 을의 발언에도 모순은 없다.

구분	갑	을	병	정
회사원	○		○	
학생		○		○

따라서 학생은 을, 정이다.

39 문제해결력 진위 추론하기

| 정답 | ④

| 해설 | A ~ E가 범인인 경우로 나누어 성립되는 경우를 찾는다. 먼저 A가 범인인 경우, A의 말은 거짓이므로 B도 범인이 되어 성립하지 않는다. B가 범인인 경우, 범인이 아닌 A의 말이 거짓이 되어 성립하지 않는다. C가 범인인 경우, 범인이 아닌 E의 말이 거짓이 되어 성립하지 않는다. D가 범인인 경우 A, B, C, E의 말이 모두 참이 되므로 성립된다. 따라서 거짓을 말한 범인은 D이다.

40 | 문제해결력 | 순서 유추하기

| 정답 | ④

| 해설 | 제시된 조건에 따르면 F가 4등인 D보다 먼저 들어오고(F-D), G가 F보다 먼저 들어왔다(G-F-D). 또한 A가 F보다 먼저 들어왔으나 1등은 아니므로 G-A-F-D 순으로 들어왔음을 알 수 있다. 따라서 첫 번째로 결승점에 들어온 직원은 G이다.

41 | 관찰탐구력 | 뉴턴의 이론 파악하기

| 정답 | ③

| 해설 | 제시어는 모두 뉴턴과 관련된 것으로, 뉴턴은 사과나무에서 떨어지는 사과를 보고 보편적인 중력 법칙으로 통용되는 만유인력의 법칙을 발견하였다. 또한, 뉴턴은 물체의 운동에 관한 기본법칙으로 관성의 법칙, 가속도의 법칙, 작용·반작용의 법칙을 제시하였다.

③은 찌그러진 공에 뜨거운 물을 부어 온도를 높이면 공 내부 기체의 부피가 증가하여 공이 펴지게 되는 원리로, 이는 일정한 압력에서 일정량의 기체는 온도가 1℃ 오를 때마다 부피가 $\frac{1}{273}$ 씩 증가한다는 샤를의 법칙에 해당되는 예이다.

| 오답풀이 |

① 버스는 출발하여 앞으로 나아가지만 정지 중이던 승객은 제자리에 있으려고 하는 관성 때문에 뒤로 넘어진다.

② 빗면에서 공이 굴러갈 때 중력의 작용으로 속력이 빨라진다.

④ 풍선 안의 공기가 입구를 통해 분출될 때 생기는 반작용에 의해 풍선이 날아가는 것은 작용·반작용의 법칙과 관련이 있다.

42 | 관찰탐구력 | 바이오시밀러 이해하기

| 정답 | ③

| 해설 | 바이오시밀러(Biosimilar)는 생물의 세포나 조직 등의 유효물질로 만든 바이오 의약품의 복제약이다. 오리지널 바이오 의약품과 동등한 품질을 지녀 동등생물 의약품이라고도 하며 비임상·임상적 비교동등성이 입증된 의약품이다.

| 오답풀이 |

① 아세트아미노펜 : 진통해열제의 성분명으로 항염증 효과는 약하지만 진통 및 해열 효과가 뛰어나 발열이나 통증, 두통, 치통 등을 가라앉히는 데 널리 쓰인다.

② 바이오베터(Biobetter) : 바이오시밀러를 개량하여 바이오신약과 유사한 효과가 나도록 제작한 약품이며 슈퍼바이오시밀러라고도 한다.

④ DDS(Drug Delivery System) : 약물이 체내에 전달되는 시스템을 개선한 방식으로 알약 형태를 패치로 변환하거나 약물이 체내에서 방출하는 속도를 늦추어 약물의 순응도를 높일 수 있다.

43 | 관찰탐구력 | 별의 일주 운동 이해하기

| 정답 | ②

| 해설 | 천정에 위치한 별의 적위는 그 지역의 위도와 같으므로 37°이다.

44 | 관찰탐구력 | 올바른 순서 구하기

| 정답 | ④

| 해설 | 원시 지구 생성의 과정은 다음과 같다.

45 | 관찰탐구력 | 혈액의 구성물질 이해하기

| 정답 | ④

| 해설 | A와 (가)는 적혈구로서 적혈구가 부족하면 빈혈이 발생한다.

B와 (다)는 백혈구로서 백혈구는 체내로 병원체가 들어올 경우 염증반응을 일으킨다. 또한, 혈구 중 백혈구만 모세혈관 벽을 통과할 수 있다.

C와 (나)는 혈소판으로서 혈소판은 혈액 응고에 관여한다.

5회 기출예상문제

문제 **108**쪽

01	③	02	③	03	③	04	②	05	①
06	③	07	③	08	②	09	①	10	③
11	③	12	④	13	①	14	④	15	②
16	④	17	②	18	③	19	②	20	①
21	③	22	④	23	③	24	②	25	②
26	③	27	③	28	①	29	④	30	③
31	②	32	④	33	③	34	②	35	②
36	①	37	②	38	②	39	④	40	①
41	①	42	③	43	③	44	③	45	③

01 언어논리력 올바른 맞춤법 쓰기

| 정답 | ③

| 해설 | '사람만이'의 '만'은 다른 것으로부터 제한하여 어느 것을 한정함을 나타내는 보조사로 앞말과 붙여 쓴다.
| 오답풀이 |
① '췌장암', ② '끓으려다', ④ '번번이'가 맞는 표기이다.

02 언어논리력 자음동화 현상 이해하기

| 정답 | ③

| 해설 | 굳이[구지]는 구개음화에 대한 예시이다.
| 오답풀이 |
①, ④ 비음화에 대한 예시이다.
② 유음화에 대한 예시이다.

03 언어논리력 올바른 띄어쓰기 사용하기

| 정답 | ③

| 해설 | '한눈'은 한꺼번에 또는 일시에 보는 시야를 말하는 명사로 붙여 쓴다.

04 언어논리력 외래어 표기법 이해하기

| 정답 | ②

| 해설 | whistle[hwisl]의 [hw]는 한 음절로 붙여 뒷모음과 함께 '휘'로 적고, twist[twist]의 [w]는 자음 뒤에 있으므로 두 음절로 갈라 '트위'로 적는다.
| 오답풀이 |
① yank[jæŋk]는 (C)에 해당한다.
③ battalion[bətæljən]은 (C)에 해당한다.
④ witch[witʃ]는 (A)에 해당한다.

05 언어논리력 올바른 단어 넣기

| 정답 | ①

| 해설 | 빈칸 앞부분에서 나이가 들면 노화로 인해 뇌가 점점 늙어간다고 하였으며, 뒷부분에서 뇌기능 감퇴는 사실 20대부터 시작된다고 하였다. 즉, 화제를 앞의 내용과 관련시키면서 다른 방향으로 이끌어 나가고자 하므로 빈칸에는 '그런데'가 들어가는 것이 적절하다.

06 언어논리력 글의 흐름에 맞게 문단 배열하기

| 정답 | ③

| 해설 | 먼저 제정 러시아 표트르 1세의 네버 강 하구 탈환이라는 중심 소재를 제시하는 (라)가 온다. 이어 그 장소에 도시를 건설했다는 설명을 하고 있는 (나)와 그 도시에 대해 부연해 설명하는 (가)가 이어진다. 이어 (마)에서 '이렇게 시작된 이 도시'로 앞의 내용을 이어가고 마지막으로 (다)에서 상트페테르부르크의 현재에 대해 설명한다. 따라서 글의 순서는 (라)-(나)-(가)-(마)-(다)가 적절하다.

07 언어논리력 세부 내용 이해하기

| 정답 | ③

| 해설 | 제시된 글은 무조건적인 자유는 오히려 타인의 자유를 해치기 때문에 제한되는 경우가 많으나 사람들이 타인의 자유를 해치지만 않는다면 최대한의 자유를 보장해야 한다고 주장하고 있다.

08 언어논리력 고사성어 파악하기

| 정답 | ②

| 해설 | ㉢ 우공이산(愚公移山)은 우공이 산을 옮긴다는 말로, 남이 보기엔 어리석은 일처럼 보이지만 한 가지 일을 끝까지 밀고 나가면 언젠가는 목적을 달성할 수 있다는 뜻이다.

| 오답풀이 |

㉠ 풍전등화(風前燈火) : 바람 앞의 등불이라는 뜻으로, 존망이 달린 매우 위급한 처지를 비유한 말이다.

㉡ 초미지급(焦眉之急) : 눈썹이 타게 될 만큼 위급한 상태란 뜻으로, 그대로 방치할 수 없는 매우 다급한 일이나 경우를 비유한 말이다.

㉣ 위기일발(危機一髮) : 머리털 하나로 천균(千鈞)이나 되는 물건을 끌어당긴다는 뜻으로, 당장에라도 끊어질 듯한 위험한 순간을 비유해 이르는 말이다.

㉤ 누란지세(累卵之勢) : 포개어 놓은 알의 형세라는 뜻으로, 몹시 위험한 형세를 비유적으로 이르는 말이다.

㉥ 백척간두(百尺竿頭) : 백 자나 되는 높은 장대 위에 올라섰다는 뜻으로, 위태로움이 극도에 달하는 것을 나타낸다.

09 언어논리력 단어의 관계 이해하기

| 정답 | ①

| 해설 | '개성'은 다른 사람이나 사물과 구별되는 고유의 특성이라는 뜻으로, 다른 것에 비하여 특별히 눈에 뜨이는 점이라는 뜻의 '특징'과 유의어 관계이다.

| 오답풀이 |

② 포함 관계, ③ 행위와 도구의 관계, ④ 반의어 관계이다.

10 언어논리력 세부 내용 이해하기

| 정답 | ③

| 해설 | 마지막 문단에서 히치콕은 '맥거핀' 기법을 하나의 극적 장치로 종종 활용하였다고 했는데, 이 '맥거핀' 기법에 대해 특정 소품을 활용하여 확실한 단서로 보이게 한 다음 일순간 허망한 것으로 만들어 관객을 당혹스럽게 하는 것으로 설명하고 있다.

| 오답풀이 |

① 작가주의 비평은 감독을 단순한 연출자가 아닌 '작가'로 간주하고 작품과 감독을 동일시하는 관점을 말한다.

② 작가주의적 비평은 할리우드 영화의 특징에 대한 반발로 수정되었지만, 작가주의적 비평으로 할리우드 영화를 재발견한 사례가 존재하므로 무시해 버렸다는 설명은 적절하지 않다.

④ 알프레드 히치콕은 할리우드 감독이지만 작가주의 비평가들에 의해 복권된 대표적인 감독이므로 작가주의 비평과 관련이 없다는 설명은 적절하지 않다.

11 수리력 최대공약수 구하기

| 정답 | ③

| 해설 | $88=2\times2\times2\times11$　　$64=2\times2\times2\times8$

따라서 두 수의 최대공약수는 $2\times2\times2=8$이다.

$$
\begin{array}{r|rr}
2 & 88 & 64 \\ \hline
2 & 44 & 32 \\ \hline
2 & 22 & 16 \\ \hline
& 8 \quad 11 & 8
\end{array}
$$

12 수리력 증감률 구하기

| 정답 | ④

| 해설 | 7월 초의 주가를 x라 하면 7월 말의 주가는 $0.8x$이고 8월 말의 주가는 $0.8x\times1.25=x$이다. 따라서 7월 초, 8월 말의 주가는 동일하다.

13 수리력 방정식을 활용하여 개수 구하기

| 정답 | ①

| 해설 | 2만 원에서 4,500원을 빼면 시장에서 쓴 비용은 15,500원임을 알 수 있다. 무의 가격을 x원, 배추의 가격을 y원이라 하면 다음 식이 성립한다.

$$
\begin{cases} 5x+8y=15,500 \cdots\cdots \text{㉠} \\ x=y+500 \cdots\cdots \text{㉡} \end{cases}
$$

㉡을 ㉠에 대입하여 풀면

$5(y+500)+8y=15,500$

$13y = 13,000$

$\therefore x = 1,500, \ y = 1,000$

따라서 무는 1,500원, 배추는 1,000원이다.

14 　수리력　월 적금액 구하기

| 정답 | ④

| 해설 | 연봉이 37,500,000원이므로 월 세전 수령액은 37,500,000÷12=3,125,000(원)이다. 세액 공제가 320,000원이므로 실수령액은 3,125,000−320,000=2,805,000(원)이다. 매달 실수령액의 10%가 적금액이므로 월 적금액은 2,805,000×0.1=280,500(원)이다.

15 　수리력　할인가 계산하기

| 정답 | ②

| 해설 | • 정가 : 2,000+(2,000×0.5)=3,000(원)
• 할인 판매가 : 2,000+(2,000×0.3)=2,600(원)
따라서 할인한 금액은 400원이다.

16 　수리력　최단경로 구하기

| 정답 | ④

| 해설 |

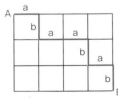

오른쪽으로 한 칸 가는 것을 a, 아래쪽으로 한 칸 가는 것을 b로 나타내면, 위 그림에서 굵은 선으로 나타낸 것은 abaabab로, 최단경로 가운데 하나이다. 즉, 최단경로는 4개의 a와 3개의 b를 일렬로 나열하는 것이므로 최단경로의 수는 $\dfrac{7!}{4!3!} = 35$(가지)이다.

17 　수리력　확률 계산하기

| 정답 | ②

| 해설 | 동전을 5개 던질 때 나오는 모든 경우의 수는 $2^5 =$ 32(개)이다. 이때 적어도 한 개가 앞면이 나오는 확률은 전체 확률 1에서 모두 뒷면이 나올 확률인 $\dfrac{1}{32}$ 을 뺀 $\dfrac{31}{32}$ 이다.

18 　수리력　점수 계산하기

| 정답 | ③

| 해설 | E의 점수를 x 점으로 놓고 식을 세우면 다음과 같다.

$$\frac{(65 \times 2) + (75 \times 2) + x}{5} = 72$$

$130 + 150 + x = 360$

$x = 80$(점)

따라서 E의 점수는 80점이다.

19 　수리력　도표 분석하기

| 정답 | ②

| 해설 | 총 사교육비는 20X5년부터 점점 감소하는 추세인데 20X9년에 유일하게 증가하였다. 그러므로 20X9년에 전년 대비 최고 증가폭을 보였음을 알 수 있다.

| 오답풀이 |

① 20X6 ~ 20X8년에는 중학교가 가장 크고 20X9년에는 고등학교가 가장 크다.

③ 20X8년 대비 20X9년에 중학교 학생 수가 줄어들었으므로 사교육비 감소를 비용의 순수 경감 효과라고 볼 수 없다.

④ 20X9년에는 중학교를 제외하고 사교육비가 증가하였다. 그러므로 시간의 흐름에 따라 사교육비가 감소했다고 볼 수 없다.

20 　수리력　추가 자료 파악하기

| 정답 | ①

| 해설 | 표를 통해 유턴 시도 중 교통사고 사망자 수는 약 5일에 1명, 부상자 수는 하루에 약 35명임을 유추할 수 있다. 그러나 유턴 시도 중 교통사고 발생유형별 사망자 수에 대한 자료는 제시되어 있지 않다.

21 공간지각력 필요한 블록 개수 파악하기

| 정답 | ③

| 해설 | 최소한의 블록을 추가해 정육면체를 만들려면 총 $4 \times 4 \times 4 = 64$(개)의 블록이 필요하다. 현재 블록의 개수는 가장 위에 있는 블록부터 차례대로 $2 + 4 + 11 + 13 = 30$(개)이므로 최소 34개의 블록이 더 필요하다.

22 공간지각력 블록의 보이는 면 세기

| 정답 | ④

| 해설 | 그림에서 두 면만 보이는 블록을 색칠하면 다음과 같다.

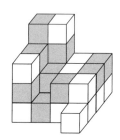

따라서 모두 9개이다.

23 공간지각력 블록과 접촉하는 블록 세기

| 정답 | ③

| 해설 | 색칠된 블록에 직접 접촉하고 있는 블록은 그림을 바라보는 정면을 기준으로 색칠된 블록의 오른쪽, 왼쪽, 뒤, 아래로 총 4개이다.

24 공간지각력 다른 지도 찾기

| 정답 | ②

| 해설 | ②는 C 빨래방과 C 빌라의 위치가 서로 바뀌어야 한다.

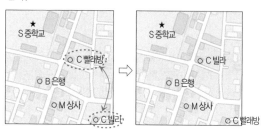

25 공간지각력 동일한 도형 찾기

| 정답 | ②

| 해설 | 제시된 도형과 색과 선이 모두 같은 것은 ②이다.

| 오답풀이 |

나머지 선택지는 동그라미 친 부분이 다르다.

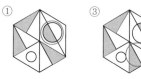

26 공간지각력 조각 배열하기

| 정답 | ③

| 해설 | 그림 조각을 (다) - (나) - (가) - (라) 순으로 배열하면 다음과 같다.

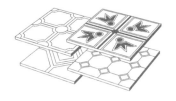

27 공간지각력 제시된 도형 합치기

| 정답 | ③

| 해설 | ③은 동그라미 친 부분이 잘못되었으며, 다음과 같이 수정되어야 한다.

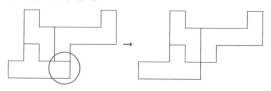

28 공간지각력 펼친 모양 찾기

| 정답 | ①

| 해설 | 색칠된 부분을 자르고 역순으로 종이를 펼치면 다음과 같다.

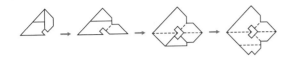

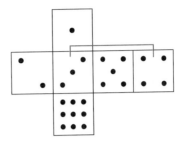

29 공간지각력 동일한 입체도형 찾기

|정답| ④

|해설| ④는 제시된 입체도형을 화살표 방향에서 바라본 모습이다.

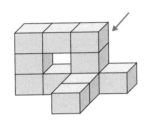

|오답풀이|

다른 입체도형은 점선 표시된 블록이 추가되고 동그라미 친 블록이 제거되어야 한다.

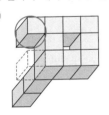 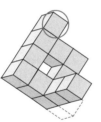

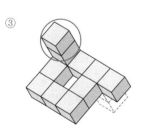

30 공간지각력 주사위 눈의 개수 추론하기

|정답| ③

|해설| A는 다음과 같이 3과 마주 보므로 A에 들어갈 눈의 개수는 4개이다.

31 문제해결력 명제 판단하기

|정답| ②

|해설| 주어진 명제를 'p : 하얀 옷을 입는다.', 'q : 깔끔하다.', 'r : 안경을 쓴다.'라고 할 때 전제와 전제의 대우 명제를 정리하면 다음과 같다.

• p→q(~q→~p)　　• q→r(~r→~q)

'~r→~q'와 '~q→~p'의 삼단논법에 의해 '~r→~q→~p'가 성립한다. 따라서 결론을 이끌어내기 위해서는 수인이가 안경을 쓰지 않고 깔끔하지 않아야 하므로 가장 적절한 것은 ②이다.

32 문제해결력 명제 판단하기

|정답| ④

|해설| 주어진 명제를 'p : 아기이다.', 'q : 천사이다.', 'r : 번개를 부릴 수 있다.', 's : 신의 노예다.'라고 할 때 각 문장을 정리하면 다음과 같다.

• p→q(~q→~p)　　• q→r(~r→~q)
• ~q→s(~s→q)

'~s→q'와 'q→r'의 삼단논법에 의해 '~s→q→r'이 성립한다. 따라서 신의 노예가 아니면 번개를 부릴 수 있다.

33 문제해결력 논리적 오류 파악하기

|정답| ①

|해설| 글에서는 '전쟁을 무서워하는 국민은 매국노'라는 표현을 통해 글을 읽고 일어날 수 있는 반론의 여지를 봉쇄하고 있으므로 '원천봉쇄의 오류'에 해당한다.

| 오답풀이 |

② 어떤 상황이나 대상을 반드시 2개의 선택지로 나누어 보는 논리적 오류이다.

③ 말화자의 '말' 자체가 아니라 그 말을 하는 '발화자'에 대한 트집을 잡아 ㄱ의 주장을 비판하는 논리적 오류이다.

④ 특수하고 부족한 양의 사례를 근거로 섣불리 일반화하고 판단하는 논리적 오류이다.

34 문제해결력 명제 판단하기

| 정답 | ②

| 해설 | 각 명제를 'p : 달리기를 잘한다.', 'q : 수영을 잘한다.', 'r : 항상 운동화를 신는다.'라고 할 때 〈보기〉를 정리하면 다음과 같다.

• ~p→~q

• p→r

이때 윤재는 항상 구두를 신으므로 '~r'로 표현할 수 있다. 'p→r'이 참이므로 이 명제의 대우 명제인 '~r→~p'도 참이 되며 '~p→~q' 명제와 삼단논법에 의해 '~r→~q'도 참임을 알 수 있다. 따라서 ②는 항상 옳다.

| 오답풀이 |

① 'p→r'이 참이므로 이 명제의 대우 명제인 '~r→~p'도 참이 되어 옳지 않은 설명이다.

③ '~p→~q'가 참이므로 이 명제의 대우 명제인 'q→p'도 참이 된다. 이 명제와 'p→r' 명제의 삼단논법에 의해 'q→r'이 되어 옳지 않은 설명이다.

④ 주어진 명제로는 알 수 없다.

35 문제해결력 시계 각도 계산하기

| 정답 | ②

| 해설 | 12시 정각을 기준으로 한 시침의 각도에서 분침의 각도를 빼면 된다.

1) 5시간 10분 동안 시침이 움직인 각도

• 1시간 동안 시침이 움직이는 각도 : $360°÷12=30°$

• 1분 동안 시침이 움직이는 각도 : $30°÷60=0.5°$

∴ 5시간 10분 동안 시침이 움직인 각도는 $30°×5+0.5°×10=155°$이다.

2) 10분 동안 분침이 움직인 각도

• 1분 동안 분침이 움직이는 각도 : $360°÷60=6°$

∴ 10분 동안 분침이 움직인 각도는 $6°×10=60°$이다.

따라서 ∠x의 크기는 $155°-60°=95°$이다.

36 문제해결력 조건에 맞는 비밀번호 추론하기

| 정답 | ①

| 해설 | 각각의 선택지를 〈조건〉과 비교하며 소거해 나간다.

① 모든 〈조건〉을 만족한다.

② 연속된 두 숫자의 합이 모두 같지 않다.

③ 모든 숫자가 홀수로 구성되어 있지 않고, 연속된 두 숫자의 합이 모두 같지 않으며, 두 번째 숫자와 네 번째 숫자의 곱이 9가 아니다.

④ 첫 번째와 세 번째 숫자의 합이 두 번째와 네 번째 숫자의 합보다 작지 않고, 연속된 두 숫자의 합이 모두 같지 않으며, 두 번째 숫자와 네 번째 숫자의 곱이 9가 아니다.

따라서 알맞은 비밀번호는 '1313'이다.

37 문제해결력 발표 순서 추론하기

| 정답 | ②

| 해설 | 첫 번째 발표자를 미정, 철수, 영희인 경우로 나누어 생각해 보면 다음과 같다.

i) 첫 번째 발표자가 미정일 경우

미정이는 사실만을 말하므로 두 번째로 발표하는 사람은 영희가 된다. 따라서 세 번째로 발표하는 사람은 철수인데, 이때 ⓒ이 사실이 되므로 철수는 항상 거짓말을 해야 한다는 조건과 상충한다.

ii) 첫 번째 발표자가 철수일 경우

철수는 항상 거짓말을 하므로 두 번째로 발표하는 사람은 미정이 된다. 이때 ⓛ이 거짓이 되므로 미정이는 항상 사실만을 말해야 한다는 조건과 상충한다.

iii) 첫 번째 발표자가 영희일 경우

만일 두 번째로 발표하는 사람이 미정이고 세 번째로 발표하는 사람이 철수일 경우, ⓒ이 참이 되어 철수는 항상 거짓말을 한다는 조건과 상충하므로 적절하지 않다. 두 번째로 발표하는 사람이 철수고 세 번째로 발표하는 사람이 미정일 경우, 모든 조건에 부합한다.

따라서 발표는 영희, 철수, 미정의 순서로 진행한다.

38 문제해결력 조건에 맞는 팀의 구성 추론하기

| 정답 | ②

| 해설 | 첫 번째 조건을 고려하면 부장과 차장 중 한 명은 반드시 출장을 가야 하지만 둘이 함께 갈 수는 없다. 또한 두 번째 조건에 의해 대리와 사원 중 한 명은 반드시 가야 하는데 사원이 갈 수 없으므로 대리는 반드시 가야 한다. 세 번째 조건의 대우에 의해 대리가 가면 과장도 함께 가야 하고, 마지막 조건의 대우에 따라 인턴이 가는 경우는 차장도 함께 가야 하므로 모든 조건을 만족할 수 있는 팀은 '차장, 과장, 대리, 인턴'이다.

39 문제해결력 주문한 음료 추론하기

| 정답 | ④

| 해설 | 먼저 세 번째, 네 번째 조건에 따라 은주와 지유는 커피를 받았으므로 예지와 지수가 받은 음료는 둘 다 홍차임을 알 수 있다. 두 번째 조건에 따라 지수는 자신이 주문한 음료를 받았으므로 홍차를 주문하였고, 첫 번째 조건에 따라 예지는 주문한 음료를 받지 못했으므로 커피를 주문하였다. 따라서 지유는 커피를 주문했음을 알 수 있다. 이를 정리하면 다음과 같다.

구분	예지	지수	은주	지유
주문한 음료	커피	홍차	홍차	커피
받은 음료	홍차	홍차	커피	커피

40 문제해결력 진위 추론하기

| 정답 | ①

| 해설 | 5명의 진술에서 야근의 여부가 언급되고 있는 사람이 A와 C이므로 크게 세 경우로 나누어 본다.

• A가 야근한 경우 : B, D의 진술이 거짓 ⇨ 조건에 부합
• C가 야근한 경우 : A, C, E의 진술이 거짓 ⇨ 조건에 부적합
• B, D, E가 각각 야근한 경우 : A, B, D, E의 진술이 거짓 ⇨ 조건에 부적합

따라서 전날 야근을 한 사람은 A이고, 거짓말을 한 사람은 B와 D이다.

41 관찰탐구력 면역 반응 이해하기

| 정답 | ①

| 해설 | 제시된 글에 들어갈 말을 (가) ~ (라) 순서대로 나열하면 백신, 면역, 항원, 항체가 된다. 각각의 정의는 다음과 같다.

• 백신은 병원체의 감염이 있기 전 인체 내에 인위적으로 불활화(병원성을 제거함) 혹은 독화(병원성을 약하게 만듦)시킨 병원체 등을 주입하여 인체의 면역체계를 활성화시킴으로써 인체가 병원체에 감염되더라도 병원체에 의한 피해를 예방하거나 그 피해를 최소화하기 위해 사용하는 것이다.

• 면역은 외부인자인 항원에 대하여 생체의 내부환경이 방어하는 현상으로, 태어날 때부터 지니는 선천면역과 후천적으로 얻어지는 획득면역으로 구분된다.

• 항원은 우리 몸속에 들어와 면역 체계를 자극하여 반응을 유도하는 물질이다. 박테리아, 바이러스, 곰팡이가 대표적인 항원에 속한다.

• 항체는 체내의 혈액이나 림프로 순환하면서 몸속에 침입한 항원에 대응하는 방어 물질이다. 항체는 항원과 결합하여 항원의 움직임을 저하시키거나 분해하는 역할을 한다.

42 관찰탐구력 일주운동 이해하기

| 정답 | ③

| 해설 | ㉠ 모든 천체는 천구의 북극을 중심으로 일주운동을 한다.
㉡ 일주운동은 1일 24시간에 한 바퀴(360°)를 움직이므로 1시간에 15°씩 이동한다.
㉢ 일주운동은 실제로 지구가 자전하기 때문에 나타나는 겉보기 운동이다.

43 관찰탐구력 과학적 원리 이해하기

| 정답 | ③

| 해설 | 중력은 지구와 물체가 서로 당기는 힘이다. 중력은 항상 지구의 중심을 향해 작용하기 때문에 들고 있던 물체를 놓으면 아래로 떨어진다. 따라서 과일이 익으면 땅에 떨어지는 현상도 중력에 의한 것이다.

| 오답풀이 |

① 탄성력은 고무줄, 용수철, 고무풍선, 피부 등 탄성을 가진 물체가 원래 상태로 되돌아가려는 힘이다.

② 마찰력은 물체가 어떤 면과 접촉하여 운동할 때 그 물체가 움직이지 못하도록 운동을 방해하는 힘이다.

④ 부력은 물이나 공기 같은 유체에 잠긴 물체가 유체로부터 중력과 반대 방향인 위 방향으로 받는 힘이다.

44 관찰탐구력 해저 지진 이해하기

| 정답 | ③

| 해설 | ㉠, ㉡ (가)에서 (나)로 갈수록 수심이 얕아짐에 따라 전파 속도가 느려지기 때문에 해저 마찰의 영향을 받아 파장이 짧아지고, 파고는 높아진다.

㉣ 지진 해일(쓰나미)은 해저에서 발생된 정단층 또는 역단층에 의해 해수면의 갑작스러운 수직 변동이 일어나 발생한다.

45 관찰탐구력 대체식품 파악하기

| 정답 | ③

| 해설 | 식품알레르기란 특정 식품을 먹고 몸의 면역시스템이 과다 작용하여 두드러기, 홍반, 가려움증, 기침, 재채기, 호흡곤란, 복통, 구토, 빠른맥, 혈압 저하, 의식 저하 등의 증상이 나타나는 것으로 심한 경우에는 전신 과민반응 쇼크로 목숨을 잃을 수도 있다. 식품의약품안전처는 한국인에게 알레르기를 유발할 수 있는 물질을 22가지로 지정하여 이러한 식품에 대한 원료 표시를 살펴보도록 하고 있다. 식품의약품안전처에서 권고하는 알레르기 유발 대체 식품은 다음과 같다.

식품알레르기 유발 식품	대체 식품
우유	두유
콩	김, 미역, 멸치
밀	감자, 쌀
달걀	두부, 콩나물
돼지고기	쇠고기, 흰살 생선
생선	두부, 달걀, 쇠고기, 닭고기

따라서 생선은 두부, 달걀, 쇠고기, 닭고기로 대체할 수 있다.

6회 기출예상문제　문제 130쪽

01	②	02	①	03	④	04	②	05	②
06	③	07	①	08	③	09	①	10	④
11	④	12	③	13	②	14	③	15	③
16	④	17	③	18	②	19	①	20	③
21	②	22	③	23	①	24	②	25	④
26	③	27	④	28	④	29	①	30	③
31	③	32	①	33	②	34	①	35	②
36	①	37	①	38	①	39	③	40	④
41	②	42	③	43	③	44	②	45	③

01 언어논리력 문맥에 맞는 어휘 고르기

| 정답 | ②

| 해설 | 문맥상 '재물이나 기술, 힘 따위가 모자라다'는 의미이므로 '달린다'가 들어가는 것이 적절하다.

| 오답풀이 |

① • 닫히다 : '닫다'의 피동사

• 닫치다 : 열린 문짝, 뚜껑, 서랍 따위를 세게 닫다.

③ • 늘이다 : 본디보다 더 길게 하다.

• 늘리다 : 물체의 넓이, 부피 따위를 본디보다 커지게 하다.

④ • 데우다 : 식었거나 찬 것을 덥게 하다.

• 덥히다 : '덥다'의 사동사. 또는 마음이나 감정 따위를 푸근하고 흐뭇하게 하다.

02 언어논리력 높임 표현 이해하기

| 정답 | ①

| 해설 | 경어법에 대한 설명이다. 경어법은 어떤 인물을 얼마나 또는 어떻게 높여 대우하거나 낮추어 대우할지를 언어적으로 표현하는 문법적, 어휘적 체계를 말한다.

| 오답풀이 |

② 주체 높임법 : 문장의 주체(주어)를 높이는 높임법이다.

③ 객체 높임법 : 문장의 객체(부사어, 목적어)를 높이는 높임법이다.

④ 상대 높임법 : 청자를 높이는 높임법으로 격식체, 비격
식체가 있다.

03 언어논리력 내용에 맞는 속담 찾기

| 정답 | ④

| 해설 | 단보는 백성을 해치지 않기 위해 오랑캐에게 땅을
내주었으므로, 돈이나 물질보다 사람의 생명이 가장 소중
함을 뜻하는 속담인 ④가 가장 적절하다.

| 오답풀이 |

① 개인뿐 아니라 나라조차도 남의 가난한 살림을 돕는 데
는 끝이 없다는 뜻이다.

② 말 못 하는 사람이 가뜩이나 말이 안 통하는 오랑캐와
만났다는 뜻으로, 말을 하지 않는 경우를 이른다.

③ 사또가 길을 떠날 때 일을 돕는 비장은 그 준비를 갖추
느라 바쁘다는 뜻으로, 윗사람의 일 때문에 고된 일을
하게 됨을 이른다.

04 언어논리력 문맥에 맞는 단어 사용하기

| 정답 | ②

| 해설 | '힐책하다'는 '잘못된 점을 따져 나무라다'라는 의미
를 지니므로 '수포로 돌아가다'와 의미상 차이가 있다.

| 오답풀이 |

① '깨어지다'의 준말로, 일 따위가 틀어져 성사가 되지 않
음을 의미한다.

③ 잘못하여 일을 그릇되게 함을 의미한다.

④ 바라던 일이 어긋나 낭패됨을 의미한다.

05 언어논리력 글을 바탕으로 추론하기

| 정답 | ②

| 해설 | 활의 사거리와 관통력을 결정하는 것은 복원력으로,
복원력은 물리학적 에너지 전환 과정, 즉 위치 에너지가 운
동 에너지로 전환되는 힘이라 볼 수 있다.

| 오답풀이 |

① 고려 시대 때 한 가지 재료만으로 활을 제작했는지는 알
수 없다.

③ 활대가 많이 휘면 휠수록 복원력이 커지는 것은 맞지만
그로 인해 가격이 비싸지는지에 대해서는 제시된 글을
통해 추론할 수 없다.

④ 각궁은 다양한 재료의 조합으로 만들어져 탄력이 좋아
서 시위를 풀었을 때 활이 반대 방향으로 굽는 특징을
가진다.

06 언어논리력 글의 주제 찾기

| 정답 | ③

| 해설 | 지문의 마지막 문장을 통해 전체 주제를 파악할 수
있다. 즉, 책의 문화는 읽는 일과 직접적으로 연결되며 그
것이 생각하는 사회를 만드는 가장 쉽고 빠른 방법이라는
것이다. 따라서 사회에 책 읽는 문화를 퍼뜨리자는 메시지
가 이 글의 주제이다.

07 언어논리력 문맥에 맞는 어휘 고르기

| 정답 | ①

| 해설 | 빈칸이 있는 문장과 뒤 문장을 연계해서 살펴보면,
책을 읽는 문화를 통해 생각하는 사회를 만들자는 것이 핵
심이다. 따라서 읽는 일이 퍼지도록 힘쓰고 북돋아 주어야
한다는 의미가 되어야 하므로 빈칸에는 '장려'가 들어가는
것이 적절하다.

08 언어논리력 띄어쓰기 이해하기

| 정답 | ③

| 해설 | '텐데'는 '터인데'가 줄어든 말로 의존명사 '터'에 '인
데'가 붙은 말이다. 의존명사는 앞말과 띄어 써야 하므로
'할 텐데'가 적절한 쓰임이다.

| 오답풀이 |

① 동사 '보다'의 어간 '보-'와 '-라고 하는'의 준말인 '란'
이 붙은 '보란'에 의존명사 '듯이'가 쓰인 것으로, '보란
듯이'와 같이 띄어 써야 한다.

② 수를 적을 때는 만(萬) 단위로 띄어 쓰므로 '스물다섯'은
붙여 써야 한다.

④ 'ㄹ걸'은 상황에 따라 어미 또는 의존명사가 된다. 제시된 예시의 경우 의존명사 '거' 뒤에 조사 'ㄹ'이 붙은 것으로 이때 '걸'은 의존 명사이다. 따라서 '후회할 걸 알고'와 같이 띄어 써야 한다.

09 　언어논리력　흐름에 맞게 문장 배열하기

| 정답 | ①

| 해설 | 우선 (나)에서 감기를 예방하는 방법이라는 중심 소재에 대해 제시한다. 그 방법에 대한 구체적인 예시를 (가)에서 설명하고 (라)에서 '또한'이라는 접속사로 시작하며 또 다른 예시에 대해 설명하고 있다. 마지막으로 어린이라는 특정 나이대에 중점을 두고 주의를 요하는 (다)가 이어진다. 따라서 글의 순서는 (나)-(가)-(라)-(다)가 적절하다.

10 　언어논리력　의미에 맞는 어휘 찾기

| 정답 | ④

| 해설 | 각 의미에 해당하는 단어를 나열해 보면 '양말→말총→㉠→선물'이다. 따라서 ㉠에 해당하는 단어는 '국회의원 전부를 한꺼번에 선출하는 선거'라는 의미에 해당하는 '총선'이다.

11 　수리력　비례식 구하기

| 정답 | ④

| 해설 | 총 10개의 사탕이 있으므로, 형이 가지게 되는 사탕의 개수를 x개, 남동생이 가지게 되는 사탕의 개수를 $(10-x)$개라고 정한 뒤 식을 세우면 다음과 같다.

$3 : 2 = (10-x) : x$

$5x = 20$

$x = 4$

따라서 형이 가지게 되는 사탕은 4개이다.

12 　수리력　점수 계산하기

| 정답 | ③

| 해설 | 말하기, 독해, 문법, 듣기 네 영역의 점수를 각각 a, b, c, d점으로 나타낸 식은 다음과 같다.

$$\begin{cases} a+c=b & \cdots\cdots ㉠ \\ d=2c & \cdots\cdots ㉡ \\ a+b+c+d=250 & \cdots\cdots ㉢ \end{cases}$$

㉠과 ㉡을 ㉢에 대입하여 풀면,

$2a+4c=250$

이때 $a=55$이므로 $110+4c=250$

$\therefore c=35$

c의 값을 ㉡에 대입하면 $d=70$(점)이다.

13 　수리력　부등식 계산하기

| 정답 | ②

| 해설 | 어른을 x명이라 하면 어린이는 $(8-x)$명이므로 다음과 같은 식이 성립한다.

$12,900x + 8,200(8-x) \leq 90,000$

$12,900x + 65,600 - 8,200x \leq 90,000$

$4,700x \leq 24,400$

$x \leq 5.19\cdots$

따라서 어른은 최대 5명이다.

14 　수리력　이동시간 계산하기

| 정답 | ③

| 해설 | A 등산로의 편도 거리를 $x\,\mathrm{km}$라 하면 '시간$=\dfrac{거리}{속력}$'이므로 다음의 식이 성립한다.

$\dfrac{x}{2} + \dfrac{x}{4} = 4.5$

$\dfrac{3}{4}x = 4.5$

$x = 6$

따라서 내려올 때 소요된 시간은 $\dfrac{6}{4} = 1.5$(h), 즉 1시간 30분이다.

15 수리력 구매할 물품의 수 구하기

| 정답 | ③

| 해설 | 필요한 물품의 개수는 핫팩 500개, 기념볼펜 125개, 배지 250개이다. 구매 가격을 계산하면 기념볼펜은 $125 \times 800 = 100,000$(원)이고 배지는 $250 \times 600 = 150,000$(원)이므로, 핫팩의 구매 가격은 $490,000 - (100,000 + 150,000) = 240,000$(원)이다. 이때 필요한 핫팩 상자 수는 $500 \div 16 = 31.25 \le 32$(개)이므로 핫팩 한 상자당 가격은 $240,000 \div 32 = 7,500$(원)이다.

16 수리력 경우의 수 구하기

| 정답 | ④

| 해설 | 주사위 눈으로 만들 수 있는 5의 배수는 5와 10이다.

• 합이 5가 되는 경우(1번째, 2번째) : (1, 4), (2, 3), (3, 2), (4, 1)

• 합이 10이 되는 경우(1번째, 2번째) : (4, 6), (5, 5), (6, 4)

따라서 주사위를 두 번 던져 나온 눈의 합이 5의 배수가 되는 경우는 모두 7가지이다.

17 수리력 대각선의 개수 구하기

| 정답 | ④

| 해설 | 육각형의 대각선 개수를 구하면 된다.

따라서 $\frac{6(6-3)}{2} = 9$(개)의 길을 더 뚫어야 한다.

18 수리력 자료의 수치 분석하기

| 정답 | ②

| 해설 | 연령계층별로 인원수를 알 수 없기 때문에 20 ~ 39세 전체 청년의 자가 거주 비중은 알 수 없다.

| 오답풀이 |

① 20 ~ 24세 청년 중 62.7%가 보증부월세, 15.4%가 순수월세로, 약 78.1%가 월세 형태로 거주하고 있으며 자가 비율은 5.1%이다.

③ 연령계층이 높아질수록 자가 거주 비율은 $5.1 \rightarrow 13.6 \rightarrow 31.9 \rightarrow 45.0$으로 높아지고 있으나 월세 비중은 $78.1 \rightarrow 54.2 \rightarrow 31.6 \rightarrow 25.2$로 작아지고 있다.

④ 25 ~ 29세 청년의 자가 거주 비중은 13.6%로 5.1%인 20 ~ 24세 보다 높다. 25 ~ 29세 청년 중 임차 형태로 거주하는 비중은 $24.7 + 47.7 + 6.5 = 78.9$(%)이며, 월세로 거주하는 비중은 $47.7 + 6.5 = 54.2$(%)이다.

19 수리력 자료의 수치 분석하기

| 정답 | ①

| 해설 | 제시된 자료는 업무 편의상 교역 국가 수 10개 미만인 기업과 20개 이상인 기업으로 구분한 것이며, 전체 기업 수와 비교해도 그 외의 교역 국가 수를 가진 기업이 있음을 알 수 있다. 따라서 두 가지 교역 국가 수를 가진 기업으로 구분된다고 볼 수는 없다.

| 오답풀이 |

② 전체 기업 수에서 차지하는 비중으로 확인할 수 있다.

③ 중소기업이 두 가지 기준에서 모두 대기업, 중견기업보다 월등히 많음을 알 수 있다.

④ 비율의 합이 100을 나타내는 지표가 어느 것인지를 확인하여 알 수 있다. 따라서 괄호 안의 비율은 해당 교역 국가 수를 가진 기업 내에서의 비율임을 알 수 있다.

20 수리력 자료의 수치 분석하기

| 정답 | ③

| 해설 | ㉠ 자료를 통하여 학년이 높아질수록 장학금을 받는 학생들의 1인당 평균 교내 특별활동 수가 증가한 사실은 알 수 있지만, 장학금을 받는 학생 수에 대한 정보는 알 수 없다.

㉡ 장학금을 받지 못하는 4학년생이 참가한 1인당 평균 교내 특별활동 수는 약 0.5개이고, 장학금을 받는 4학년생이 참가한 1인당 평균 교내 특별활동 수는 2.5개 이상이므로 5배 이상이다.

㉢ 자료는 각각 장학금을 받는 학생과 받지 못하는 학생의 1인당 평균 교내 특별활동 수를 비교하고 있으므로 각 학년 전체의 1인당 평균 교내 특별활동 수는 알 수 없다.

| 오답풀이 |

ⓒ 그래프를 통해 쉽게 확인할 수 있다.

21 공간지각력 블록 개수 세기

| 정답 | ②

| 해설 | 가장 뒷줄에 위치한 블록의 개수는 19개, 뒤에서 두 번째 줄에 위치한 블록의 개수는 9개, 가장 앞줄에 위치한 블록의 개수는 4개이므로 총 32개이다.

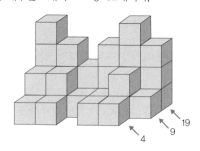

22 공간지각력 동일한 도형 찾기

| 정답 | ③

| 해설 | 제시된 도형과 색, 모형이 같은 것은 ③이다.

| 오답풀이 |

나머지 도형은 동그라미 친 부분이 다르다.

23 공간지각력 조각 배열하기

| 정답 | ①

| 해설 | 그림의 조각을 (가)-(다)-(라)-(나)의 순으로 배열하면 다음과 같은 그림이 완성된다.

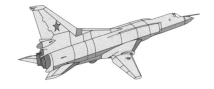

24 공간지각력 펼친 모양 찾기

| 정답 | ②

| 해설 | 역순으로 펼치면 다음과 같다.

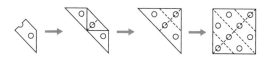

25 공간지각력 크고 작은 사각형의 개수 구하기

| 정답 | ④

| 해설 | 사각형 1개로 만들 수 있는 사각형은 9개, 사각형 2개로 만들 수 있는 사각형은 10개, 사각형 3개로 만들 수 있는 사각형은 4개, 사각형 4개로 만들 수 있는 사각형은 2개이다. 따라서 그림에서 찾을 수 있는 크고 작은 사각형은 모두 25개이다.

26 공간지각력 제시된 도형 합치기

| 정답 | ③

| 해설 | ③은 동그라미 친 부분이 잘못되었으며, 다음과 같이 수정되어야 한다.

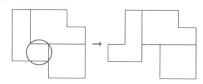

27 공간지각력 일치하는 입체도형 찾기

| 정답 | ④

| 해설 | ④는 제시된 입체도형을 다음과 같은 화살표 방향에서 바라본 모습이다.

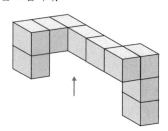

| 오답풀이 |

다른 입체도형은 점선 표시된 블록이 추가되고 동그라미 친 블록이 제거되어야 한다.

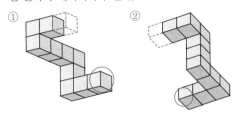

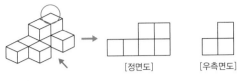

③ 정면도와 평면도가 일치하지 않는다.

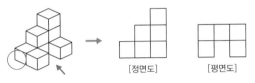

④ 평면도가 일치하지 않는다.

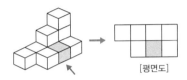

28 공간지각력 전개도를 접어 주사위 만들기

| 정답 | ④

| 해설 | 주사위의 앞면에 해당하는 곳을 전개도에서 찾은 후 앞면을 중심으로 뒷면을 찾으면 쉽게 해결할 수 있다. 뒷면 방향에서 바라 본 모습을 찾는 것임에 유의한다.

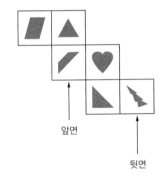

30 공간지각력 나타나 있지 않은 조각 찾기

| 정답 | ③

| 해설 |

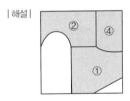

29 공간지각력 투상도로 입체도형 추론하기

| 정답 | ①

| 해설 | 정면도 → 평면도 → 우측면도 순으로 블록 개수를 각각 확인해 보면 블록 개수와 모양이 모두 맞는 입체도형 은 ①이다.

| 오답풀이 |

② 정면도와 우측면도가 일치하지 않는다.

31 문제해결력 논리적 오류 파악하기

| 정답 | ③

| 해설 | 제시된 글에서 범하고 있는 논리적 오류는 순환논법 의 오류이다. 이는 전제의 진리와 본론의 진리가 서로 의존 하며 같은 하나의 의론이 그대로 되풀이되는 허위의 논증 방법으로, 선택지 ③이 이와 같은 오류를 범하고 있다.

| 오답풀이 |

① 무지에 호소하는 오류로, 단순히 어떤 명제가 거짓이라 는 것이 증명되지 않았다는 것을 근거로 그 명제가 참이 라고 주장하거나, 반대로 그 명제가 참이라는 것이 증 명되지 않았기 때문에 그 명제는 거짓이라고 주장하는 오류이다.

③ 성급한 일반화의 오류로, 특수하고 부족한 양의 사례를 근거로 섣불리 일반화하고 판단하는 오류이다.

④ 흑백논리의 오류로, 어떤 상황을 두 가지의 상장 구도로 나누어 보려고 하는 오류이다.

32 문제해결력 논리적 오류 파악하기

| 정답 | ①

| 해설 | 성급한 일반화의 오류란 한 개 또는 몇 개의 우연한 사례를 근거로 전체가 그 사례의 특성을 가지고 있다고 추론하는 오류이다. 따라서 제시된 사례를 통해 확인할 수 있다.

| 오답풀이 |

② 흑백논리의 오류는 모든 문제 또는 논의의 대상을 흑 아니면 곧 백, 악 아니면 곧 선이라는 방식의, 양극의 두 가지로만 구분함으로써 빚어지는 오류이다.

③ 피장파장의 오류는 인신공격의 오류의 일종으로 주장을 제시하는 사람의 비일관성이나 도덕성의 문제 등을 이유로 제시된 주장이 잘못이라고 판단하는 오류이다.

④ 무지에 호소하는 오류는 지금까지 거짓으로 증명되어 있지 않은 것을 근거로 참인 것을 주장하는 오류이다.

33 문제해결력 진위 추론하기

| 정답 | ②

| 해설 | 각각의 진술이 거짓인 경우를 대입해 본다.

1) 철수가 거짓일 경우, 철수는 B 또는 C팀에 들어간 것이 되는데 이때 영희와 세영이가 각각 B팀과 C팀에 들어가 있으므로 모순이 된다.

2) 승한이가 거짓일 경우, 승한과 세영이가 C팀이 되는데 C팀은 1명을 충원했다고 하였으므로 모순이 된다.

3) 영희가 거짓일 경우, 영희는 A 또는 C팀에 들어간다. 나머지 참인 진술을 종합하면 철수는 A팀, 세영이가 C팀이므로 영희는 2명을 충원한 A팀에 들어간 것이 되고, 승한이는 B팀이 된다.

4) 세영이가 거짓일 경우, C팀에 들어간 사람이 한 명도 없게 되므로 모순이 된다.

따라서 거짓을 말한 사람은 영희이며, 이때 A팀에 들어간 사람은 철수와 영희이다.

34 문제해결력 명제 판단하기

| 정답 | ①

| 해설 | 제시된 명제를 정리하면 다음과 같다.

• 2호선 → 5호선   • 9호선 → 7호선

'8호선을 이용하면 5호선을 이용한다'가 성립하기 위해서는 '2호선을 이용하면 5호선을 이용한다'와 삼단논법으로 이어질 수 있어야 한다. 따라서 '8호선을 이용하면 2호선을 이용한다'가 참이라면 '8호선 → 2호선 → 5호선'이 성립한다.

35 문제해결력 근무하는 층 추론하기

| 정답 | ②

| 해설 | 13층짜리 건물에서 A ~ E가 탄 엘리베이터가 서는 층은 3, 5, 7, 9, 11, 13층이다. ㉠에 따라 13층에는 사무실이 없으므로 이곳에서 내리는 사람은 없다. 또한 ㉢에서 엘리베이터 외에 계단을 이용하여 사무실에 가는 사람도 없다고 하였으므로, 엘리베이터에서 내리는 사람과 해당 층의 연결 외에 다른 변수는 생각하지 않아도 된다.

먼저 ㉣에서 C가 내린 층이 D가 내린 층의 배수에 해당한다고 했는데, 층 가운데 배수의 관계를 가지는 수는 3과 9뿐이므로 3층에서는 D, 9층에서는 C가 내린다. ㉢에서 B는 C가 내린 후에도 엘리베이터에 타고 있으므로 B는 11층에서 내린 것이 된다. 또한 남은 A와 E는 ㉡에서 A가 내린 다음에 이어서 E가 내렸다고 했으므로 A는 5층, E는 7층에서 각각 내렸음을 알 수 있다. 따라서 A는 5층, B는 11층, C는 9층, D는 3층, E는 7층에서 근무한다는 추론이 가능하다.

36 문제해결력 진열 상품 추론하기

| 정답 | ①

| 해설 | A에는 3일마다 한 번씩 가방을, B에는 2일마다 한 번씩 시계를, C에는 3일마다 한 번씩 지갑을 진열하므로 A는 1, 4, 7일에 가방을, B는 2, 4, 6일에 시계를, C는 1, 4, 7일에 지갑을 진열한다. 가방은 매일 진열하되 같은 진열장에 이틀 연속으로 진열할 수 없으므로 2, 6일에는 C에, 3, 5일에는 B에 진열하면 된다. 지갑은 이틀 연이어 진열하지 않으므로 2, 3, 5, 6일에는 진열하지 않는다. 따라서 6일 A에는 구두를 진열한다. 이를 표로 정리하면 다음과 같다.

구분	A	B	C
1일	가방	구두	지갑
2일	구두	시계	가방
3일	시계	가방	구두
4일	가방	시계	지갑
5일	시계	가방	구두
6일	구두	시계	가방
7일	가방	구두	지갑

따라서 진열장 A에는 구두, 진열장 B에는 시계, 진열장 C에는 가방을 진열한다.

37 문제해결력 진위 추론하기

| 정답 | ①

| 해설 | 각각의 발언이 참인 경우를 나누어 생각해 보면 다음과 같다.

ⅰ) A의 발언이 참인 경우

C는 치킨을 먹고 E는 피자를 먹었다. 이때 D의 발언에 의해 E는 초밥을 먹은 것이 되므로 모순이 생긴다.

ⅱ) B의 발언이 참인 경우

A는 피자를 먹지 않았고 D는 초밥을 먹었다. 이때 D의 발언에 의해 E도 초밥을 먹은 것이 되므로 모순이 생긴다.

ⅲ) C의 발언이 참인 경우

B는 해장국을 먹었고 D는 치킨을 먹었다. B의 발언에 의해 A는 피자를 먹었고 D의 발언에 의해 E는 초밥을 먹었다. 따라서 C는 순댓국을 먹게 되어 모순이 생기지 않는다.

ⅳ) D의 발언이 참인 경우

C는 피자를 먹었고 E는 초밥을 먹지 않았다. 이때 B의 발언에 의해 A도 피자를 먹은 것이 되므로 모순이 생긴다.

ⅴ) E의 발언이 참인 경우

A는 순댓국을 먹었고 B는 초밥을 먹었다. 이때 D의 발언에 의해 E도 초밥을 먹은 것이 되므로 모순이 생긴다.

따라서 A는 피자, B는 해장국, C는 순댓국, D는 치킨 E는 초밥을 먹었음을 알 수 있다.

38 문제해결력 조건을 바탕으로 추론하기

| 정답 | ①

| 해설 | C의 진술에 따라 C는 독일어, 일본어, 중국어를 구사할 수 있으며, A와 D의 진술에 따라 A, D는 스페인어를 구사할 수 있다. 다음으로 B의 진술에 따라 B는 일본어, 중국어를 구사할 수 있다. 마지막으로 E의 진술에 따라 E는 B와 비교했을 때 C만 구사할 수 있는 언어를 구사할 수 있다고 하였으므로 독일어만 구사할 수 있음을 알 수 있다. 이를 정리하면 다음과 같다.

구분	A	B	C	D	E
구사 가능한 언어	스페인어	일본어, 중국어	독일어, 일본어, 중국어	스페인어	독일어

39 문제해결력 명제 판단하기

| 정답 | ③

| 해설 | 각 명제를 'a : 법학을 공부한다.', 'b : 행정학 수업을 듣는다.', 'c : 경제학 수업을 듣는다.', 'd : 역사를 공부한다.', 'e : 철학을 공부한다.'라고 할 때 〈보기〉를 정리하면 다음과 같다.

• a → b

• c → ~d

• a → e

• ~c → ~b

c → ~d가 참이므로 이 명제의 대우 명제인 d → ~c도 참이다. 또한 a → b가 참이므로 이 명제의 대우 명제인 ~b → ~a도 참이다. 따라서 이들 명제와 ~c → ~b와의 삼단논법에 의해 d → ~a도 참임을 알 수 있다.

| 오답풀이 |

①, ② 주어진 명제로는 알 수 없다.

④ ~c → ~b가 참이므로 이 명제의 대우 명제인 b → c도 참이다. 따라서 a → b와의 삼단논법에 의해 a → c가 참임을 알 수 있다.

40 관찰탐구력 신장의 기능 이해하기

| 정답 | ④

| 해설 | 산이 남낭해서 만드는 물질인 요소는 독성 물질인 암모니아를 전화시킨 것으로, 오르니틴 회로를 거쳐 분비된다.

보충 플러스+

신장의 주요 기능
• 신장은 소변으로 배설되는 물과 이온들의 양을 변화시킴으로써 체액의 양, 삼투압, 전해질 양과 농도, 산성도 등을 조절한다. 소변으로 배설되는 양이 변함으로써 조절되는 이온으로는 나트륨, 칼륨, 클로라이드, 마그네슘, 인산염 등이 있다.
• 대사의 최종산물이나 외부 물질들의 배설. 신장은 요소와 같은 여러 가지 대사산물이나 독성 물질과 약물을 배설한다.
• 효소와 호르몬의 생산과 분비
  −레닌은 혈장 글로불린인 안지오텐신이 만들어지는 과정에 촉매작용을 한다. 안지오텐신은 강력한 혈관수축제로 염분 균형과 혈압 조절에 중요한 역할을 한다.
  −골수에서 적혈구의 성숙을 자극한다.
  −체내 칼슘과 인산염 균형 조절에 중요한 역할을 한다.

41 관찰탐구력 항상성 유지 이해하기

| 정답 | ②

| 해설 | 항상성 유지란 체내외의 환경이 변하더라도 체온, 혈당량, 몸속 물의 양 등의 체내 상태를 일정하게 유지하는 성질을 말한다. 따라서 물을 많이 마시면 오줌의 양이 증가하는 것은 이와 관련된 현상이다.

| 오답풀이 |

① 생물의 특성 중 생식에 관한 문제이다.
③ 생물의 특성 중 물질 대사에 관한 문제이다.
④ 생물의 특성 중 유전에 관한 문제이다.

42 관찰탐구력 지구 온난화의 원인 알기

| 정답 | ③

| 해설 | 북극 지방의 빙하 분포 면적이 크게 감소한 것은 지구의 평균 기온이 상승하는 지구 온난화의 결과이다. 지구 온난화는 화석 연료의 사용량 증가에 따른 대기 중 온실 가스의 증가로 인하여 온실 효과가 증대되어 나타나는 현상이다.

| 오답풀이 |

① 냉매제 등으로 사용하는 프레온 가스가 성층권에 도달한 후 자외선에 의해 분해된 염소 원자가 오존층을 파괴하는 현상과 관련이 있다. 오존층 파괴는 피부암과 백내장의 발생률 승가와 식물의 엽록소 파괴로 인한 농작물 수확량 감소의 원인이 된다.
② 지진과 화산 활동은 지구 온난화와 관련이 없다.
④ 태양의 흑점 활동 증가는 병원 진료장비나 은행 서버, 항공기와 공항관제시스템, 방송기기, 철도통제시스템은 물론 개인용 컴퓨터, 휴대전화 등 전자제품 등에 영향을 미칠 수 있다.

43 관찰탐구력 제대혈 이해하기

| 정답 | ③

| 해설 | 제대혈이란 태반과 탯줄에 있는 혈액으로 자신이나 가족의 백혈병, 소아암, 혈액질환 등의 질병치료에 사용할 시 성공률이 높은 것으로 알려져 있다. 이에 따라 우리나라에서는 현재, 출산 당시 제대혈을 초저온 상태로 보관하는 제대혈 은행이 운영 중에 있다.

| 오답풀이 |

① 줄기세포는 다른 신체 조직으로 분화할 수 있는 미분화 세포로 이 상태에서 적절한 조건을 갖추면 다양한 조직 세포로 분화할 수 있다.
② 미토콘드리아는 구형 또는 긴 타원형의 세포기관으로 2겹의 막으로 쌓여 있다. 특히 유기물의 사화에 관여하는 효소를 가지고 있어 유기물의 화학에너지를 세포가 쓸 수 있는 유용한 에너지로 바꾸는 일을 하기 때문에 세포의 발전소라고도 불린다.
④ 마스터 유전자는 줄기세포가 신체의 각각의 기관으로 분화할 수 있도록 총괄 조정하는 유전자를 말한다.

44 관찰탐구력 화산 활동의 영향 이해하기

| 정답 | ②

| 해설 | 화산이 폭발한 경우, 염소나 이산화황 같은 유독 가스가 토양을 산성화시키는 피해를 입히기도 하지만, 화산재에는 무기질이 풍부한 면도 있기 때문에 일정 시간이 흐른 후에는 비옥한 토양으로 변하여 농사에 유리한 면도 있다. 또한 지열 에너지를 발전이나 난방에 사용할 수 있다.

45 관찰탐구력 지구의 구성물질 이해하기

| 정답 | ③

| 해설 | ㉠ 지구에 존재하는 액체 상태의 물은 지구 표면 온도의 급격한 변화를 막아 주어 생명체를 보호하고, 용매로서의 특징을 통하여 물 속에 다양한 물질이 녹을 수 있는 환경을 만들어 주어 생명체의 탄생이 가능하게 해 주었다.

㉡ 대기 중에 공급된 산소가 태양 에너지를 받아 오존으로 변화하여 성층권에 축적되면, 태양에서 오는 자외선을 차단하여 지표에 거의 도달하지 못하게 한다.

7회 기출예상문제

문제 152쪽

01	④	02	④	03	④	04	①	05	①
06	①	07	③	08	②	09	②	10	③
11	①	12	②	13	④	14	③	15	②
16	③	17	③	18	②	19	②	20	④
21	④	22	④	23	②	24	①	25	④
26	③	27	②	28	④	29	①	30	③
31	③	32	④	33	①	34	②	35	③
36	③	37	②	38	④	39	④	40	④
41	④	42	④	43	③	44	①	45	④

---

01 언어논리력 맞춤법에 맞게 쓰기

| 정답 | ④

| 해설 | ㉤은 경기가 전개되는 과정에 대해 설명하고 있으므로 '진행'이 들어가는 것이 자연스럽다.

| 오답풀이 |

㉠ 둑점 → 득점

㉡ 제개 → 재개

㉢ 샌터 → 센터

㉣ 정지 → 이동

---

02 언어논리력 다의어 파악하기

| 정답 | ④

| 해설 | 주어진 문장과 ④에 쓰인 '맞다'는 '어떤 대상의 맛, 온도, 습도 따위가 적당하다.'의 의미를 갖는다.

| 오답풀이 |

① 어떤 대상의 내용, 정체 따위가 무엇임이 틀림이 없다.

② 어떤 행동, 의견, 상황 따위가 다른 것과 서로 어긋나지 아니하고 같거나 어울리다.

③ 모습, 분위기, 취향 따위가 다른 것에 잘 어울리다.

1회 2회 3회 4회 5회 6회 7회 8회 9회

03 언어논리력 | 세부 내용 이해하기

| 정답 | ④

| 해설 | 이 글에 의하면 경험론자들은 정신에 나타난 관념 또는 선험적 지식이 있다는 것을 부정하고 모든 지식은 감각적 경험과 학습을 통해 형성된다고 보았으므로 생물학적 진화보다는 학습을 중요시하였음을 알 수 있다.

| 오답풀이 |

① 학습과 생물학적 진화 간의 우월성을 비교하는 내용은 나타나 있지 않다.

② 진화된 대부분의 동물들에게 학습 능력이 존재한다고 하였다.

③ 인간 사회의 변화는 생물학적 진화보다는 거의 전적으로 문화적 진화에 의한 것이라고 하였다.

04 언어논리력 | 문맥에 맞는 어휘 고르기

| 정답 | ①

| 해설 | 빈칸에 들어갈 단어는 차례대로 초래, 병행, 지속이며 치료나 종교 또는 그 밖의 이유로 일정 기간 동안 음식을 먹지 못하게 금해짐을 뜻하는 금식은 들어가지 않는다.

| 오답풀이 |

② 지속 : 어떤 상태가 오래 계속됨. 또는 어떤 상태를 오래 계속함.

③ 병행 : 둘 이상의 일을 한꺼번에 행함.

④ 초래 : 어떤 결과를 가져오게 함.

05 언어논리력 | 어문 규정 이해하기

| 정답 | ①

| 해설 | flash[flæʃ]의 [ʃ]는 어말에 있으므로 '시'로 적고, sheriff[ʃérif]의 [ʃ]는 뒤따르는 모음 'e'에 따라 '셰'로 적는다.

| 오답풀이 |

② fashion[fǽʃən]은 (B), mask[mɑːsk]는 (A)에 해당한다.

③ vision[víʒən]은 (C), shim[ʃim]은 (B)에 해당한다.

④ mirage[mirɑːʒ]는 (C), thrill[θril]은 (A)에 해당한다.

06 언어논리력 | 올바르게 띄어쓰기

| 정답 | ①

| 해설 | 성과 이름은 붙여 쓰고, 호칭이나 관식명은 띄어 써야 한다. 따라서 '김주원 박사'로 쓰는 것이 알맞다.

| 오답풀이 |

②, ④ 연결이나 열거할 적에 쓰이는 말들은 띄어 쓴다. 따라서 '스물 내지 서른', '부장 겸 대외협력실장'으로 쓰는 것이 알맞다.

③ 단음절로 된 단어가 연이어 올 적에는 띄어 쓰는 것을 원칙으로 하되, 붙여 씀도 허용한다. '떠내려가 버렸다'는 본용언이 합성 동사인 경우이므로 보조 용언과 띄어 쓰는 것만 허용된다.

07 언어논리력 | 음운 변동규칙 이해하기

| 정답 | ③

| 해설 | 불장난은 된소리가 나지 않는 단어로 [불장난]이라고 발음해야 한다.

08 언어논리력 | 사자성어 이해하기

| 정답 | ②

| 해설 | 지문과 관계있는 사자성어는 '새옹지마(塞翁之馬)'로 인생은 변화가 많아서 길흉화복을 예측하기가 어려움을 의미한다.

| 오답풀이 |

① 유비무환(有備無患) : 미리 준비가 되어 있으면 걱정할 것이 없음을 의미한다.

③ 전화위복(轉禍爲福) : 재앙과 근심, 걱정이 오히려 복으로 바뀜을 의미한다.

④ 자업자득(自業自得) : 자기가 저지른 일의 결과를 자기가 받음을 의미한다.

09 언어논리력 | 글의 서술 방식 파악하기

| 정답 | ②

| 해설 | 이 글은 이분법적 사고와 부분만을 보고 전체를 판단하는 것의 위험성을 예시를 들어 설명하고 있다. 특히 3

문단에서는 '으스댔다', '우겼다', '푸념했다', '넋두리했다', '뇌까렸다', '잡아뗐다', '말해서 빈축을 사고 있다' 등의 서술어를 열거해 주관적 서술로 감정적 심리 반응을 유발하는 것이 극단적인 이분법적 사고로 이어질 수 있음을 강조하고 있다.

10 언어논리력 세부 내용 이해하기

| 정답 | ③

| 해설 | 제시된 글에 따르면 △△시 상징물 테마 열차는 '하늘 위에서 △△시를 내려보다'라는 구성으로 제작하였으며, △△시의 바다 테마 열차는 '우연히 만난 도시철도, △△시 바다를 여행하는 기분'이라는 콘셉트로 조성하였음을 알 수 있다.

11 수리력 2진법 이해하기

| 정답 | ①

| 해설 |

$$
\begin{array}{r}
2\,\underline{)\ 12} \\
2\,\underline{)\ \ 6} \quad \cdots\ 0 \\
2\,\underline{)\ \ 3} \quad \cdots\ 0 \\
1 \quad \cdots\ 1
\end{array}
$$

$\therefore 12 = 1100_{(2)}$

12 수리력 연속된 짝수 구하기

| 정답 | ②

| 해설 | 연속된 세 개의 짝수이므로 가장 큰 숫자를 x 라고 한다면 가운데 숫자는 $x-2$, 가장 작은 숫자는 $x-4$이므로 다음과 같은 식이 성립한다.

$x + (x-2) + (x-4) = 54$

$3x - 6 = 54 \qquad 3x = 60$

$\therefore x = 20$

따라서 더한 값이 54가 되는 세 개의 연속된 짝수 중 가장 큰 수는 20이다.

| 별해 | 연속된 세 개의 짝수 : $x-2,\ x,\ x+2$

$x - 2 + x + x + 2 = 3x = 54$

$\therefore x = 18$

따라서 가장 큰 수는 $18 + 2 = 20$이다.

13 수리력 방정식을 활용하여 회원 수 구하기

| 정답 | ④

| 해설 | 작년 바둑동호회 남성 회원 수를 x 명이라 하면 작년 바둑동호회 여성 회원 수는 $(60-x)$명이다. 따라서 다음과 같은 식이 성립한다.

$1.05x + 0.9(60-x) = 60$

$0.15x = 6$

$\therefore x = 40$

올해의 남성 회원 수는 작년에 비해 5% 증가했으므로 $40 \times 1.05 = 42$(명)이다.

14 수리력 벤다이어그램 활용하기

| 정답 | ③

| 해설 | 제시된 정보를 토대로 벤다이어그램을 그리면 다음과 같다.

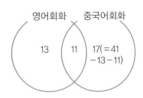

따라서 중국어회화 수업만 신청한 학생의 수는 17명이다.

15 수리력 일의 양 구하기

| 정답 | ②

| 해설 | 전체 일의 양을 1로 생각하면, 선진이와 수연이의 하루 일의 양은 다음과 같다.

• 선진이가 하루에 하는 일의 양 : $\dfrac{1}{8}$

• 수연이가 하루에 하는 일의 양 : $\dfrac{1}{12}$

따라서 둘이 함께 한다면

$1 \div \left(\dfrac{1}{8} + \dfrac{1}{12} \right) = 1 \div \left(\dfrac{3}{24} + \dfrac{2}{24} \right) = \dfrac{24}{5} = 4.8$, 즉 5일이 걸린다.

16 수리력 상품의 이익 구하기

| 정답 | ③

| 해설 | 상품의 원가를 x원이라 하면 다음과 같은 식이 성립한다.

$1.4x \times 0.85 - x = 2,660$

$0.19x = 2,660$

$x = 14,000(원)$

따라서 상품을 정가로 팔 때의 이익은 $14,000 \times 0.4 = 5,600(원)$이다.

17 수리력 확률 계산하기

| 정답 | ③

| 해설 | 적어도 한 명이 합격한다는 것은 두 명이 합격하는 것과 세 명 모두 합격하는 것까지 포함되므로, 전체 확률인 1에서 모두 불합격할 확률을 빼면 된다. 정수가 합격할 확률은 $\frac{1}{4}$이므로 불합격할 확률은 $\frac{3}{4}$이고, 같은 식으로 현민이 불합격할 확률은 $\frac{4}{5}$, 지혜가 불합격할 확률은 $\frac{1}{2}$이다. 따라서 $1 - \left(\frac{3}{4} \times \frac{4}{5} \times \frac{1}{2} \right) = \frac{7}{10} = 0.7$이다.

18 수리력 조건을 만족하는 다각형 찾기

| 정답 | ②

| 해설 | 대각선의 개수가 14개이므로 n각형이라 하면 다음 식이 성립한다.

$\frac{n(n-3)}{2} = 14$

$n(n-3) = 28$

$\therefore n = 7$

따라서 모든 변의 길이가 같고, 모든 내각의 크기가 같다고 했으므로 정칠각형이 된다.

19 수리력 자료 이해하기

| 정답 | ②

| 해설 | ㉠ 대도시와 대도시 이외 지역에서 사교육을 받지 않거나 30만 원 미만까지만 사교육비로 지출하는 비율을 비교하면 대도시는 61.9%, 대도시 이외 지역은 69.2%로 대도시 이외 지역이 더 높다. 대도시 지역에서 30만 원 이상의 사교육비를 지출하는 비율은 $19.7 + 18.4 = 38.1(\%)$로 $\frac{1}{3}$ 이상을 차지한다.

㉢ 학교 성적이 상위 10% 이내인 학생이 사교육비로 10만 원 이상을 지출하는 비율은 $28.0 + 22.3 + 21.5 = 71.8(\%)$이고 성적 11 ~ 30%인 학생이 동일한 비용을 지출하는 비율은 $28.5 + 23.4 + 18.2 = 70.1(\%)$이다. 따라서 상위 10% 이내인 학생들의 경우가 더 높다.

| 오답풀이 |

㉡ 초 · 중 · 고등학교로 올라갈수록, 부모님의 평균 연령대가 올라갈수록 사교육을 받지 않는 비율이 높아진다. 또한 사교육을 받지 않는 경우를 제외하면 초등학교와 부모님의 평균 연령대 모두 10 ~ 30만 원 미만의 지출이 가장 많으나 중학교는 30 ~ 50만 원 미만이, 고등학교는 50만 원 이상이 가장 많다.

㉣ 학교 성적이 하위권으로 내려갈수록 사교육을 받지 않는 비율이 높아지며, 사교육을 받지 않는 경우를 제외하면 모든 학교 성적 범위에서 지출 비용 10 ~ 30만 원 미만이 차지하는 비율이 가장 높아진다.

20 수리력 자료 이해하기

| 정답 | ④

| 해설 | 부서별로 인원수가 다르므로, 전체 평균 계산 시 가중치를 고려하여야 한다.

• 전 부서원의 정신적 스트레스 지수 평균점수 :

$\frac{1 \times 1.83 + 2 \times 1.79 + 1 \times 1.79}{4} = 1.80(점)$

• 전 부서원의 신체적 스트레스 지수 평균점수 :

$\frac{1 \times 1.95 + 2 \times 1.89 + 1 \times 2.05}{4} = 1.945(점)$

따라서 두 평균점수의 차이는 0.145이므로 0.16 미만이다.

21 [공간지각력] 블록 개수 세기

| 정답 | ④

| 해설 | 블록의 개수는 14개이다.

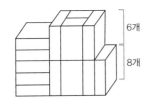

22 [공간지각력] 블록 개수 세기

| 정답 | ②

| 해설 | 색칠된 블록의 윗면에 1개, 밑면에 2개가 직접 접촉되어 있다. 따라서 총 3개이다.

23 [공간지각력] 동일한 도형 찾기

| 정답 | ②

| 해설 | 제시된 도형과 같은 것은 ②이다.

| 오답풀이 |

나머지 도형은 동그라미 친 부분이 다르다.

24 [공간지각력] 도형 회전하기

| 정답 | ①

| 해설 | 반시계방향으로 90° 회전한 모양은 다음과 같다.

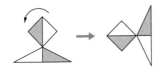

25 [공간지각력] 전개도 완성하기

| 정답 | ④

| 해설 | 전개도를 접었을 때 서로 인접하게 되는 면을 생각해 본다. 2개 면만 살피면 되므로 쉽게 찾을 수 있다.

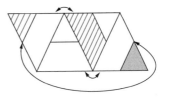

| 오답풀이 |

넓은 면을 기준으로 볼 때 ①의 경우 왼쪽에 이 와야

하고, ②는 , ③은 이 와야 한다.

26 [공간지각력] 도형 재배치하기

| 정답 | ③

| 해설 | 제시된 도형을 올바르게 배치한 것은 ③이다.

| 오답풀이 |

확실하게 아닌 모양을 찾으면 다음과 같다.

27 [공간지각력] 펼친 그림 찾기

| 정답 | ②

| 해설 | 접었던 선을 축으로 하여 역으로 펼치면서 뚫린 구멍의 위치를 파악하면 된다.

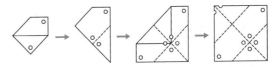

28 공간지각력 지시된 도형 합치기

| 정답 | ④

| 해설 | 먼저 제시된 도형을 다음과 같이 구분한다.

④는 다음과 같이 b가 2번 사용되었다.

| 오답풀이 |

29 공간지각력 조각 배열하기

| 정답 | ①

| 해설 | (나) - (가) - (라) - (다) 순서대로 배열하면 다음과 같은 그림이 완성된다.

30 공간지각력 다른 지도 찾기

| 정답 | ③

| 해설 | S동 주민센터의 건물위치가 다음과 같이 이동되어야 한다.

31 문제해결력 명제 판단하기

| 정답 | ③

| 해설 | 지아는 소설책과 시집을 많이 읽고, 소설책을 많이 읽는 사람은 글쓰기를 잘하므로 삼단논법에 따라 '지아는 글쓰기를 잘한다.'가 성립한다.

32 문제해결력 명제 판단하기

| 정답 | ④

| 해설 | 각 명제를 'p : 요리를 잘한다.', 'q : 청소를 잘한다.', 'r : 키가 크다.'라고 할 때 〈보기〉를 정리하면 다음과 같다.

- p → q
- q → r

이때 나는 요리를 잘하므로 마지막 명제는 p로 표현할 수 있으며, 'p → q'와 'q → r' 두 명제의 삼단논법에 의해 'p → r'도 참임을 알 수 있다. 따라서 ④는 항상 옳다.

| 오답풀이 |

①, ② 주어진 명제로는 알 수 없다.

③ 'q → r'이 참이므로 이 명제의 대우 명제인 '~r → ~q'도 참이 된다. 따라서 옳지 않은 설명이다.

33 문제해결력 진위 추론하기

| 정답 | ①

| 해설 | 만약 A의 발언이 진실이라면 A는 어제와 오늘 이틀 연속으로 진실을 말한 것이고, 만약 A의 발언이 거짓이라면 A는 어제와 오늘 이틀 연속으로 거짓을 말한 것이다. 조건에 따르면 이틀 연속 거짓을 말하는 경우는 발생할 수 없으나 이틀 연속 진실을 말하는 경우는 (토, 일) 또는 (일,

월)으로 발생할 수 있다. 따라서 A의 발언은 진실임을 알 수 있다.

이때 A가 거짓말을 하는 요일이 월, 수, 금요일이라면 제시된 발언은 일요일에 한 것이고, A가 거짓말을 하는 요일이 화, 목, 토요일이라면 제시된 발언은 월요일에 한 것이다. 따라서 오늘은 일요일 또는 월요일이며 두 경우 모두 B의 발언은 거짓임을 알 수 있다.

그런데 오늘이 만약 진실만을 말하는 일요일이라면 B의 발언이 거짓이라는 추론과 상충하므로 오늘은 월요일이 된다.

34 문제해결력 시계 각도 구하기

| 정답 | ②

| 해설 | 12시 정각을 기준으로 한 분침의 각도에서 시침의 각도를 빼면 된다.

1) 28분 동안 분침이 움직인 각도
   - 1분 동안 분침이 움직이는 각도 : $360° \div 60 = 6°$
   - ∴ 28분 동안 분침이 움직인 각도는 $6° \times 28 = 168°$이다.

2) 3시간 28분 동안 시침이 움직인 각도
   - 1시간 동안 시침이 움직이는 각도 : $360° \div 12 = 30°$
   - 1분 동안 시침이 움직이는 각도 : $30° \div 60 = 0.5°$
   - ∴ 3시간 28분 동안 시침이 움직인 각도는 $30° \times 3 + 0.5° \times 28 = 104°$이다.

따라서 두 바늘이 이루는 각 중 작은 각의 크기는 $168° - 104° = 64°$이다.

35 문제해결력 명제 판단하기

| 정답 | ③

| 해설 | 각 명제를 'p : A 회사에 다닌다.', 'q : 일본어에 능통하다.', 's : B 대학교를 졸업했다.', 'r : C 학원에 다닌다.'라고 할 때 제시된 명제를 정리하면 다음과 같다.

- $p \to \sim q$
- $s \to q$
- $\sim r \to s$

이때 'B 대학교를 졸업한 사람은 C 학원에 다니지 않았다'는 세 번째 명제의 역에 해당하므로 이에 대한 참·거짓의 여부는 확실히 알 수 없다.

| 오답풀이 |

① 세 번째 명제의 대우($\sim s \to r$)에 해당하므로 참이다.

② 두 번째 명제의 대우($\sim q \to \sim s$)와 세 번째 명제의 대우($\sim s \to r$)의 삼단논법을 통해 '$\sim q \to r$'이 참임을 알 수 있다.

④ 첫 번째 명제와 두 번째 명제의 대우($\sim q \to \sim s$)의 삼단논법을 통해 '$p \to \sim s$'도 참임을 알 수 있다.

36 문제해결력 조건을 바탕으로 추론하기

| 정답 | ③

| 해설 | 두 번째 조건에서 파란색 코트를 입는 A가 B의 아래층에 살고, 세 번째 조건에서 C가 보라색 코트를 입는 사람의 아래층에 산다고 했으므로, A, C 는 1층, B, D는 2층에 산다는 것을 알 수 있다. 또한 다섯 번째 조건에서 노란색 코트를 입는 일본인이 1층에 산다고 했으므로 이 사람은 C가 되고, 네 번째 조건의 초록색 코트를 입는 중국인이 B가 되며, 그 옆에 사는 D가 영국인이 된다. 그러므로 파란색 코트를 입는 A가 한국인이 되고, 이 내용을 표로 정리하면 다음과 같다.

2층	B – 초록, 중국	D – 보라, 영국
1층	A – 파랑, 한국	C – 노랑, 일본

따라서 한국인과 같은 층에 사는 사람은 C이다.

37 문제해결력 조건을 바탕으로 추론하기

| 정답 | ②

| 해설 | 4명이 타는 차는 B가 운전을 하고 3명이 타는 차는 B와 같은 차를 타지 않는 C와 D 중 한 명이 운전을 한다. A와 G는 같은 차를 타고 가야 하는데, C와 D가 있는 차에는 이미 2명이 있으므로 탈 수가 없다. 그러므로 B가 운전하는 차를 타고 가는 사람은 A, E(혹은 F), G이다.

38 문제해결력 진위 추론하기

| 정답 | ④

| 해설 | 서로 의견이 상충하는 G 사원과 L 사원의 말이 각각 거짓일 경우를 생각해 본다.

- G 사원이 참을 말하고 있을 경우 : L 사원을 제외한 나머지 사원들의 말이 모두 참이 된다. 따라서 안양천, 대곡천, 황구지천은 같은 결과를 받았다. 중랑천은 먹는 물 기준에 직접 판정을 받는데, J 사원의 발언에 의해 남은 세 강 중 두 강만이 먹는 물 기준에 적합 판정을 받을 수 있게 된다. 따라서 조건과 상충한다.
- L 사원이 참을 말하고 있을 경우 : G 사원을 제외한 나머지 사원들의 말이 모두 참이 된다. 따라서 안양천과 대곡천은 같은 결과를, 대곡천과 황구지천은 다른 결과를 받았다. 중랑천은 먹는 물 기준 적합 판정을 받았는데, J 사원의 발언에 의해 남은 세 강 중 두 강만이 먹는 물 기준에 적합 판정을 받을 수 있게 된다. 따라서 대곡천과 안양천은 부적합 판정, 황구지천과 중랑천은 적합 판정을 받게 된다.

39 문제해결력 논리적 오류 파악하기

|정답| ④

|해설| 성인들의 56%가 청소년들의 길거리 흡연을 제지하지 못했다는 단 하나의 사실만을 가지고 성인들의 도덕심이 결여되어 있다고 생각하고 있다. 이는 몇 가지 사례나 경험만을 가지고 그 전체의 속성을 판단하는 성급한 일반화의 오류이다.

|오답풀이|

① 논증에 사용된 낱말이 둘 이상으로 해석될 수 있을 때, 상황에 맞지 않은 의미로 해석하는 데에서 생기는 오류이다.

② 자신의 주장이 옳다는 것을 상대가 받아들이게 하기 위해 알맞은 전제에 호소하지 않고 상대적 정서에 영향을 주려 할 때 생기는 오류이다.

③ 어떤 특정한 주장에 대한 반론이 일어날 수 있는 유일한 원천을 비판하면서 반박 자체를 막아 자신의 주장을 옹호하고자 할 때 생기는 오류이다.

40 문제해결력 조건을 바탕으로 추론하기

|정답| ④

|해설| 먼저 네 번째 조건을 보면 E는 C와 성별이 같고, 세 번째 조건에 따라 D는 여자인데, 여자는 둘뿐이므로 C와 E는 남자임을 알 수 있다. 또한 E는 영국인 또는 프랑스인이라고 하였는데, 마지막 조건에 따라 프랑스인은 여자이므로 E는 영국인이 된다. 다섯 번째 조건과 마지막 조건을 살펴보면 F는 이탈리아인이 아니고, 남자이므로 프랑스인도 아니다. 그리고 두 번째 조건에 따라 A는 미국인이므로 F는 중국인 또는 일본인이며, C도 중국인 또는 일본인이므로 D는 이탈리아인임을 알 수 있다. 이를 표로 정리해 보면 다음과 같다.

구분	국적	성별
A	미국	남
B	프랑스	여
C	중국 or 일본	남
D	이탈리아	여
E	영국	남
F	중국 or 일본	남

따라서 B는 프랑스인이다.

41 관찰탐구력 위치에너지 이해하기

|정답| ④

|해설| 풍력 발전, 요트, 볼링 등은 운동에너지를 이용한 예이다. 운동에너지는 운동하는 물체가 가지고 있는 에너지를 말하며, 물체에 가한 일만큼 물체의 운동에너지는 증가한다.

위치 에너지는 높은 곳에 있는 물체가 중력에 의해 갖는 에너지이므로 수력 발전, 물레방아, 디딜방아, 널뛰기 등의 일을 예로 들 수 있다.

42 관찰탐구력 갈변현상 이해하기

|정답| ④

|해설| 백색 채소의 조리 과정에서 갈변을 방지하려면 산소의 접촉을 방해하거나 효소를 불활성화시켜야 한다.

43 관찰탐구력 중력의 크기 파악하기

| 정답 | ③

| 해설 | 물체에 작용하는 중력은 $F=mg$이고 중력 가속도
(g)는 평균 $9.8m/s^2$으로 거의 일정하므로 (가)에서 철수에게 작용하는 중력의 크기와 (나)에서 철수에게 작용하는 중력의 크기는 같다.

44 관찰탐구력 대체 에너지의 특징 이해하기

| 정답 | ①

| 해설 | • 원자력 에너지는 우라늄 핵분열 시 발생하는 에너지로 만든 증기로 터빈을 돌려 전기를 얻고 이산화탄소, 이산화황, 질소산화물 등을 배출시키지 않아 환경오염을 유발하지 않지만 방사능오염의 피해, 방사능 폐기물로 인한 지하수 오염의 우려가 있다(ㄹ).
• 태양 에너지는 에너지양이 방대하고 고갈될 염려가 없으며, 연료비가 필요 없고 오염물·폐기물 발생이 없으나 에너지 밀도가 낮아 에너지를 모으고 이용하는 데 많은 비용이 필요하며, 계절별·시간별로 에너지 가용량의 변화가 심하다(ㄷ).

45 관찰탐구력 염증 반응 파악하기

| 정답 | ④

| 해설 | 염증 반응이 일어나면 여러 신호물질에 의해 세동맥이 확장하여 모세혈관으로 흐르는 혈류량이 증가한다.
| 오답풀이 |
①, ③ 1차 방어 작용으로 선천적 면역이며 비특이적 방어 작용이다.
② 항체는 B림프구에서 만들어지며, 히스타민 분비로 백혈구가 혈관 밖으로 나와 병원체를 죽여 염증을 일으킨다.

8회 기출예상문제 문제 174쪽

01	①	02	③	03	①	04	②	05	③
06	①	07	④	08	④	09	①	10	②
11	④	12	④	13	③	14	④	15	①
16	③	17	④	18	③	19	②	20	④
21	④	22	③	23	②	24	①	25	②
26	①	27	①	28	②	29	④	30	②
31	②	32	③	33	④	34	④	35	②
36	①	37	③	38	③	39	③	40	④
41	③	42	①	43	②	44	①	45	④

01 언어논리력 다의어 파악하기

| 정답 | ①

| 해설 | 제시된 문장과 ①의 '어쩌다가'는 '뜻밖에 우연히'라는 뜻으로 사용되었다.
| 오답풀이 |
②, ④ '이따금 또는 가끔가다가'라는 뜻으로 사용되었다.
③ '어찌하다가'의 준말로 사용되었다.

02 언어논리력 유의어 파악하기

| 정답 | ③

| 해설 | '무릇'은 '대체로 생각해 보아'의 의미이며, 유의어로는 '대저', '대범', '대컨' 등이 있다.
| 오답풀이 |
① '언제나 변함없이 한 모양으로 줄곧'의 의미를 가진다.
② '생각보다 매우'의 의미를 가진다.
④ '부정하는 말 앞에서 다만, 오직'의 뜻으로 쓰이는 말'의 의미를 가진다.

03 언어논리력 문맥상 적절한 단어 찾기

| 정답 | ①

| 해설 | 빈칸에 공통으로 들어갈 단어는 '참석'으로 '모임이나 회의 따위의 자리에 참여함'의 의미를 가진다.

| 오답풀이 |

② '새로운 영역, 운명, 진로 따위를 처음으로 열어 나감'의 의미를 가진다.

③ '이끌어 지도함'의 의미를 가진다.

④ '어떤 사실이나 내용을 분석하여 따짐'의 의미를 가진다.

04 언어논리력 표준발음법 이해하기

| 정답 | ②

| 해설 | '받침 뒤에 모음 'ㅏ, ㅓ, ㅗ, ㅜ, ㅟ'들로 시작되는 실질 형태소가 연결되는 경우에는, 대표음으로 바꾸어서 뒤 음절 첫소리로 옮겨 발음한다.'라는 '표준 발음법' 제15 항에서 받침 뒤에 오는 모음으로 'ㅣ'를 들지 않은 것은 '삯일[상닐], 홑이불[혼니불], 꽃잎[꼰닙]'과 같이 연음을 하지 않으면서 [ㄴ]이 드러나는 경우가 있기 때문에 값있는[가빈는]으로 발음해야 한다.

05 언어논리력 올바르게 띄어쓰기

| 정답 | ③

| 해설 | 단위를 나타내는 명사는 띄어 써야 하므로 '열 살'이라고 쓰는 것이 적절하다.

| 오답풀이 |

① '지내는지'의 '-ㄴ지'는 막연한 의문이 있는 채로 그것을 뒤 절의 사실이나 판단과 관련시키는 데 쓰는 연결 어미로 앞말과 붙여 써야 한다.

② '다치기밖에'의 '밖에'는 '그것 말고는', '그것 이외에는' 등의 뜻을 나타내는 보조사로 앞말과 붙여 써야 한다.

④ '실시되는바'의 '-ㄴ바'는 뒤 절에서 어떤 사실을 말하기 위하여 그 사실이 있게 된 것과 관련된 상황을 제시할 때 쓰이는 연결 어미로 앞말과 붙여 써야 한다.

06 언어논리력 속담의 의미 파악하기

| 정답 | ①

| 해설 | • 개구리 올챙이 적 생각 못 한다 : 형편이나 사정이 전에 비하여 나아진 사람이 지난날의 미천하거나 어렵던

때의 일을 생각지 아니하고 처음부터 잘난 듯이 뽐냄을 비유적으로 이르는 말이다.

• 소 잃고 외양간 고친다 : 소를 도둑맞은 다음에서야 빈 외양간의 허물어진 데를 고치느라 수선을 떤다는 뜻으로, 일이 이미 잘못된 뒤에는 손을 써도 소용이 없음을 비꼬는 말이다.

• 등잔 밑이 어둡다 : 대상에서 가까이 있는 사람이 도리어 대상에 대하여 잘 알기 어려움을 이르는 말이다.

따라서 세 속담과 공통적으로 관련이 있는 단어는 슬기롭지 못하고 둔하다는 뜻인 '어리석음'이다.

07 언어논리력 글의 흐름에 맞게 문장 배열하기

| 정답 | ④

| 해설 | 먼저 제시된 문장에서 중심소재로 등장한 미세플라스틱의 유해한 점인 화학물질을 상세하게 설명하고 있는 (나)가 오고 미세플라스틱에 노출된 것과 관련한 실험 결과로 (나)의 내용을 뒷받침하는 (마)가 이어져야 한다. 또한 '더불어'로 미세플라스틱의 유해한 영향을 말하며 (마)의 내용과 이어지는 (가)가 오고, 이러한 상황이 필연적임을 말하는 (라)가 그 다음에 위치한다. 마지막으로 '이처럼'으로 시작하여 내용을 정리하는 (다)가 위치하는 것이 적절하다. 따라서 (나)-(마)-(가)-(라)-(다) 순으로 배열해야 한다.

08 언어논리력 세부 내용 이해하기

| 정답 | ④

| 해설 | 마지막 문단의 '전문가들은 비타민 제품을 고를 때 자신에게 필요한 성분인지, 함량이 충분한지, 활성형 비타민이 맞는지 등을 충분히 살펴본 다음 선택하라고 권고한다.'를 통해 시중에 있는 다양한 비타민 제품은 사람마다 다른 효과를 낼 수 있음을 알 수 있다.

| 오답풀이 |

① 과로로 인한 피로가 6개월 이상 지속되면 만성피로로 진단될 수 있다고 제시되어 있다. 따라서 피로가 1년 이상 지속된 철수는 만성피로로 진단될 수 있다.

② 만성피로를 내버려두면 면역력이 떨어져 감염병에도 취약해질 수 있다고 했으므로 피로는 독감과 같은 전염병에 걸리기 쉽게 만든다는 것을 알 수 있다.

③ 비타민 B군으로 대표되는 활성비타민은 스트레스 완화, 면역력 강화, 뇌신경 기능 유지, 피부와 모발 건강 등에 도 도움을 준다고 하였다.

09 언어논리력 글에 맞는 한자성어 찾기

| 정답 | ①

| 해설 | 말라리아의 주요 증세가 고열이라는 점을 이용하여 병으로 병을 치료하였다. 따라서 '열은 열로써 다스린다'는 의미의 '이열치열(以熱治熱)'이 가장 적합하다

| 오답풀이 |

② 입술이 없으면 이가 시리다는 뜻으로, 가까운 사이에 있는 하나가 망하면 다른 하나도 그 영향을 받아 온전하기 어려움을 비유적으로 이르는 말이다.

③ 여름의 벌레는 얼음을 안 믿는다는 뜻으로, 견식이 좁음을 비유해 이르는 말이다.

④ 나무에 올라 물고기를 구한다는 뜻으로, 불가능한 일을 무리해서 굳이 하려 함을 비유적으로 이르는 말이다.

10 언어논리력 결론 도출하기

| 정답 | ②

| 해설 | (가)는 저소득층 가정에 보급한 정보 통신기기가 아이들의 성적향상에 별다른 영향을 미치지 못하거나, 오히려 부정적인 영향을 미친다는 것을 설명하고 있다. (나)는 정보 통신기기의 활용에 대한 부모들의 관리와 통제가 학업성적에 영향을 준다는 것을 설명하고 있다. 따라서 아이들의 학업성적에는 정보 통신기기의 보급보다 기기 활용에 대한 관리와 통제가 더 중요하다는 것을 결론으로 도출할수 있다.

11 수리력 단위 변환하기

| 정답 | ④

| 해설 | 1m/s=3.6km/h이므로 180m/s는 $180 \times 3.6 = 648$ (km/h)이다.

12 수리력 연립방정식 활용하기

| 정답 | ④

| 해설 | 구매할 초콜릿의 개수를 x개, 사탕의 개수를 y개로 두면 식은 다음과 같다.

$$\begin{cases} 1,300x + 700y = 15,000 \\ x + y = 12 \end{cases}$$

두 식을 연립하여 풀면 $x = 11$(개), $y = 1$(개)이다.

따라서 구매할 수 있는 초콜릿의 개수는 11개이다.

13 수리력 저축 금액 계산하기

| 정답 | ③

| 해설 | x개월 후에 A가 모은 금액은 $(200 + 20x)$만 원이고 B가 모은 금액은 $(100 + 50x)$만 원이다. B가 모은 돈이 A가 모은 돈의 두 배가 넘는 시기를 구해야 하므로 식은 다음과 같다.

$2(200 + 20x) < 100 + 50x$

$10x > 300$

$\therefore x > 30$

따라서 지금부터 31개월 후부터 B가 모은 돈이 A가 모은 돈의 두 배가 넘는다.

14 수리력 평균 계산하기

| 정답 | ③

| 해설 | 네 과목의 평균이 89.5점이라고 하였으므로 네 과목의 총점수는 $89.5 \times 4 = 358$(점)이다. 다섯 과목의 평균 점수가 90점 이상이 되기 위해서는 총 점수가 $90 \times 5 = 450$(점) 이상이어야 하므로 영어 점수를 x점이라 하면 다음과 같은 식이 성립한다.

$358 + x \geq 450$

$x \geq 92$

따라서 받아야 할 최소 점수는 92점이다.

15 수리력 확률 계산하기

| 정답 | ①

|해설| A 대리가 정각에 출근하거나 지각할 확률은 $\frac{1}{4}$ + $\frac{2}{5}=\frac{13}{20}$이므로, 정해진 출근 시간보다 일찍 출근한 확률은 1 $-\frac{13}{20}=\frac{7}{20}$이다. 따라서 이틀 연속 제시간보다 일찍 출근할 확률은 $\frac{7}{20}\times\frac{7}{20}=\frac{49}{400}$가 된다.

16 수리력 부지의 넓이 구하기

|정답| ③

|해설| '부채꼴의 넓이=$\frac{1}{2}$×반지름×호의 길이'이므로 지방 영업소 건축 부지의 넓이는 $\frac{1}{2}\times30\times20=300(\text{m}^2)$이다.

17 수리력 자료 해석하기

|정답| ④

|해설| 대상분포를 고려하여 예체능, 취미, 교양 과목의 전국 월평균 사교육비를 구하면 $(65,000\times0.178)+(39,000\times0.256)+(44,000\times0.415)+(35,000\times0.151)=45,099$(원)이다.

|오답풀이|

① 서울특별시의 일반교과 월평균 사교육비는 읍면지역의 $266,000\div156,000\fallingdotseq1.7$(배)이다.

② 광역시의 전체 사교육비 중 취업 관련 사교육비가 차지하는 비율은 $\frac{19,000}{186,000+39,000+19,000}\times100\fallingdotseq7.8$ (%)이다.

③ 대상분포를 고려하지 않고 전국의 일반교과 월평균 사교육비를 구하면 $(266,000+186,000+201,000+156,000)\div4=202,250$(원)이 된다.

18 수리력 자료값의 비율 구하기

|정답| ③

|해설| A 유원시의 총 매출액 중 소인 남자의 비율은 $100-(19.2+23.5+17.8+21.4+12.3)=5.8$(%)이다.

19 수리력 자료값의 비율 구하기

|정답| ②

|해설| D 유원지의 총 매출액 중 여학생이 차지하는 비율은 34.4%이다. 이 중 37%가 고등학생이므로 D 유원지의 총 매출액 중 여자 고등학생이 차지하는 비율은 $100\times\frac{34.4}{100}\times\frac{37}{100}\fallingdotseq12.7$(%)이다.

20 수리력 매출액 계산하기

|정답| ④

|해설| C 유원지와 D 유원지의 소인 남자 매출액을 각각 구하면 다음과 같다.

• C 유원지 : $3,284\times0.207=679.788$(만 원)
• D 유원지 : $1,819\times0.072=130.968$(만 원)

따라서 C 유원지의 소인남자 총 매출액은 D 유원지의 소인 남자 총 매출액의 $\frac{679.788}{130.968}\fallingdotseq5.2$(배)이다.

21 공간지각력 블록 개수 세기

|정답| ④

|해설| 1층에 7개, 2층에 4개, 3층에 1개로 블록은 총 12개이다.

22 공간지각력 세 면이 보이는 블록 찾기

|정답| ③

|해설| 세 면이 보이는 블록은 다음 색칠된 면으로 4개이다.

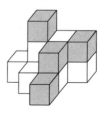

23 공간지각력 조각 배열하기

| 정답 | ④

| 해설 | 그림의 조각을 (라)-(다)-(나)-(가) 순서대로 배열하면 다음과 같은 그림이 완성된다.

24 공간지각력 나타나 있지 않은 조각 찾기

| 정답 | ①

| 해설 |

25 공간지각력 전개도 파악하기

| 정답 | ②

| 해설 | 전개도를 접었을 때 서로 만나게 되는 모서리를 표시하면 다음과 같다.

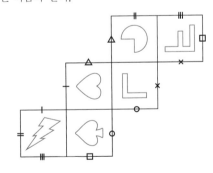

따라서 주사위 윗면의 모습은 ⟨◁| 이다.

26 공간지각력 동일한 도형 찾기

| 정답 | ①

| 해설 | 제시된 도형과 같은 것은 ①이다.

| 오답풀이 |

나머지 도형은 동그라미 친 부분이 다르다.

② ③ ④

27 공간지각력 일치하는 입체도형 찾기

| 정답 | ①

| 해설 | ①은 제시된 입체도형을 다음과 같이 반시계방향으로 90° 회전시킨 것이다.

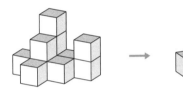

| 오답풀이 |

다른 입체도형은 점선 표시된 블록이 추가되거나 동그라미 친 블록이 제거되어야 한다.

② 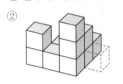 ③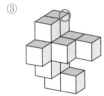

④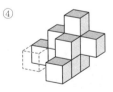

28 공간지각력 펼친 모양 찾기

| 정답 | ④

| 해설 | 역순으로 펼치면 다음과 같다.

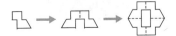

29 공간지각력 전개도 파악하기

| 정답 | ④

| 해설 | A는 다음과 같이 1과 마주 보므로 A에 들어갈 눈의 개수는 6개이다.

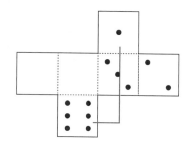

30 공간지각력 투상도로 입체도형 추론하기

| 정답 | ②

| 해설 | ②를 화살표 방향대로 (가)에 그림자를 비추어 보면 다음과 같이 나타난다.

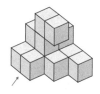 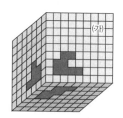

| 오답풀이 |

나머지 도형을 화살표 방향대로 (가)에 그림자를 비추어 보면 다음과 같다.

①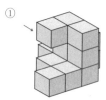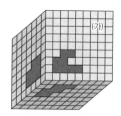

③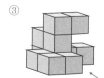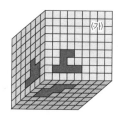

④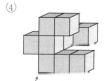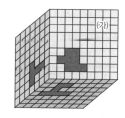

↙ 180° 회전

31 문제해결력 주어진 조건으로 결과 추론하기

| 정답 | ②

| 해설 | 먼저 다섯 번째 조건에 따라 희은과 찬빈은 시사토론 강의를 수강한다. 여섯 번째 조건에 따라 예림은 두 개의 강의를 수강하고 있는데, 마지막 조건에서 예림은 영어회화를 듣지 않는다 하였으므로 예림은 시사토론과 수영을 수강한다. 네 번째 조건에 따라 은희와 유민은 두 개의 같은 강의를 수강하는데, 시사토론의 경우 남은 자리가 하나이므로 은희와 유민은 영어회화와 수영을 수강한다. 여섯 번째와 일곱 번째 조건에 따라 영준은 시사토론과 영어회화를 수강하고, 해진은 자리가 남은 영어회화를 수강한다. 이를 표로 정리하면 다음과 같다.

구분	영어회화(4명)	시사토론(4명)	수영(3명)
해진	○	×	×
예림	×	○	○
희은	×	○	×
찬빈	×	○	×
은희	○	×	○
영준	○	○	×
유민	○	×	○

32 문제해결력 진위를 판단하여 순위 추론하기

| 정답 | ①

| 해설 | W와 Z의 주장이 모순되므로 둘 중 한 사람이 거짓을 말하는 경우를 확인해 본다.

• Z가 거짓말을 한 경우(W가 4위) : V는 2등이며, X와 연이어 들어왔으므로 X는 1등 혹은 3등이 된다. X가 1등일 경우 Y가 3등, X가 3등일 경우 Y가 1등이나 꼴등이 되는

데 이 경우 Z가 1등도 5등도 아니라는 Y의 주장도 거짓이 되므로 적절하지 않다.

- W가 거짓말을 한 경우(W가 5위) : V, Z에 의해 2등과 5등은 각각 V와 W가 되며 W와 Y의 순위 차이가 가장 크다고 했으므로 Y는 1등이 된다. V와 연이어 있는 X는 3등, 1등도 5등도 아닌 Z는 4등이 된다. 이를 정리하면 다음과 같다.

1위	2위	3위	4위	5위
Y	V	X	Z	W

33 문제해결력 조건에 따라 추론하기

| 정답 | ④

| 해설 | 해미는 부정청탁을 받은 사실이 없어 제외되므로 유결, 문영, 기현 중 부정청탁을 받은 사람이 있다. 만약 유결이 부정청탁을 받았다면, 문영이나 기현 중 한 명도 부정청탁을 받은 것이 되는데 이때 문영이 부정청탁을 받았다면 다른 두 명도 받은 것이므로 기현도 부정청탁을 받은 것이 된다. 만약 기현이 부정청탁을 받았다면 기현 이외에는 부정청탁을 받은 사람을 확실히 알 수 없다. 따라서 반드시 부정청탁을 받은 사람은 기현이다.

34 문제해결력 명제 판단하기

| 정답 | ①

| 해설 | 각 명제를 'a : 빨간색을 좋아한다.', 'b : 사소한 일에 얽매인다.', 'c : 분홍색을 좋아한다.', 'd : 애정과 동정심이 많다.', 'e : 파란색을 좋아한다.', 'f : 내성적이다.', 'g : 박애주의자이다.'라고 할 때 주어진 명제를 정리하면 다음과 같다.

- $a \rightarrow \sim b$
- $c \rightarrow d$
- $\sim f \rightarrow \sim e$
- $f \rightarrow b$
- $d \rightarrow g$

(가) '$\sim f \rightarrow \sim e$' 명제가 참이라면 이 명제의 대우 명제인 '$e \rightarrow f$'도 참이 된다. 또한 '$a \rightarrow \sim b$' 명제가 참이라면 이 명제의 대우 명제인 '$b \rightarrow \sim a$'도 참이 된다. 따라서 '$e \rightarrow f$', '$f \rightarrow b$', '$b \rightarrow \sim a$' 명제의 삼단논법을 이용해 '$e \rightarrow \sim a$'가 참임을 알 수 있다.

(나) 주어진 명제로는 '분홍색을 좋아하지 않는 사람'에 대

한 정보를 확인할 수 없다.

따라서 (가)만 항상 옳은 설명이다.

35 문제해결력 명제 판단하기

| 정답 | ②

| 해설 | 각 명제를 'p : 에어로빅 강좌를 신청한다.', 'q : 요리 강좌를 신청한다.', 's : 영화감상 강좌를 신청한다.', 'r : 우쿨렐레 강좌를 신청한다.'라고 할 때 〈조건〉을 정리하면 다음과 같다.

- $\sim p \rightarrow \sim q$
- $\sim s \rightarrow \sim p$
- 일부 $r \rightarrow q$

'$\sim p \rightarrow \sim q$' 명제가 참이라면 이 명제의 대우 명제인 '$q \rightarrow p$'도 참이 된다. 또한 '$\sim s \rightarrow \sim p$' 명제가 참이라면 이 명제의 대우 명제인 '$p \rightarrow s$'도 참이 된다. 따라서 '일부 $r \rightarrow q$', '$q \rightarrow p$', '$p \rightarrow s$' 명제의 삼단논법을 통해 '일부 $r \rightarrow s$'도 참이 됨을 알 수 있다.

| 오답풀이 |

① 첫 번째 명제의 이에 해당하므로 반드시 참이라고 볼 수 없다.

③, ④ 주어진 명제로는 알 수 없다.

36 문제해결력 진위 추론하기

| 정답 | ①

| 해설 | B와 C는 둘 다 ⓒ 실험에서 오류가 나지 않았다고 말하고 있으므로 둘은 진실을 말하고 있는 것이 되며 A와 D 둘 중 한 명이 거짓말을 하고 있음을 알 수 있다.

1) A의 증언이 거짓말일 경우 : B, C, D의 증언이 진실이 되며 이들의 증언은 서로 상충하지 않는다. A의 증언이 거짓이므로 ⓒ 실험에서는 오류가 발생한 것이 아니게 되고 B, C, D의 증언에 따라 ⓒ과 ② 실험에도 오류가 발생하지 않았으므로 오류가 발생한 실험은 ㉠이다.

2) D의 증언이 거짓말일 경우 : A, B, C의 증언이 진실이 된다. D의 증언이 거짓임에 따라 ② 실험에서 오류가 발생한 것이 되는데 이 경우 ⓒ 실험에서 오류가 있었다는 A의 진술에 의해 오류가 있는 실험이 2개가 되므로 이는 조건에 상충한다. 그러므로 D는 거짓말을 하지 않았다.

따라서 서짓을 말한 사람은 A이고 오류가 발견된 실험은 ㉠이다.

37 문제해결력 논리적 오류 파악하기

| 정답 | ④

| 해설 | 제시된 내용은 한 사건이 다른 사건보다 먼저 발생하여 전자가 후자의 원인이라고 잘못 추론하는 잘못된 인과관계의 오류를 보인다. 이와 같은 오류를 보이는 것은 ④이다.

| 오답풀이 |

① 어떤 의도가 있다고 판단하여 생기는 의도 확대의 오류이다.

② 어떤 대상의 기원이 갖는 특성을 그 대상도 그대로 지니고 있다고 추리하여 발생하는 발생학적 오류이다.

③ 상대방의 인품, 행적을 토대로 트집 잡아 상대의 주장이 틀렸다고 비판하는 인신공격의 오류이다.

38 문제해결력 조건을 바탕으로 비밀번호 추론하기

| 정답 | ③

| 해설 | 키패드 내에서 가로 일직선상에 위치한 숫자 세 개를 모두 합한 값이 남은 한 자리 수가 되는 숫자군은 1, 2, 3이고 남은 한 자리 수는 6이다. 마지막 조건에서 첫 번째, 두 번째 자리의 수를 더하면 네 번째 자리의 수가 된다고 했으므로 네 번째 수로 가능한 수는 3이다. 첫 번째, 두 번째 자리에 오는 수는 1 또는 2인데 네 번째 조건에 따라 첫 번째 자리에 2, 두 번째 자리에 1이 온다. 따라서 비밀번호는 2163이다.

39 문제해결력 조건을 바탕으로 추론하기

| 정답 | ③

| 해설 | 가영이의 키는 170cm이고 라영이의 키는 155cm로, 가영이는 라영이보다 키가 크다. 그런데 라영이의 키가 마영이보다 크다고 했으므로, 가영>라영>마영이 성립되어 ③은 바른 추론임을 알 수 있다.

40 문제해결력 논리적 오류 파악하기

| 정답 | ④

| 해설 | 피장파장의 오류는 상대방의 잘못을 들추어 서로 낫고 못함이 없다고 주장하며 자신의 잘못을 정당화하는 오류이다. 제시된 글에서 현수는 민규도 30분이 늦은 적이 있다는 사실을 들어 자신의 잘못을 정당화하고 있다.

| 오답풀이 |

① 성급한 일반화의 오류는 특수하고 부족한 양의 사례를 근거로 일반화하여 그들이 속한 집단에 대해서는 섣불리 결론을 내리는 오류이다.

② 허수아비 공격의 오류는 상대방이 제시한 주장 전체가 아닌 상대방 주장의 일부만을 고르거나 그 일부를 과장, 왜곡시켜 공격하기 쉬운 유사한 주장으로 바꿔 그를 반박함으로써 상대방의 본래 주장 전부를 반박하는 것처럼 보이려 하는 오류이다.

③ 동정에 호소하는 오류는 동정심에 호소해서 결론을 받아들이게 하려고 범하는 오류이다.

41 관찰탐구력 파동의 현상 이해하기

| 정답 | ③

| 해설 | 벽면과 천장의 불규칙한 표면(톱니 모양)을 통해 소리의 파동을 여러 방향으로 산란시켜서 공연장 내부의 메아리 현상을 제거해 준다.

42 관찰탐구력 화학 반응 이해하기

| 정답 | ①

| 해설 | 음식을 불로 조리해 섭취함으로써 단백질 섭취 효율이 높아졌고, 위생적인 면에서도 크게 개선되었다.

| 오답풀이 |

② 석탄은 육지에서, 석유는 바다에서 주로 생성되었다.

③ 암모니아는 수소와 질소로 이루어졌다. 따라서 산소는 구성 성분이 아니다.

④ 대기 중의 질소는 매우 안정한 물질로서 쉽게 반응하지 않으므로 식물은 질소 그 자체를 직접 이용할 수 없다.

43 관찰탐구력 관성의 종류 이해하기

| 정답 | ②

| 해설 | 관성은 물체가 자신의 운동 상태를 계속 유지하려는 성질을 말하며, 뉴턴의 운동 제1법칙인 관성의 법칙은 정지해 있던 물체는 계속 정지해 있고, 운동하던 물체는 계속 등속직선운동을 한다는 법칙이다. 따라서 관성은 정지 관성과 운동 관성으로 나눌 수 있는데, ②는 정지 관성에 해당하고 나머지는 운동 관성에 해당한다.

44 관찰탐구력 땀샘의 기능 이해하기

| 정답 | ①

| 해설 | 땀샘의 주요 기능은 기화열을 이용한 체온 조절과 땀샘 주변의 모세혈관을 이용한 노폐물 제거 기능이다.

보충 플러스+

땀샘의 주요 기능
땀샘은 땀의 형태로 노폐물과 수분을 몸 밖으로 배설한다. 또한 땀을 흘리면 피부표면에서 주위의 열을 흡수하면서 증발하므로 체온을 낮추어 우리 몸의 체온을 일정하게 유지시킨다. 또한 지방 성분의 땀을 내보내는 땀샘도 특정 부위에 발달되는데, 사람의 경우에는 겨드랑이 밑이나 생식기에 주로 분포해 있다. 이들은 사춘기가 되어 호르몬의 작용이 왕성해지면 활성화되어 분비된다. 이때 이 곳에서는 특이한 냄새가 나는데, 이는 그 곳에 있던 세균들이 땀 속에 있는 지방 성분을 분해하여 지방산을 만들기 때문에 나는 냄새이다.

45 관찰탐구력 알짜힘 이해하기

| 정답 | ④

| 해설 | ㉡ 공기 저항에 의해 등속도로 내려오는 빗방울은 등속 직선 운동으로 알짜힘이 0이 된다.
㉢ 지구의 중력권을 벗어난 후 엔진을 끈 우주 탐사선은 무중력 상태로 알짜힘이 0이 된다.
㉣ 정지한 물건(상태)의 경우 알짜힘이 0이 된다.
이 외에도 힘의 방향과 이동 방향이 수직인 경우 알짜힘이 0이 된다.

| 오답풀이 |
㉠ 속력은 일정하나 방향이 계속 바뀌므로 알짜힘이 0이 되지 않는다.

9회 기출예상문제 문제 196쪽

01	④	02	②	03	④	04	③	05	④
06	①	07	②	08	④	09	②	10	④
11	④	12	④	13	②	14	①	15	③
16	①	17	④	18	②	19	②	20	④
21	③	22	④	23	④	24	③	25	②
26	③	27	③	28	①	29	③	30	④
31	④	32	④	33	①	34	③	35	④
36	②	37	④	38	①	39	④	40	④
41	③	42	③	43	③	44	③	45	④

01 언어논리력 맞춤법에 맞게 쓰기

| 정답 | ④

| 해설 | '장쾌하다'는 가슴이 벅차도록 장하고 통쾌하다는 의미로 문맥상 적절한 표현이다.

| 오답풀이 |
① 문맥상 몸의 살이 빠져 파리하게 된다는 뜻의 '여위고'로 표기해야 한다.
② '넘어질 것같이'로 표기해야 한다.
③ 지위나 자격을 나타내는 격조사인 '-로서'를 사용하여 '준마로서'로 표기해야 한다.

02 언어논리력 속담 의미 파악하기

| 정답 | ②

| 해설 | ②는 열 사람이 한 술씩 밥을 덜면 쉽게 밥 한 그릇을 만들 수 있다는 뜻으로, 여럿이 힘을 모으면 큰 힘이 됨을 비유적으로 이르는 말이다.

| 오답풀이 |
① 헤프게 쓰지 않고 아끼는 사람이 재산을 모으게 됨을 비유적으로 이르는 말이다.
③ 일을 열심히 하여서 돈은 많이 벌되 생활은 아껴서 검소하게 살라는 말이다.
④ 뭐든지 아무리 많아도 쓰면 줄어들기 마련이니 지금 풍부하다고 하여 함부로 헤프게 쓰지 말고 아끼라는 말이다.

03 언어논리력 단어 관계 피익하기

| 정답 | ④

| 해설 | '계산기'와 '계산'은 도구와 목적의 관계를 지닌다. '피아노'를 도구로 이룰 수 있는 목적은 '연주'이다.

04 언어논리력 단어를 유추하여 끝말잇기하기

| 정답 | ③

| 해설 | 각 의미에 해당하는 단어를 나열해 보면 '하나 → 나무 → ㉠ → 게임'이다. 따라서 ㉠에 해당하는 단어는 물건의 무거운 정도를 의미하는 '무게'이다.

05 언어논리력 유의어 파악하기

| 정답 | ④

| 해설 | 제시된 문장의 '맡기다'는 어떤 일에 대한 책임을 지고 담당하게 하다는 뜻이다. '주선하다'는 일이 잘되도록 여러 가지 방법으로 힘쓴다는 뜻으로, '맡기다'의 의미와 문맥적으로 다소 차이가 있다.

| 오답풀이 |

① 일임하다 : 모두 다 맡기다.

② 내맡기다 : 아주 맡겨 버리다.

③ 기탁하다 : 어떤 일을 부탁하여 맡겨 두다.

06 언어논리력 동의어 파악하기

| 정답 | ①

| 해설 | 할아버지의 남자 형제를 종조라 하므로 큰할아버지는 백종조(伯從祖)이다.

07 언어논리력 글의 중심내용 찾기

| 정답 | ②

| 해설 | 제시된 글에서는 상품과 경제 법칙은 그것을 만든 인간의 손을 떠나는 순간 자립성을 띠게 되며, 인간이 오히려 이러한 상품과 경제 법칙에 지배받기 시작하면서 인간 소외 현상이 나타난다고 하였다.

08 언어논리력 단어관계 파악하기

| 정답 | ④

| 해설 | 화폐를 얻기 위해 상품을 내놓고, 건강을 얻기 위해 운동을 한다.

09 언어논리력 세부 내용 이해하기

| 정답 | ②

| 해설 | 욜로 라이프는 현재의 삶이 행복해야 미래의 삶도 행복하다는 개념이 반영된 현상이지만 미래를 위한 투자에까지 중점을 둔다는 것은 아니다. 욜로족은 한 번뿐인 삶을 보다 즐겁고 아름답게 만들고자 현재의 여가와 건강, 자기 계발 등에 투자하는 소비 경향을 보인다.

10 언어논리력 글의 흐름에 맞는 접속부사 고르기

| 정답 | ④

| 해설 | 빈칸의 앞 문장과 뒤 문장을 살펴보면 앞 문장에서는 ○○ 제작사의 변호사 A의 주장을, 뒤 문장에서는 △○ 제작사의 변호사 B의 주장을 말하고 있다. 각 변호사의 주장은 서로 상반되는 내용을 담고 있으므로 뒤의 내용이 앞의 내용과 상반됨을 나타내는 '반면'이 들어가야 한다.

11 수리력 수 추리하기

| 정답 | ④

| 해설 |

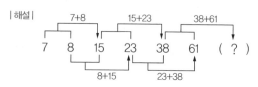

따라서 "?"에 들어갈 숫자는 38+61=99이다.

12 수리력 수 추리하기

| 정답 | ④

| 해설 | 앞의 두 수를 곱한 값에 1을 더하면 세 번째 수가 된다.

- 2 5 11 → $(2 \times 5) + 1 = 11$
- 3 9 28 → $(3 \times 9) + 1 = 28$
- 6 7 (?) → $(6 \times 7) + 1 = (?)$

따라서 '?'에 들어갈 숫자는 $(6 \times 7) + 1 = 43$이다.

13 수리력 이동한 거리 구하기

|정답| ②

|해설| '거리=속력×시간'이므로, 철수가 시속 6km로 30분, 즉 0.5시간 동안 달렸을 때 이동한 거리는 $6 \times 0.5 = 3(km)$이다.

14 수리력 연립방정식을 활용하여 가격 계산하기

|정답| ①

|해설| 가위, 메모지, 형광펜 한 개의 가격을 각각 x 원, y 원, z 원이라 하면 다음 식이 성립한다.

$$\begin{cases} 3x + 5y + 2z = 25,000 & \cdots\cdots \text{㉠} \\ 5x + y + 3z = 23,000 & \cdots\cdots \text{㉡} \\ 6x + 2y + z = 27,000 & \cdots\cdots \text{㉢} \end{cases}$$

㉡×2−㉢을 하면,

$4x + 5z = 19,000 \qquad \cdots\cdots \text{㉣}$

㉡×5−㉠을 하면,

$22x + 13z = 90,000 \qquad \cdots\cdots \text{㉤}$

㉣×11−㉤×2를 하면,

$29z = 29,000$

$\therefore z = 1,000$

따라서 형광펜의 가격은 1,000원이다.

15 수리력 소금물의 농도 구하기

|정답| ③

|해설| 농도(%)= $\dfrac{\text{소금의 양}}{\text{소금물의 양}} \times 100$이므로, $\dfrac{75}{75+225} \times 100 = 25(\%)$이다.

16 수리력 나이 계산하기

|정답| ①

|해설| 채린이의 현재 나이를 x 세라 하면 삼촌의 나이는 $(x+18)$세이다.

4년 후 삼촌의 나이가 채린이 나이의 2배가 되므로 다음 식이 성립한다.

$x + 18 + 4 = 2(x+4) \qquad x + 22 = 2x + 8$

$\therefore x = 14$(세)

17 수리력 자료의 수치 분석하기

|정답| ④

|해설| 표에서 전체 학급당 학생 수가 우리나라 평균 학급당 학생 수와 같다고 볼 수 있다. 이때 울산의 중학교에서 학급당 학생 수는 27.1명으로 우리나라 평균인 27.4명보다 적다.

18 수리력 학급당 평균 학생 수 계산하기

|정답| ②

|해설| 시도별 학급 수는 동일하므로, 8개 지역의 각 학교급별 학급당 평균 학생 수는 다음과 같다.

- 초등학교 : $(23.4 + 22.0 + 22.6 + 23.0 + 22.4 + 21.7 + 22.8 + 21.6) \div 8 \fallingdotseq 22.4$(명)
- 중학교 : $(26.6 + 26.9 + 26.4 + 28.7 + 27.8 + 28.6 + 27.1 + 22.5) \div 8 \fallingdotseq 26.8$(명)
- 고등학교 : $(29.7 + 27.4 + 30.2 + 28.4 + 33.0 + 30.8 + 30.6 + 23.3) \div 8 \fallingdotseq 29.2$(명)

19 수리력 평균 점수 계산하기

|정답| ②

|해설| 나머지 한 명의 점수를 x 점이라 하면 다음 식이 성립한다.

$$x = \frac{630 + 84 \times 2 + x}{12} + 16$$

$12(x-16) = 798 + x \qquad 12x - 192 = 798 + x$

$11x = 990 \qquad x = 90$

따라서 학생 12명의 평균 점수는 $\dfrac{630 + 168 + 90}{12} = 74$ (점)이다.

20 [수리력] 자료를 그래프로 변환하기

| 정답 | ④

| 해설 | 20X8년 소비자 피해 구제 접수의 총 건수(507건)에 대한 각 유형별 비율은 다음과 같다.

• 방문 · 전화 권유 판매 : $\dfrac{91}{507} \times 100 ≒ 17.9(\%)$

• 다단계 판매 : $\dfrac{51}{507} \times 100 ≒ 10.1(\%)$

• 사업 권유 거래 : $\dfrac{18}{507} \times 100 ≒ 3.6(\%)$

• 전자상거래 : $\dfrac{140}{507} \times 100 ≒ 27.6(\%)$

• 기타 : $\dfrac{207}{507} \times 100 ≒ 40.8(\%)$

따라서 그래프로 바르게 나타낸 것은 ④이다.

21 [공간지각력] 블록 개수 세기

| 정답 | ③

| 해설 | 1층에 위치한 블록의 개수는 13개, 2층에 위치한 블록의 개수는 10개, 3층에 위치한 블록의 개수는 8개이므로 총 31개이다.

22 [공간지각력] 두 면만 보이는 블록 찾기

| 정답 | ④

| 해설 | 두 면만 보이는 블록을 색칠하면 다음과 같다.

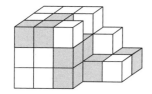

따라서 총 8개이다.

23 [공간지각력] 펼친 모양 찾기

| 정답 | ④

| 해설 | 마지막으로 접힌 모양부터 역으로 펼치면서 뚫린 구멍의 위치를 파악하면 다음과 같다.

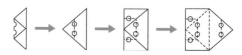

24 [공간지각력] 제시된 도형 합치기

| 정답 | ③

| 해설 | ③의 그림은 세 조각을 조합해 만들 수 없다.

| 오답풀이 |

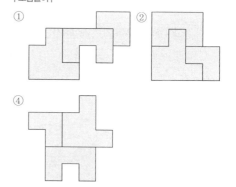

25 [공간지각력] 조각 배열하기

| 정답 | ②

| 해설 | 그림의 조각을 (가) - (다) - (나) - (라) 순으로 배열하면 다음과 같은 그림이 완성된다.

26 공간지각력 도형 회전하기

| 정답 | ③

| 해설 | 제시된 도형을 시계방향 혹은 반시계방향으로 180°
회전한 모양은 ③이다.

27 공간지각력 전개도 파악하기

| 정답 | ③

| 해설 | 전개도를 접었을 때 서로 만나는 변을 표시하면 다음과 같다.

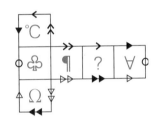

따라서 ③은 다음과 같이 바뀌어야 한다.

28 공간지각력 블록의 투상도 파악하기

| 정답 | ①

| 해설 | 제시된 모양을 위에서 바라보면 ①과 같은 모양이
나온다.

29 공간지각력 동일한 그림 찾기

| 정답 | ③

| 해설 | 제시된 그림과 같은 것은 ③이다.

| 오답풀이 |

나머지 그림은 동그라미 친 부분이 다르다.

① 　② 　④

30 공간지각력 사각형 개수 구하기

| 정답 | ④

| 해설 | 사각형 1개로 만들 수 있는 사각형은 8개, 사각형 2
개로 만들 수 있는 사각형은 5개, 사각형 3개로 만들 수 있
는 사각형은 6개, 사각형 4개로 만들 수 있는 사각형은 3
개, 사각형 6개로 만들 수 있는 사각형은 2개, 사각형 8개
로 만들 수 있는 사각형은 1개이다. 따라서 그림에서 찾을
수 있는 크고 작은 사각형은 모두 25개이다.

31 문제해결력 명제 판단하기

| 정답 | ④

| 해설 | 제시된 조건에서 흐리지 않다면 날이 맑거나 비가
오는 경우이다. 이때 1, 3번째 조건을 통해 두 경우의 다음
날은 흐리거나 맑음을 알 수 있다. 따라서 흐리지 않으면
다음 날은 비가 오지 않는다.

| 오답풀이 |

① 비가 오지 않는다면 날이 흐리거나 맑은 경우이므로 2,
3번째 조건을 통해 다음 날은 비가 오거나 흐리게 됨을
알 수 있다. 따라서 비가 오지 않은 다음 날에는 비가
올 수도, 흐릴 수도 있다.

② 1, 3번째 조건을 보면 비가 오거나 맑은 경우 다음 날은
흐리게 되므로 오늘 날이 흐렸다면 어제는 날씨가 맑았
을 수도, 비가 왔을 수도 있다.

③ 날이 맑지 않으면 비가 오거나 흐린 경우이므로 1, 2번
째 조건을 통해 다음 날은 흐릴 수도, 맑을 수도, 비가
올 수도 있다.

32 문제해결력 시계 각도 계산하기

| 정답 | ④

| 해설 | 12시 정각을 기준으로 한 시침의 각도에서 분침의
각도를 뺀 값(x)을 다시 $360° - x$하면 작은 각의 크기를 구
할 수 있다.

1) 9시간 4분 동안 시침이 움직인 각도

• 1시간 동안 시침이 움직이는 각도 : $360° \div 12 = 30°$

• 1분 동안 시침이 움직이는 각도 : $30° \div 60 = 0.5°$

∴ 9시간 4분 동안 시침이 움직인 각도는 30°×9+0.5° ×4=272°이다.

2) 4분 동안 분침이 움직인 각도

- 1분 동안 분침이 움직이는 각도 : 360°÷60=6°

∴ 4분 동안 분침이 움직인 각도는 6°×4=24°이다.

따라서 ∠x의 크기는 272°−24°=248°이고, 작은 각의 크기를 구하면 360°−248°=112°이다.

33 문제해결력 논리적 오류 파악하기

|정답| ①

|해설| 치료 원인이 의학적으로 증명되지 않았음을 증거로 자신의 주장을 내세우고 있으므로 증명할 수 없거나 반대되는 증거가 없음을 증거로 자신의 주장을 옳다고 정당화하는 '무지에 호소하는 오류'에 해당한다.

|오답풀이|

② 거짓 딜레마는 어떠한 문제 상황에 제3의 선택지가 존재함에도 이를 묵살하고 2개의 선택지만 있는 것처럼, 이른바 잘못된 흑백논리로 상대에게 양자택일을 강요하는 논리적 오류이다.

③ 복합 질문의 오류는 논쟁에서 한 질문에 사실상 두 개의 질문을 담음으로써 발생하는 논리적 오류이다.

④ 의도 확대의 오류는 결과 중심으로 의도를 확대 해석하거나 정당화하는 논리적 오류이다.

34 문제해결력 조건을 바탕으로 결과 추론하기

|정답| ③

|해설| 4층에는 회계팀만 있고 총무팀이 홍보팀의 바로 아래층에 있다면 홍보팀과 총무팀은 각각 3층과 2층에 있게 된다. 또한 마케팅팀과 기획관리팀은 같은 복사기를 사용하므로 5층에 위치하게 된다. 따라서 2층 총무팀, 3층 홍보팀, 4층 회계팀, 5층 마케팅팀과 기획관리팀이 된다.

회계팀만 타 층의 복사기를 사용하므로 총무팀은 2층 복사기를 사용한다.

35 문제해결력 진위 추론하기

|정답| ④

|해설| A, B, C가 각각 회계팀에서 일하는 경우로 나누어 생각하면 다음과 같다.

i) A가 회계팀에서 일하는 경우 : A의 말은 항상 진실이어야 하는데, 이 경우 A와 C 모두 회계팀에서 일하는 것이 되므로 상충한다.

ii) B가 회계팀에서 일하는 경우 : B의 말은 항상 진실이어야 하므로 C는 영업팀에서 일하는 것이 된다. 이때 총무팀에서 일하게 되는 A의 말도 거짓이므로 조건에 부합한다.

iii) C가 회계팀에서 일하는 경우 : C의 말은 항상 진실이어야 하는데, 이 경우 C의 발언은 거짓이 되므로 상충한다.

따라서 A는 총무팀, B는 회계팀, C는 영업팀에서 일한다.

36 문제해결력 경우의 수 추론하기

|정답| ②

|해설| 조건 ⑪에 따라 B는 을 회의실을 사용하지 않으므로 B가 3시에 갑 또는 병 회의실을 사용할 경우로 나누어 생각해 본다.

- B가 3시에 갑 회의실을 사용할 경우 : 2가지

시간 \ 회의실	갑	을	병	정
1차(3시)	B	C	D	A
		D	C	
2차(4시)	C	D	A	B
		A	D	

- B가 3시에 병 회의실을 사용할 경우 : 2가지

시간 \ 회의실	갑	을	병	정
1차(3시)	D	C	B	A
	C	D		
2차(4시)	A	D	C	B
	D	A		

따라서 총 4가지의 경우가 가능하다.

37 문제해결력 조건에 따라 추론하기

| 정답 | ②

| 해설 | A가 3시에 병 회의실을 사용한다면 을 회의실을 사용하지 않는 B는 3시에 갑 회의실 또는 정 회의실을 사용해야 한다. 두 경우로 나누어 생각해 보면 다음과 같다.

• B가 3시에 갑 회의실을 사용할 경우

시간＼회의실	갑	을	병	정
1차(3시)	B	C / D	A	D / C
2차(4시)	C	D / A	B	A / D

• B가 3시에 정 회의실을 사용할 경우

시간＼회의실	갑	을	병	정
1차(3시)	D / C	C / D	A	B
2차(4시)	A / D	D / A	B	C

따라서 A가 3시에 병 회의실을 사용할 경우 B는 4시에 병 회의실을 사용한다.

38 문제해결력 명제 판단하기

| 정답 | ①

| 해설 | 제시된 명제를 정리하면 다음과 같다.

• 고양이 → 호랑이
• 개 → ~호랑이
• 치타 → 고양이

세 번째 명제와 첫 번째 명제의 삼단논법에 의해 '치타 → 고양이 → 호랑이'가 성립하므로 대우인 '~호랑이 → ~고양이 → ~치타'도 성립한다. 따라서 호랑이를 키우지 않는다면 치타를 좋아하지 않음을 알 수 있다.

| 오답풀이 |

② 두 번째 명제의 대우를 통해 '호랑이 → ~개'가 성립하므로 호랑이를 좋아하는 사람은 개를 좋아하지 않는다.

③ 제시된 명제를 통해서는 알 수 없다.

④ 두 번째 명제와 첫 번째 명제의 대우의 삼단논법에 의해 '개 → ~호랑이 → ~고양이'가 성립하므로 개를 좋아하는 사람은 고양이를 좋아하지 않는다.

39 문제해결력 명제 판단하기

| 정답 | ④

| 해설 | 제시된 명제를 정리하면 다음과 같다.

• 땅콩 → ~아몬드
• 밤 → 아몬드
• ~호두 → 잣

첫 번째 명제와 두 번째 명제의 대우의 삼단논법을 통해 '땅콩 → ~아몬드 → ~밤'이 성립하므로 땅콩을 먹으면 밤을 먹지 않음을 알 수 있다.

| 오답풀이 |

①, ③ 제시된 명제를 통해서는 알 수 없다.

② 두 번째 명제의 대우를 통해 '~아몬드 → ~밤'이 성립하므로 아몬드를 먹지 않는 사람은 밤을 먹지 않는다.

40 문제해결력 진위 추론하기

| 정답 | ④

| 해설 | A, B, E는 서로 상반된 진술을 하고 있으므로 셋 중 두 명은 거짓을 말하고 있다. 따라서 C와 D는 반드시 진실을 말하고 있는데, D의 말이 진실이므로 같은 내용을 말하는 A의 말도 진실이 된다. 따라서 거짓을 말하는 사람은 B와 E이다.

41 관찰탐구력 갑상선 기능 유지와 요오드 알기

| 정답 | ③

| 해설 | 갑상선은 체내에 필요한 갑상선 호르몬을 생성하여 분비한다. 갑상선 호르몬 합성의 필수적인 주원료는 요오드인데, 요오드는 갑상선 호르몬의 두 종류인 T4의 65%, T3의 58%를 구성하고 있다. 요오드는 우리 몸의 성장과 발달에 있어서 필수적인 영양소이며, 갑상선 기능 유지에 필수적이다.

42 관찰탐구력 블랙홀 이해하기

| 정답 | ③

| 해설 | 시간의 지평은 블랙홀의 경계를 이르는 말로, 블랙홀의 근처로 갈수록 시간이 느려지며 마치 시간이 정지한 것 같은 현상이 일어난다.

| 오답풀이 |

① 블랙홀은 빛조차 빠져나올 수 없기 때문에 어떤 정보도 얻을 수 없다.

② 블랙홀의 크기는 블랙홀의 중심인 특이점으로부터 사건의 지평까지의 거리로 정하고 있다. 이를 슈바르츠실트의 반지름이라 한다.

④ 블랙홀을 직접 관측하는 것은 매우 어렵지만, 주변 천체의 구성 물질이 블랙홀로 빨려 들어갈 때 높은 온도로 가열되어 방출되는 X선을 관측함으로써 그 존재를 확인할 수 있다.

43 관찰탐구력 솔라닌 이해하기

| 정답 | ③

| 해설 | 솔라닌은 감자, 토마토, 가지와 같은 가짓과 식물종에서 유래한 독성물질이다. 주로 위장장애와 신경장애를 일으키며, 성인 기준 약 200 ~ 300mg 정도는 중독, 400mg인 경우 치사량에 해당한다. 솔라닌은 열에 굉장히 강한 특성을 가지고 있다. 따라서 솔라닌을 함유한 식품은 일반적인 요리과정을 통해서는 분해되지 않으므로 주의해야 한다.

| 오답풀이 |

① 배당체는 식물계에 분포하는 성분 중 하나이다.

② 우론산은 당의 산화 생성물의 일종이다.

④ 사포닌은 암을 예방할 뿐 아니라 장 활동을 활발하게 해주고, 콜레스테롤 배출을 돕는다. 인삼과 양배추, 당근 등의 미나리과 식물·감초·생각·마늘, 콩 등에 함유되어 있다.

44 관찰탐구력 돌턴의 원자 모형 이론 이해하기

| 정답 | ③

| 해설 | 영국의 화학자인 돌턴은 원자를 더 이상 쪼갤 수 없는 공 모양의 단단한 알갱이로 보았다. 이를 원자설에 기초

하여 이론적으로 만든 것이 돌턴의 원자 모형이다. 돌턴의 원자 모형 이론에 따르면 같은 종류의 원자는 크기, 모양, 질량이 같고, 다른 종류의 원자는 크기, 모양, 질량이 다르다. 화학 반응에서는 원자의 배열만 변하고 원자가 쪼개지거나 새로 생기지 않는다. 또한 규칙에 따라 서로 일정한 비율로 결합하여 지금 우리가 '분자'라고 부르는 복합 원자를 이룬다고 하였다. 따라서 옳은 것은 ⓒ, ⓒ, ⓔ이다.

| 오답풀이 |

㉠ 러더퍼드의 원자 모형 이론이다.

㉤ 톰슨의 원자 모형 이론이다.

45 관찰탐구력 탄소의 순환과정 알기

| 정답 | ④

| 해설 | ⓒ B는 해양 동물의 호흡, E는 생물의 호흡으로, 이 과정을 통해 이산화탄소가 대기 중으로 방출되므로 지구의 기온 상승을 유발한다.

ⓒ B의 과정에서 해수에 버려진 용존 유기 탄소는 박테리아가 이용하고 이들은 원생 생물의 먹이가 되면서 이러한 먹이 고리가 거슬러 올라가 동물 플랑크톤과 물고기로 이어지는 미생물 먹이 고리가 형성된다. 탄산칼슘으로 구성된 껍질은 바닥에 떨어지기 전에 박테리아 호흡으로 이산화탄소로 되돌아가지만 1% 정도가 가라앉아 묻혀 석회암이 되어 지각 변동으로 융기해 풍화되고 탄소는 다시 해수로 녹아 들어간다. 따라서 D와 G를 포함하는 과정을 거쳐 석회암이 생성될 수 있다.

| 오답풀이 |

㉠ 석유와 석탄은 생물의 사체 등이 쌓이거나 화석이 되는 G 과정에서 생성된다.

공기업 통합전공

최신기출문제집

– 기업 및 시험일별 전공 실제시험을 경험하다 –

수록과목 경영학 경제학 행정학 정책학 민법 행정법 회계학
기초통계 금융(경영)경제 상식

수록기업 KOGAS한국가스공사 HUG주택도시보증공사
HF한국주택금융공사 경기도공공기관통합채용
KODIT신용보증기금 LX한국국토정보공사
한국지역난방공사 EX한국도로공사 인천교통공사
코레일 한국동서발전 한국서부발전 한국남부발전
한국중부발전 서울시설공단 서울시농수산식품공사
우리은행 항만공사통합채용 한국가스기술공사
한국자산관리공사

코레일_NCS

철도공기업_NCS

에너지_NCS